天明双创研究院　编著

河南人民出版社

图书在版编目（CIP）数据

中国双创／天明双创研究院编著 . — 郑州：河南人民
出版社，2016. 11
ISBN 978 - 7 - 215 - 10553 - 9

Ⅰ．①中… Ⅱ．①天… Ⅲ．①民营企业 - 企业管理 -
研究 - 中国 Ⅳ．①F279. 245

中国版本图书馆 CIP 数据核字（2016）第 261163 号

河南人民出版社出版发行

（地址：郑州市经五路 66 号 邮政编码：450002 电话：65788032）
新华书店经销 河南博雅彩印有限公司印刷
开本 710 毫米 × 1000 毫米 1 / 16 印张 23
字数 330 千字 印数：1 - 30 000 册
2016 年 11 月第 1 版 2016 年 11 月第 1 次印刷

定价：99. 00 元

《中国双创》编委会

顾 问

徐光春　国家广电总局原局长　河南省委原书记

李　亚　河南省委常委　副省长　洛阳市委书记

马　懿　河南省委常委　郑州市委书记

李文慧　河南省委常委　省委秘书长

刘满仓　河南省人大常委会副主任

徐济超　河南省人民政府副省长

曹维新　河南省人大常委会原党组书记

张大卫　中国国际经济交流中心副理事长兼秘书长　河南省原副省长

赵德润　国务院参事室新闻顾问　中央文史研究馆馆员

张昌彩　国务院研究室信息司司长

龚立群　河南省政协副主席　民建河南省委主委

梁　静　河南省政协副主席　省工商联主席

陈义初　河南省政协原副主席　省豫商联合会会长

朱从玖　浙江省人民政府副省长

陈小平　浙江省政协副主席　民建浙江省委主委

卢雍政　贵州省人民政府副省长

余华荣　中国发明协会常务副理事长兼秘书长

程志明　河南省郑州市人民政府市长

张震宇　河南省科技厅厅长

徐　光　河南省周口市委书记

何　雄　河南省濮阳市委书记

吉炳伟　河南省开封市委书记

乔新江　河南省信阳市委书记

武国定　河南省许昌市委书记

王战营　河南省商丘市委书记

崔述强　北京市海淀区委书记

陈　靖　上海市人民政府副秘书长

马春雷　上海市嘉定区委书记

顾洪辉　上海市长宁区区长

周喜安　四川省资阳市委书记

朱清孟　河南省教育厅厅长

李广胜　河南省卫计委主任

鲍常勇　河南省民政厅厅长

刘世伟　河南省人力资源社会保障厅厅长

杨丽萍　河南省文化厅厅长

余俊生　北京市委宣传部副部长

朱夏炎　河南省委宣传部副部长　河南省新闻出版广电局局长

赵铁军　河南省委宣传部副部长　河南日报报业集团社长

王鹏杰　致公党河南省工委主委

张延明　河南省郑州市委常委　郑州航空港实验区党工委书记

杨建华　北京市中关村管委会常务副主任

杜　鹏　深圳市前海管理局局长

王守国　中原出版传媒集团副总裁　河南文艺评论家协会主席

刘　爽　凤凰网CEO　凤凰卫视COO

俞敏洪　新东方创始人　洪泰基金创始合伙人

胡葆森　建业集团董事局主席

刘东华　正和岛创始人

石大东　河南省郑州市委宣传部副部长　郑州报业集团社长

秦　朔　秦朔朋友圈创始人　《第一财经日报》原总编辑

主编

马 丹 王 瑜

编委会主任

任　芳

编委会成员

李 杨	孙明员	陈 冲	李立民	张体义	张 冉	武 娜
郭 颖	苗振水	李明璋	刘 宁	孙 辉	王道德	孙 博
许亚征	李 松	刘红训	张年春	吴怀庆	郑立萍	姚明明
刘萍萍	杜建强	王 蕊	赵立阳	夏新兵	周 伟	张双江
张 冲	张建新	张 涛	张 刚	单大伟	尹 宁	闫鹏洋
付 浩	黄俊棋	赵 兵	张 清	张 燊	罗忠慧	董益春
朱艳辉	崔津侨	陈聚金	王玉东	李川山	朱永胜	张馨怡
程东亮	陈长龙	张传普	张书豪	坤 池	田 宇	付 帆

大咖寄语《中国双创》

立足服务中国"双创"初心
60位国内顶级大咖倾情推荐
著名创客分享创新、创业心得

首推全新"双创"六维解读
重塑 创业者世界观与人生观
演绎"双创"领域实战方法论

精选创新创业政策与行动指南
让创业更容易，助创客更成功
打造中国"双创"服务生态

大咖寄语《中国双创》

张大卫
中国国际经济交流中心副理事长兼秘书长

　　中国创客，助推发展的新动能，引领时代的弄潮儿！天明集团姜明先生是一位优秀的中国创客、河南创客。《中国双创》以一位创客的眼界剖析时代，用自己的切身体会和感悟书写时代，助力河南、中国创客创新创业！

张震宇
河南省科技厅厅长

　　科技改变世界，创新成就未来！《中国双创》鼓励创新，支持创业，带动千千万万创业者活跃起来,汇聚成为促进经济社会发展的巨大动能。

张庆修
渤海银行总行副行长

　　科技进步、机制创新是时代发展的新引擎，大众创业、万众创新将这种引擎作用发挥到极致。《中国双创》引领发展潮流，鼓励创新创业，是一种创新之举，更是奉献之举！

张泽群
中央电视台知名主持人

　　姜明大哥是一位集德、智、勤、毅、仁于一身的优秀民营企业家，是我人生的重要向导。2015年，我有幸参加并主持姜明在河南郑州举办的首届中国创客领袖大会。这次出版的《中国双创》，再一次用创客的视角与"双创"同频，与创客同行！

朱夏炎
河南省新闻出版广电局局长

　　经济新常态下，惟创新者进，惟创新者强，惟创新者胜。《中国双创》以"创"统领，为创客服务，营造创新氛围，祝福"双创"时代创客创业梦圆！

朱烨东
中科金财董事长

　　创业创新、企业做大做强，最关键就是要转变思维、放大格局，将思维模式上升至企业家的高度。《中国双创》站位时代格局，总结资深创业家创业体会，帮助新一代创客找到更适合的道路。

（按照姓氏拼音首字母排序）

大咖寄语《中国双创》

王 石
万科集团创始人

　　一个人的情怀，是个人价值观的体现。我的河南老乡、老朋友姜明创办的天明双创研究院编著的《中国双创》一书，是企业家社会责任和情怀的体现。期待更多企业家和年轻创客能够透过文字，自我勉励，珍视情怀，共担社会责任。

田 源
亚布力中国企业家论坛主席
元明资本创始合伙人

　　我和姜明共同发起创立了元明资本，作为合伙人我必须要为姜明对"双创"做出的贡献而鼓掌！《中国双创》对创新创业进行了最深刻的解读、诠释和延伸，创客不再是孤独的创业者，创新创业在这个时代也有了不一样的含义和格局。

陈东升
泰康人寿董事长

　　如今，创业成为一个新常态，形成一种习惯。如何使创业不是单纯盲从，对时代的把握尤为重要。《中国双创》对"双创"时代有着深刻的认识，剖析了改革开放以来中国四次创业浪潮，不管是作为有幸参与其中的我与同时代企业家，还是15派创客，该书都值得细读和领悟。

任志强
阿拉善SEE生态协会主席

　　祝贺《中国双创》出版！寻找机遇，打破平衡，既要有冒险精神，也要有历史责任感。这个时代会为承载着改变社会使命的人提供更多的机会和尊重。

冯 仑
万通集团董事长

　　创业是一种特别不同平常的人生。姜明创办的天明，是一家敢于率先走不同路、走新天地、开拓新未来的一家企业，这个精神今天依然。创业24年后，天明和姜明二次创业，助力"双创"，出版《中国双创》，这份归零勇气和胆识正是创客精神的体现。

杨 澜
阳光传媒集团董事长

　　姜明博士是我在中欧的同学，在他身上我总能看到创业的精神、创造的品质。姜明博士在《中国双创》所倡导的"创美"也是一种创造，给"双创"引入人文的温度。

大咖寄语《中国双创》

李彦宏
百度创始人

真正的创客，认准了就去做，不跟风不动摇。希望你能在《中国双创》中得到启示，在自己认准的创业方向上勇敢前行。

沈南鹏
红杉资本全球执行合伙人

今天中国的"双创"环境和氛围，给创业者提供了最好的机会，现在是创业最好的时代，美国硅谷已不再是创业者唯一的天堂。阅读《中国双创》可以给你带来很多启示。

程 维
滴滴出行创始人

推荐《中国双创》：在这个时代，不创业会后悔。忍受孤独，永不放弃，实现梦想！

贾跃亭
乐视控股集团创始人

新商业的生态需要多样化，能够自创新、自进化，形成良性的生态循环。《中国双创》是天明集团创始人姜明为创客服务、打造中国领先"双创"服务生态的重要一环，它影响的是创客的思想、境界和精神。

周鸿祎
360公司创始人

创业者，唯有创新方能成功，颠覆式创新能够带来实现梦想的力量！颠覆源于对常识和规律的遵循和超越，创业者们不妨从《中国双创》中寻根溯源，发现创新机会，找寻时代提供给创业者的"秘籍"。

徐小平
真格基金创始人

创业者创新创业的出发点来自内心深处强烈的驱动，这一点无论是对于哪个年代的创业者都是一样的。《中国双创》理论与实践结合，其背后诠释的是年轻创业者需要具备的创业激情、素质、精神和能力，对大家具有很强的指导意义。

大咖寄语《中国双创》

王天宇
郑州银行董事长

　　《中国双创》深入阐述了创业创新在引领经济发展中的有效价值。天明助力创客的初心，也是为了促使社会生活更加丰富化、便利化、普惠化，为实现经济可持续发展增添活力。

王 巍
中国并购公会会长
中国金融博物馆理事长

　　河南是商朝发源地，也是中国商人披荆斩棘的开山圣地。优秀的商人就是企业家，就是创业家，就是金融家。姜明董事长将创客与"双创"生态根植中原大地，这是穿越时代的致敬，更是面向未来的奠基。

王维嘉
中国企业研究所所长

　　今天的中国拥有有史以来最好的创业环境，创业不再只是一句口号，而是深入民心的价值导向。姜明董事长和天明集团助力"双创"，出版《中国双创》的举措，为下一代即将创业的年轻人打造了一个非常好的平台！

吴 鹰
中泽嘉盟投资基金董事长

　　创新创业是这个时代的主旋律。《中国双创》跟随时代潮流，鼓励创业者坚持创新往前走，运用新技术、新思维、新模式，即使小公司也有可能后来居上。

夏 平
江苏银行董事长

　　小企业的星星之火，必将助力大众创业、万众创新形成燎原之势！《中国双创》，汇聚"双创"资源，让创业创新在全社会形成协同发展的连锁效应。

赵铁军
河南日报报业集团社长

　　千方百计＋互联，万马奔腾拼众创，"＋时代"陌生而崭新的商业生态迎风速长！《中国双创》以"双创"为切入点，剖析新商业形态，给创业者以思考感悟，实现社会共建共享共赢！

大咖寄语《中国双创》

盛希泰
洪泰基金创始合伙人

明哥是我的合伙人，同为二次创业的创客，我们希望能倾己之力把握"双创"时代，让创业更容易。他2015年在河南郑州发起中国创客领袖大会，带动众多年轻创客创新创业，《中国双创》一书凝聚了他的创业感悟和经验，为这样具有责任和情怀的明哥点赞！

毛大庆
优客工场创始人

成功总爱眷顾那些有梦想的奔跑者！这是一个伟大的时代，创业创新是当代中国最具实践价值的话题。《中国双创》紧扣时代热点，对"双创"浪潮有整体的把握，也有独特的思考和理解，**共享时代，共创未来**！

张 磊
高瓴资本创始人

创新，这一引领当前中国经济发展的主要动力，在"双创"时代有了最大程度的诠释。《中国双创》一书中所提到的"中国式创新"正在成为潮流，"万众创新""人人创新"已经成为一种新的时尚和生产力。

刘 爽
凤凰网CEO 凤凰卫视COO

我非常建议创业者们都来读一读这本《中国双创》，从更深层次去解读中国四代创客的成长史，探寻"双创"的内在含义——正如姜明身体力行告诉我们的那样：最高层次的创业不是一个人的事情，而是整个国家和整个社会的事情。

梁信军
复星集团CEO

与变幻的时代共生，企业需承担起时代赋予的责任和使命，企业家也应该通过努力让更多人有提升他们社会阶层的能力。姜明和他的天明集团身体力行助力"双创"，希冀帮助更多创客创业成功，并以《中国双创》总结表达，是"双创"时代的观察者和记录者。

郭 为
神州数码董事局主席

创新是一种精神状态，创业是一种生活方式，当创新、创业成为这个时代的主旋律时，也意味着整个经济界特别是年轻人迎来了最好的时代！在这样的大时代里，《中国双创》对创新、创业的思考，值得所有期待用创业去体现人生价值、用创新去助力国家发展的人们一读！

大咖寄语《中国双创》

牛文文
黑马会创始人

姜明是我的老朋友，是第一代中国企业家领袖。现在再次出发，服务创业者，特别是出版这本《中国双创》，是一件非常有意义的事情，也是"双创"时代的产物。《中国双创》是理论和实践的结合，对年轻创客有很强的指导意义。

石大东
郑州报业集团社长

企业转型需要创新勇气和担当，创业者只有做好今天，才能遇见更好的明天！《中国双创》以创业者的视角，鼓励创客用激情和梦想创新变革，用实干和拼搏创造未来。

孙丕恕
浪潮集团董事长

"双创"到来，诸多传统企业选择二次创业，这是"大数据时代"应对改革转型的重要举措。《中国双创》网络世界"双创"资源，为创客创新创业提供助力。

孙陶然
拉卡拉控股创始人兼董事长

创业是和平时期最绚丽的一种生活方式，是对人类进步助力最大的一种力量，是人类进步的源泉。祝贺《中国双创》出版，让我们一起为创新创业喝彩！为正能量喝彩！

宋向前
加华伟业董事长

置身创新、创业的大潮，就注定与风险和付出相伴；中国"双创"之路颇为坎坷艰辛，但这正是明哥令人敬佩之处。真诚祝福《中国双创》成功发行！也祝福全国所有创业者脚踏实地、诚实创业，用心收获人生！

王春风
当代置业集团董事长

鉴历史，思走势，顺势而为之；观时代，省自身，知善则行之。《中国双创》把握时代脉络，紧跟发展潮流，助力创新创业，服务当代创客！

大咖寄语《中国双创》

胡葆森
建业集团董事局主席

信念因坚守而笃定！建业和天明都是深耕河南20余年的企业，我和姜明也一直希望用行动践行豫商的责任，也就是《中国双创》中所说的"创贵""创美"。这是我们第一代创客最需要传承下去的精神品质，也应该是《中国双创》出版的初衷之一。

刘东华
正和岛创始人

一个国家创业家群体的素质素养，在很大程度决定着这个国家经济的未来。《中国双创》中提出的"创贵"概念，就是想通过引导帮助年轻创客从单纯追求财富向厚德载物提升，从欲望驱动向使命驱动转变，从而推动整个国家层面新商业文明的进步。

秦 朔
秦朔朋友圈创始人

每个时代都有她的主题，《中国双创》从一个侧面反映了"双创"在中国的壮阔图景，就像一本中国创客的白皮书一样。希望一年一本，记录当下，开启未来。

艾路明
武汉当代集团创始人

企业的商业价值只有转化为社会价值才是有意义的，创始人要善于打破传统，勇于进行创新！《中国双创》响应"双创"号召，以中国30年创客创业感悟和责任情怀，助力当代创客创新创业。

陈泽民
三全集团董事长

祝贺《中国双创》出版！创业、创新无处不在，在"双创"浪潮中，《中国双创》在时代中证明价值，中国创客在创业中实现精彩！

楚金甫
森源集团董事长

新一轮产业变革孕育兴起，在创业路上，创客要依托创新，不断挖掘市场潜在价值，方能披荆斩棘，立足商业丛林。《中国双创》一书蕴含"双创"精神，视野广阔，值得创客阅读借鉴。愿各位在创业路上，以梦为马，大步向前！

大咖寄语《中国双创》

林利军
正心谷创新资本董事长

2015年，我和姜明不约而同地选择二次创业，也都使用了一个词"从心出发"，帮助真正的企业家创业创新。时代瞬息而过，初心不能忘却，创业路上不乏同行者！希望更多同路者在与时代同行之余，和我们一起感悟《中国双创》中创业的初心和真心，分享成功的经验和失败的教训。

李 亚
凤凰网总裁 一点资讯CEO

坚守创业初心与创业精神，坚持用户导向，是我对"双创"的感悟，也是《中国双创》中传递的精神理念。期待和中国创客共同走向一个更好的未来！

刘二海
愉悦资本创始人

从事创投行业13年，最高兴的就是看到创业家们拼搏奋斗并取得成果。有的是白手起家，打造出一片天地；有的是已经成功，并不满足现状，向新的目标发起冲刺；还有的暂时遇到困难，稍事调整再次出发。《中国双创》会告诉你，不管在哪条创业路上，你都身处在一个充满奇迹的"双创"时代！

刘庆峰
科大讯飞董事长

《中国双创》阐述创新观点，剖析创业内涵，在新常态下对激发新一代创客创业激情、创新潜能，为中国经济的转型发展，具有非常重要的战略意义。

刘志硕
大河创投合伙人

创客强则中国强！创业从来不是高概率事件，它只会青睐那些有创新、有战略、有梦想的创客。《中国双创》所阐述的创新精神、创造品质，会给还在创业路上徘徊的你方向和动力。

南立新
创业邦创始人

"双创"时代，越来越多的成功企业家开始关心创业与创新这个话题，并投身于帮助创业、创新者的行列。智慧在于传承，期待本书能够把姜明先生经年的思考和总结传递给更多人，帮助更多创业者实现自己的梦想。

大咖寄语《中国双创》

丁 健
金沙江创业投资董事长

《中国双创》，剖析阐述"双创"时代创业环境政策！它告诉创业者：用创业的心态和胆识激励挑战自己，用专业知识武装自己，用敬业精神坚持到最后，成功迟早会眷顾到你。

窦荣兴
中原银行董事长

使命感是创业者的根，创业者是时代的标杆！姜明董事长立足潮流，勇担使命，成立天明双创研究院，出版《中国双创》，以自身创业的心得体会，激发年轻创业者创新创业活力，带动整个社会创业氛围提升。

郭宇航
点融网创始人 联合CEO

大众创业、万众创新，把五千年中华民族的创新能力重新激发出来，这是改革转型最有力的举措。在全国创业欣欣向荣的今天，《中国双创》是给时代创业者一份最好的礼物！

景 柱
海马集团董事长

姜明和我同在豫商组织嵩山会，践行"爱党爱国守中弘道"宗旨。创业，亦为问道悟道之途。最大的勇气是敢于归零，最远的眼光是由"见自"到"惠众"，姜明二次创业，让创业更容易，助创客更成功，《中国双创》一书正是创客姜明对"双创"之道的参悟。

菅明军
中原证券董事长

经济新常态下，变革创新是促进经济社会发展的新引擎，企业如何通过创业创新实现转型发展，我想天明双创研究院编著出版的《中国双创》会给你们带来更多思考与感悟。

李 文
汇添富基金董事长

梦想、行动、坚持、超越，时间从不会让持续奔跑的人失望！《中国双创》，激励创客在时代浪潮中，积极拥抱变革，静心修炼内功，实现人生梦想！

60位顶级大咖倾情推荐

目　录

序 一

陈昌智

全国人大常委会副委员长

民建中央主席

"创新、协调、绿色、开放、共享"是当前我们国家发展的五大理念。这五大发展理念是当今中国关于发展的新理念,是全面建成小康社会的新理念,也是贯穿第十三个五年规划的新理念。其中创新位于五大理念之首,起到核心引领作用。

2015年10月,习近平总书记在十八届五中全会发表重要讲话时强调指出,"坚持创新发展,必须把创新摆在国家发展全局的核心位置,让创新贯穿党和国家一切工作,让创新在全社会蔚然成风";2014年9月,李克强总理在夏季达沃斯论坛首提"大众创业、万众创新";2016年10月12日,李克强总理出席2016年全国大众创业万众创新活动周时强调,"双创"(大众创业、万众创新)是实施创新驱动发展战略的重要抓手,是推进供给侧结构性改革的重要体现,是中国发展的巨大潜力所在。

中国创客领袖大会主席、天明集团创始人姜明先生是一位有梦想、有创新、有激情的优秀创客。他连续三届当选全国人大代表,是我直接联系的几位代表之一,也是民建中央委员、民建中央监督委员会委员、民建中央财金委副主任、民建河南省委副主委,同时他还是中华思源扶贫基金会理事,是民建系统的优秀企业家,也是民建系统捐赠最多的企业家之一。姜明创业 24 年,累计捐赠善款 1.432 亿元人民币,先后荣获"首届河南经济年度人物""河南省改革开放 30 年民企 30 人""首届十大风云豫商""福布斯中国慈善榜河南首位上榜企业家""河南十大慈善人物""河南十大爱心人物"等荣誉。

1993 年,姜明先生一次创业,辞职下海,创办天明广告。创业之初就怀揣"创百年天明老字号"的梦想,遵循"听党的话,跟政府走,按市场规律办事"的准则,牢记"责任诚信、依法经营"。在他的带领下,天明"循天道,行人道,尊商道,走正道",经过 24 年的艰苦创业,目前已发展成为资产总值近百亿元、拥有 36 家控股公司、投资了 39 家公司的综合性民营企业。更值得称道的是,2015 年姜明先生二次创业,助力"双创",在河南郑州发起主办"首届中国创客领袖大会",首提"双 12 中国创客日",800 余名全国创客代表参加了大会,120 余家媒体对大会情况进行了报道,新闻点击量累计超 1.2 亿次,在社会上引起很大反响。

创业不息,创新不止!姜明先生将"双创"作为其毕生奋斗的目标和事业,致力于让创业更容易,助创客更成功,打造中国领先的"双创"服务生态,为河南乃至全国创客提供创业平台,扶持年轻创客投入"双创"大潮,助力河南经济转型,营造中国"双创"氛围,助力中国梦的实现!首届中国创客领袖大会举办以来,姜明先生就一直行进在"双创"的路上:创作《中国创客宣言》、拍摄中国创客微电影、编辑出版《中国创客》创刊号,正在积极推进中国创客城、中国创客博物馆建设,成立天明双创研究院……

当天明双创研究院编著的《中国双创》即将付梓之际,姜明先生邀我为本书作序。因为工作关系,我与姜明先生熟识,对他较为了解,所以就欣然应允。看完《中国双创》,总体感觉,全书围绕"大众创业、万众创新"这一主题,紧密结合姜明 24 年的创业心得体会,从六个维度(创客、创新、创业、创富、创贵、创美)对"双创"进行解读,系统阐述了他对"创"的感悟和理解,并站位中国"双创"的大形势,以国际化的视野服务创客,整理归纳了世界知名创业城市、创客空间、创客代表、创业趋势、创业政策等。这本书既有理论的高度,又有实践的案例;既有创新的思考,又有实践的梳理,对年轻创客有很强的借鉴意义。正如姜明先生在文中分享的,"创"到最后就是"创美",美美与共,天下大同! 希望中国涌现出更多的像姜明先生这样具有创新精神、责任担当、家国情怀的企业家!

以此,是为序! 推荐给每一位走在路上的创业创新者!

2016 年 10 月 18 日

序二

徐光春

河 南 省 委 原 书 记
国 家 广 电 总 局 原 局 长
《光明日报》社原总编辑

国家"十三五"规划中强调：实现"十三五"时期发展目标，破解发展难题，厚植发展优势，必须牢固树立"创新、协调、绿色、开放、共享"的发展理念。而创新则是五大发展理念的核心，贯彻于发展的全过程。

2015 年起，"大众创业、万众创新"大潮兴起，成效斐然。"双创"不仅把创新驱动发展战略落到了实处，本身也是一场改革。

2015 年 12 月 12 日，我受天明集团董事长姜明邀请，参加了天明集团在河南郑州发起的"首届中国创客领袖大会暨双 12 中国创客日揭幕仪式"，见证了中国创客在"双创"时代的盛会！我曾在河南工作过多年，热切希望创新创业的新风在中原大地激荡，实现中国梦需要创新创业，实现中原崛起、河南振兴更需要创新创业。

　　中原文化具有创新的因子,河南人民也具有创业的胆识。2008 年新年伊始,河南省委、省政府在许昌市召开了全民创业动员大会,我代表省委、省政府在大会上做了题为《让全民创业之歌响彻中原大地》的报告,报告强调指出,促进全民创业,就是要通过各种方式,让每一个人根据自身情况,抓住发展机遇,选准发展路子,充分发挥才能,在市场经济中大显身手,在各自领域创造价值、成就事业。其目的就是要激发一切能够激发的创业热情,调动一切能够调动的创业主体,放开一切能够放开的创业领域,落实一切能够落实的创业政策,在全省上下大力营造千方百计谋创业、千辛万苦去创业、千军万马奔创业的生动局面。

　　实践充分说明,正是这种创新创业精神的弘扬,河南经济社会的发展才会突飞猛进,把一个相对落后的农业大省,发展成为一个重要的经济大省,多年来始终保持经济社会发展的良好态势,可见创新力量无穷,创业贡献无量。

　　在创新创业方面的成功者,要主动引领后来者,帮他们出主意、想办法、解难题。能者既要有伯乐的素养,又要有诸葛的风范。我认识姜明先生已经 20 多年了,他是一位有高度责任感的民营企业家,也是创新创业的先行者,他有激情,敢于创新,勇于创业。

2004年我刚来河南工作，在我主持的一次大会上，听了几位人大代表、政协委员的发言，其中有一位年轻人的发言引起我的注意。他30来岁，高高的个子，谦和的面容，显得很阳光，他的发言有条有理、有板有眼，讲政治，懂经营，善思考，有见地。我问身边的同志："他是谁，干什么工作的？""他叫姜明，是青年企业家，天明广告公司的创办人。"从此，姜明的名字就印在我心里。爱屋及乌，由于对姜明的关注，我也关注他的企业天明。从1993年创立至今，天明已经24岁了，已从一家单一业务的小公司成长为总资产达百亿元的综合性集团，不仅在中原大地响当当，而且在大江南北也明晃晃，如早晨八九点钟的太阳，朝气蓬勃，光彩照人，前景无量。

2015年，欣闻姜明二次创业，助力"双创"。我为他的胸怀和气魄点赞，鼓励他一定要把"双创"这件有意义的事情持续做好。首届创客大会后，我一直关注姜明，知道他围绕"双创"做了不少事情，如创作《中国创客宣言》《中国创客诗》《中国创客歌》，拍摄中国创客微电影，编辑出版《中国创客》创刊号，正在运作推进中国创客城，包括成立天明双创研究院并编著《中国双创》。

在《中国双创》这本书即将出版之际，姜明希望我能为全书说几句话，我阅读书稿后答应了他的请求。

《中国双创》一书的出版发行，本身就体现了姜明先生"从无到有、从0到1、填补空白"的创客思维和基因。该书经过一年多的积累，展现了"双创"的发展轨迹和科研成果等，以具体的"双创"人物和案例诠释了"创"的内涵和创客精神。

姜明先生也是一位优秀的"创客"，从广告，到地产，再到2015年二次创业，从零出发，做"双创"的铺路石、探索者、实践者，为"双创"鼓与呼，《中国双创》也包含了姜明24年的创业经验和感悟。

《中国双创》作为一本具有极强实践指导意义的创业指南,深剖创业创新前沿趋势,理论与实践兼备,具有很强的可读性、操作性,将给中国创业者、创业机构及相关政府部门与决策者提供重要借鉴意义与决策参考价值。姜明对"双创"有着自己深刻和独特的理解,对"双创"的"六维"(创客、创新、创业、创富、创贵、创美)阐述令人耳目一新,特别是关于"创贵、创美"的解读,有新意、有高度。走在路上,梦在心里。对年轻创客来说,不仅要追求成为经济上的富有者,更要做精神上有"高贵"气质的企业家,恪守仁义礼信,勇担社会责任!

我很乐意向致力于推动中国创业创新的各位创客朋友们推荐《中国双创》,期待创新力量能够为中华民族的伟大复兴和全面建成小康社会的宏伟目标贡献一份力量!

2016 年 10 月 25 日

序三

俞敏洪
新东方创始人
洪泰基金创始合伙人

我们有幸出生在一个伟大的时代，这是一个被颠覆和颠覆、被破坏和破坏，以及被创新和创新的时代。

在 2015 年 12 月 12 日"首届中国创客领袖大会暨双 12 创客日揭幕仪式"举办之际，应姜明老弟的邀请，我本应该赶到现场参加，很遗憾当时我在国外，只能录制了一段视频，表示我的祝贺和100% 的支持。

　　我对创业的定义和理解就是要一直在创业和人生的道路上奔跑,成功也好,失败也好,你总是可以继续开始。创业有两个要素特别重要。

　　一是我们通过努力,用个人力量汇聚成比较强大的力量,推动中国经济和社会向前发展。基于这一点,我特别鼓励年轻人进行闯荡,尽管闯荡中有很多失败,但是整体来说,会形成中国未来民间力量不断壮大、推动中国社会进步的一个基础。

　　二是一个社会的可持续发展是需要有活力的。如果没有年轻人,社会不可能有创新,不可能有突破,不可能有颠覆。所有创新、突破,包括革命,都应该是年轻人的事情。一个社会要想持续发展,就必须有年轻人不断的参与。

　　从这个意义上来说,创新创业这件事情,实际上是增加了中国社会可持续发展和我们自身的活力。到现在为止,我之所以觉得自己还像个年轻人,并且还愿意跟年轻人一起打拼,是因为我觉得我参与了"双创"的时代热潮,并且在这个热潮中间不断地持续奋进,甚至常常壮心未已,希望继续引领社会潮流的发展。在这一点上,我觉得姜明和我一样。

我和姜明相识已有十余年。见姜明的第一眼，他就给人一种踏实的感觉，那种感觉就是你可以把所有的事情都托付给他。我们俩年龄相仿，创业时间接近，在青联相识并曾担任全国青联常委，虽然现在我们因为年龄都退出了青联，但在青联时结下的友谊却一直保存了下来。他后来又成为洪泰基金21位LP（有限合伙人）之一，生活和事业中我们都是好伙伴。

　　我先知姜明，后知天明集团，觉得天明集团就是姜明的化身。"胸怀梦想，百年天明"几乎就是姜明自身价值观的写照。姜明个性沉稳、做事大气，很少急功近利。我们很少看到天明集团哗众取宠的炒作，但天明集团每天都在一步一个脚印地发展，从单一业务的广告公司，到现在发展为拥有地产、投资、双创、金融、健康、教育等板块的综合性集团公司，不疾不徐地为中国经济做着贡献，为社会的发展提供动力，为员工的幸福不断努力，这是天明的个性，也是姜明的个性。而这些成绩的背后，留下的就是姜明和天明人"创"的足迹！特别是姜明和天明二次创业，让创业更容易，助创客更成功，做"双创"的铺路者、实践者、探索者，致力于打造领先的"双创"服务生态,我觉得非常符合中国发展的未来趋向。

虽然未能参加首届中国创客领袖大会,但我一直关注着姜明的"创举",应该说《中国双创》也是姜明的"创举"之一,更是"双创"时代的产物。这本书既立足于时代浪潮,对"双创"产生的背景缘起和发展路径有着深刻的理解,又包含了姜明和我及我们这一代企业人的创业感悟。既有对"双创"内涵的深刻解读,又以天明集团对"双创"时代的参与实践为基础,创新性地将"双创"内涵丰富为六个维度,进行了系统思考和解读。

一个人的力量是有限的,一个人的情怀是微小的,但"大众"、"万众"的叠加力量是这个时代留给我们的想象。姜明的身上体现着创客的奋斗精神,这种精神像不熄的火焰,不断点燃自己的梦想和其他人的梦想。我认为天明双创研究院编著出版《中国双创》最大的意义就是能够将这种精神传递给更多年轻的中国创客!

是为序!为姜明,为自己,为更多的中国创客加油!!

2016 年 10 月 26 日

前言　助力创客　实现梦想

一个世纪前,经济学家熊彼特在其划时代著作《经济发展理论》中指出,创业家所推动的创新活动,是人类经济发展和生活水平改善的最终源泉。

2015年10月29日,习近平总书记在十八届五中全会上强调,必须牢固树立并切实贯彻"创新、协调、绿色、开放、共享"的五大发展理念,让创新贯穿党和国家一切工作,让创新在全社会蔚然成风!

2014年9月,李克强总理在夏季达沃斯论坛首提"大众创业、万众创新";2015年3月,"双创"被首次写入《政府工作报告》。

30多年前,安徽小岗村家庭联产承包制的实施,创造了中国经济的奇迹。今天,"大众创业、万众创新"浪潮,正在释放13亿多人民的创业激情,激发市场活力,创造更大的奇迹。这股席卷全国的改革潮流,需要更多企业家和创业领袖助力推动。

尽管"双创"氛围日益浓厚,投入创新创业的人士比比皆是。但目前国内市场上,鲜少有一本书能真正站在创业者角度,对"双创"的精神内涵与路径方向进行解读和归纳,并对中央和各地"双创"政策要点进行梳理和总结,更少有对创客在创新创业的目标、格局和境界层面的专业探讨和深度思考。

天明双创研究院的诞生和《中国双创》图书的出版,正是基于天明集团创始人姜明服务当前"双创"发展的初衷,旨在给万千创业者提供一种贴心呵护与细腻帮助。

而这一切皆源于这位二次创业的"资深"创客心中的责任和担当，更和他与生俱来的"双创"特质密不可分。对于这位从河南省信阳市固始县蒋集镇走出的创业者而言，"从无到有、从0到1、填补空白、开创先河"的创客精神始终贯穿于其50年人生历程和24年的创业发展中。

　　1982年，年仅16岁的姜明心中就有个理想："一个人来到世上，就应该做一点对这个世界和人类有益的事情。"

　　1993年6月18日，沐浴着邓小平南方谈话的春风，姜明从河南省体委辞去公职，成为河南省直机关辞职下海第一人，创办天明广告。

　　2002年，作为《中国企业家》杂志总发行人，姜明和刘东华社长、牛文文总编辑一起创办中国企业家领袖年会论坛，至今已持续举办15届。

　　2015年，49岁的姜明响应国家"大众创业、万众创新"号召，一切归零，二次创业，誓言将服务"双创"作为一生要奋斗的事业。创业圈朋友们亲切称他为"92派中的15派创客明哥"。

　　同年12月12日，在"创客明哥"倡导推动下，天明集团在中国郑州发起主办"首届中国创客领袖大会暨双12中国创客日揭幕仪式"，决心把12月12日这一天打造成为"中国创客日"。

　　此后，"创客明哥"和天明集团服务"双创"的脚步加快，先后投资CEO会、优客工场、财视传媒、凤凰天博、嵩山资本、UFO众创空间、戏缘、恒之源、聚金资本、仁合立信商业保理、房金所、慧典云医、昆仑决、武汉六点整北斗、安泽机器人、天天向上、菜园网、象过河、九秘科技等近30家优秀创业公司，"双创"产业链涵盖高科技、金融、教育、健康、资本、新媒体等平台。

　　与此同时，姜明和天明集团首提创客文化生态体系打造，投拍中国创客微电影、编辑出版《中国创客》创刊号、评选十大创客人物、成立未来商业领袖基金、进行创客爱心扶贫捐赠、筹备建设中国创客城等计划相继启动,尤其是正在积极推进的在河南郑州航空港区落地的中国创客博物馆,将借鉴美国名人堂、杜莎夫人蜡像馆,打造全球百位创客领袖及创业企业展示厅,例如乔布斯与苹果厅、任正非与华为厅、马云与阿里厅等,讲述创客故事,弘扬创客文化,传承创客精神,更好地服务全球创客创新创业,使之成为全国创客乃至全球创客参观、学习、旅游之地。这一公益举动赢得了业内外人士广泛称赞,大家一致认为中国创客博物馆对中国"双创"事业的发展是一件意义深远颇有价值的事情。

党的十八大以来,习近平总书记提出"中华民族伟大复兴的中国梦",李克强总理提出的"大众创业、万众创新"是实现这一理想的重大举措。

为更好地服务"双创",在姜明积极倡导和推动下,天明双创研究院应运而生,经过近一年策划和精心筹备,推出这本为创业者量身定制的《中国双创》。

《中国双创》以创客实践为案例,不仅对创业者在方法论层面给予指导,更试图为万千深入"双创"大潮充满激情的创客描摹出未来行进的方向和路径。全书通过对天明的深度剖析,试图为创业者提供一本生动的成长"教材""和实用的行动"指南"。

本书梳理了作为"92 派中的 15 派创客明哥"对"双创"内涵的演绎和诠释,首次提出创客"创新和创业"的目标是实现"创富、创贵和创美"。书中梳理了国家领导人关于创新创业的重要讲话,汇编了中央和各省的"双创"政策,总结了国内外"双创"领袖的观点以及中国"双创"大事记,对国内外知名"双创"城市、众创空间等汇总分享,从理论和实践上对中国"双创"进行了系统的阐述。

也许正是源于连续三届全国人大代表姜明和天明集团服务

"双创"、助力创客实现梦想的责任使命,《中国双创》一书很荣幸获得了领导、师长、前辈和朋友们的首肯与点赞,60位国内顶级大咖给予倾情推荐。

不忘初心,方得始终！助力创客,实现梦想！

在《中国双创》书中,姜明和天明集团对助力"双创"郑重承诺:甘做一粒沙,甘当一滴水,姜明愿倾其一生做服务"双创"的探索者、实践者、铺路者,天明集团愿集24年的创业体会、感受和教训,做创业实干者、资源整合者和平台搭建者,让创业更容易,助创客更成功,打造中国领先的"双创"服务生态！

天明双创研究院也将以此为使命,秉承"敢想实干、创新会干、匠心恒心、筚路蓝缕、勇往直前、不抛弃、不放弃"的创客精神,心怀感恩,竭尽全力推动中国"双创"发展。

第一章

缘 起

中原创客开启"双创"先河

01 时代呼唤"大众创业、万众创新"

放眼世界，当今以互联网为核心的第三次产业革命正在全球风起云涌。作为世界第二大经济体的中国，正史无前例地与欧美站在同一起跑线上。如何通过内生性的产业乃至经济的变革，完成新一轮的深度转型和优化升级，成长为真正实体经济主导的经济强国，是摆在当下中国的最重要的命题。阿里巴巴、腾讯等一批互联网新兴本土原创企业成长为世界级企业的经验，给了这个具有悠久历史的国度和富有改革精神的国民以最生动的启示：创新和创业应该成为当下和未来中国经济发展的最强劲的动力引擎。

2015年10月，中共中央总书记习近平在中国共产党第十八届五中全会发表重要讲话时指出："树立坚持创新发展理念，必须把创新摆在国家发展全局的核心位置，不断推进理论创新、制度创新、科技创新、文化创新等各方面创新，让创新贯穿党和国家一切工作，让创新在全社会蔚然成风"。

2014年9月，国务院总理李克强首次提出"大众创业、万众创新"。

2015年1月，李克强总理在国务院常务会议上再次明确要求："顺应网络时代推动大众创业、万众创新的形势，构建面向人人的众创空间等创业服务平台"。

2015年3月，"大众创业、万众创新"被正式写入《政府工作报告》。

自此,波澜壮阔的创业创新风潮开始席卷全国,华夏大地千千万万创业者的激情和梦想再次被激活,喷薄而发。古老的中国,迎来一个全新的"双创"时代。

02　中国创客领袖大会和"创客日"中原诞生

2016 年 3 月全国"两会"上,三届全国人大代表、天明集团创始人兼董事长、中国创客领袖大会主席、"双 12 中国创客日"发起人姜明提出一条"创新"建议,将每年 12 月 12 日设立为"中国创客日",引起社会各界广泛关注。

就在此前的 2015 年 12 月 12 日,在中原腹地河南郑州,由天明集团主办,郑州市政府、河南省科技厅、民建河南省委、河南省工商联等支持的"首届中国创客领袖大会暨双 12 中国创客日揭幕仪式"成功举办。

此次大会规格很高,全国人大常委会副委员长陈昌智发来贺信,时任河南省人民政府省长、现任河南省委书记谢伏瞻批示并发来贺信。河南省人民政府副省长徐济超指导,徐光春、张大卫、王艳玲、梁静、陈义初、朱

前排左二:河南省人大常委会原副主任　张大卫
前排右一:郑州市人民政府市长　程志明
前排左一:四川省资阳市委书记　周喜安
前排右二:濮阳市委书记　何雄
后排右一:中央电视台主持人　张泽群

夏炎、赵铁军、黄布毅、黄卿、胡葆森等各界贵宾莅临出席。

与此同时,王石、田源、陈东升、张磊、沈南鹏、俞敏洪、徐小平、盛希泰、杨澜等 26 位中国顶级企业大咖和创业领袖发来视频祝贺,来自全国各地的 800 多位创客先锋和创业代表云集大会现场。

河南省人民政府副省长　王艳玲

大会现场揭幕"双 12 中国创客日",宣读《中国创客宣言》,朗诵《中国创客诗》,首提"中国创客 30 年",回顾"84 派、92 派、99 派、15 派"四代创客创业历程;助力郑州和开封建设"中国创客城"。据当时来自全国的各路媒体报道,大会现场自始至终充满一种"创新创业的激情和活力"。

河南省人大常委会原副主任　张大卫

当中国创客领袖大会和中国创客日与河南郑州联系在一起时,媒体和公众发现这背后始终没有脱离一个企业和一个人,这就是天明集团和其创始人姜明。当然一些人可能还会心存疑问,为什么首届"中国创客领袖大会"和"中国创客日"诞生在 2015 年 12 月 12 日这个时间节点?为什么会落户河南郑州?又为什么是由姜明和天明集团发起?事实上,这一切的缘起并非偶然。

自 2014 年下半年以来,中国掀起席卷全国的"大众创业、万众创新"浪潮,在中原这一片具有厚重历史感和充满创新活力的土地上,一批具有创新精神的企业家,在一位具有深厚家国情怀的连续创业者的倡议和发起下,怀着深深的使命感和责任心,开始从

"新"出发,用创业的精神,凝神聚力,共同携手,在河南省会郑州掀起一场首届中国创客领袖的盛会,为中国创业者们建立了一个属于自己的"节日"。

03　拥有深厚历史感的土地

俗语道,一部河南史,半部中国史。一千年历史看北京,三千年历史看西安,五千年历史看河南。河南是中华民族与中华文明的主要发祥地之一,中国古代四大发明中的指南针、造纸、火药三大技术均发明于河南。泱泱华夏五千年历史,有三千五百年的历史中,中原都处于中国政治、经济和文化中心。历史上先后有20多个朝代建都或迁都河南,如殷商古都安阳、九朝古都洛阳、七朝古都开封等;河南省会郑州则是五千年前人文始祖轩辕黄帝的出生、创业和建都之所。

新中国成立以后的很长一段时间以来,河南都是中国人口第一大省、第一农业大省、第一粮食大省、第一劳动力输出大省、第一粮食深加工大省,还是重要的工业大省、经济大省、文化大省。中国八大古都中,河南独占四个:开封、郑州、洛阳、安阳。最难得的是,河南用六十分之一的国土面积为全国提供了十分之一的粮食。

04　焕发创新活力的中原

古语,中原定,天下安。中部崛起看河南,河南崛起看郑州。一个发展迅速的河南郑州,正在焕发"大众创业、万众创新"的激情和活力。

2015年河南经济总量3.7万亿元,相当于西藏、青海、宁夏、海南、甘肃、新疆、贵州七省区之和;全世界有229个国家和地区,

一部河南史 半部中国史

悠悠黄河 巍巍嵩山 九州心腹 十省通衢

谢伏瞻
河南省委书记

　　紧密团结在以习近平同志为核心的党中央周围，坚持创新、协调、绿色、开放、共享的发展理念，建设"四个强省"，打造"三个高地"，实现"三大提升"，为决胜全面建成小康社会、让中原在实现中华民族伟大复兴中国梦的进程中更加出彩而努力奋斗。

陈润儿
河南省人民政府省长

　　牢记习近平总书记"让中原更加出彩"的殷切嘱托，努力打好加快产业结构转型升级、坚持创新驱动发展、强化基础能力建设、推动新型城镇化这"四张牌"，务实重干、不辱使命，为决胜全面小康、让中原更加出彩谱写新的篇章。

人口大省
中国第一人口大省　第一劳动力输出大省
全世界229个国家和地区中河南人口数量排第12位

农业大省
中国第一农业大省　第一粮食大省　第一粮食深加工大省
用六十分之一的国土面积为全国提供了十分之一的粮食

经济大省
全世界229个国家和地区中河南经济总量排第21位
2015年河南经济总量3.7万亿元=西藏+青海+宁夏+海南+甘肃+新疆+贵州

文化大省
八大古都河南占四个　九朝古都洛阳　八朝古都开封　殷商古都安阳　商都郑州
四大发明河南占三个　指南针　造纸术　火药
中华民族发祥地　中国姓氏发源地　300个大姓中根在河南的有171个

历史名人
哲学思想类　老子 庄子 墨子 韩非子 程颐 程颢
政治军事类　姜子牙 商鞅 苏秦 李斯 刘秀 张良 司马懿 岳飞
文学艺术类　杜甫 韩愈 白居易 李贺 李商隐 司马光 褚遂良 吴道子

河南崛起看郑州

天地之中 商文明发源地 "一带一路" 核心节点城市

马 懿

河南省委常委 郑州市委书记

建设"一枢纽一门户一基地四中心"，实现"六个显著提升"，加快现代化进程，向国家中心城市迈进，把郑州发展推上一个新的台阶。

程志明

郑州市人民政府市长

始终把保障改善民生放在突出位置，切实抓好各项民生事业发展，努力让960万郑州人民生产生活更方便、更舒心、更美好，有更多的获得感和幸福感。

三大一中战略定位	打造大枢纽　发展大物流　培育大产业 建设以"**国际商都**"为特征的国家中心城市
一 枢 纽	国际性现代化综合立体交通枢纽
一 门 户	中西部对外开放门户
一 基 地	全国重要的先进制造业基地
四 中 心	国家区域性现代金融中心　华夏历史文明传承创新中心 具有国际竞争力的中原创新创业中心　国际物流中心
双创先锋	郑州航空港获批国家首批双创示范基地 中国城市创新创业环境全国十强 中国创客领袖大会发起地　中国创客城所在地
文化名城	5000年前，人文始祖轩辕黄帝在此出生、创业和建都 3600年前，我国商代早期和中期都城遗址 禅宗祖庭少林寺、道教圣地中岳庙、宋代四大书院之一嵩阳书院

如果将河南单独拿出来比较,河南的土地面积在全世界排第92位,经济总量在全世界排第21位,人口数量在全世界排第12位。

从"创新"的视角来看,河南省尤其是省会郑州的创新活力更是不容小觑:产业集聚区创新,航空港经济综合实验区创新,跨境贸易创

右四:河南省委书记　谢伏瞻
右一:河南省人民政府副省长　张维宁
左四:神州数码集团董事局主席　郭为

新,还有米字形高铁创新,郑州机场、高铁、地铁、城铁和高速路零换乘创新,上合组织会议成功举办的创新,提出建设郑州"国际商都"的创新,其中不少甚至得到中共中央总书记、国家主席习近平的肯定。

这一系列的创新,均让国际社会和全国人民对河南刮目相看,打造了河南的新符号、新元素、新名片。2016年是国家"十三五"规划的第一年,有预测显示,到2050年,河南经济总量很可能会跻身世界前十;郑州未来很有可能位于中国二线城市前列,甚至成为中国一线城市。

05　有"双创"精神的企业家

国务院总理李克强是"大众创业、万众创新"的坚定推动者。2016年全国"两会",国务院总理李克强在《政府工作报告》中,61次提到"创新",22次提到"创业",4次提到"大众创业、万众创新",首次提到"众创、众包、众扶、众筹";明确提出"**创新是引领发展的第一动力,企业家是创新的主体。充分释放全社会创业创新**

潜能,着力实施创新驱动发展战略"。

此前2015年9月,李克强总理回到曾经工作过的河南考察,希望河南"在'双创'中敢为人先,加快中原发展,促进中部崛起",勉励郑州"要在'双创'中走在全国前列,在质疑中成长,在风浪中搏击,在克服困难中成长壮大"。

李克强总理曾于1998年至2004年在河南任省长、省委书记。在这期间,他一直重视强调创业创新精神,大力弘扬创业创新文化,厚植创业创新沃土,关心创业者和企业家,支持培养和影响了一批像胡葆森、万隆、陈泽民、汤玉祥、姚忠良、景柱、朱文臣、郭现生、侯建芳等具有创业创新精神的企业家,在中原这片热土上播撒下"双创"的基因和种子,今天河南"双创"之良好发展势头也正是得益于此。

06　姜明:有梦想的"双12中国创客日"发起人

对于中国创客领袖大会主席、"双12中国创客日"发起人、天明集团创始人姜明而言,党和国家领导人的讲话深深触动着他的心,"大众创业、万众创新"的政策号召重新点燃了他创业创新的激情。为此,2015年12月12日,他发起举办了首届中国创客领袖大会,并郑重承诺要一届一届地持续办下去。

在众多了解他的人看来,倡议和主导举办这次具有开创性的全国创客盛会,不仅源于他作为创业者的"感同身受",更源于他作为企业家的责任与担当。

在姜明看来,国力的较量在于企业,企业的较量在于企业家。

姜明出生于河南省信阳市固始县蒋集镇一个工人家庭。家乡的山水赋予了他吃苦耐劳、坚忍不拔的品质。作为土生土长的河南人，他热爱家乡，总想为中原崛起、河南振兴、富民强省、1.1亿河南人民做一点事情。为此，他长期坚持回馈家乡，自1993年创业以来已累计捐赠善款1.432亿元。他说，"每个人都有一份家的情怀，家乡情怀，家国情怀。我甘做一粒沙，甘当一滴水，只为尽一名企业工作者的责任"。

1982年，年仅16岁的姜明就曾说：一个人来到世上，就应该做一点对这个世界和人类有益的事情。

1993年，在邓小平南方谈话感召下，27岁的姜明从省直机关辞职下海，创办天明广告，第一次创业。

2015年，响应"大众创业、万众创新"号召，49岁的姜明一切归零，二次创业，成为大家眼中"92派中的15派"创业代表。年轻的"90后"创业小伙伴亲切地称呼他为"创客明哥"。

而他倡议举办的首个全国项目就是"2015首届中国创客领袖大会暨双12中国创客日揭幕仪式"。在开幕式上，姜明坦言要将"双创"作为"一生为之奋斗的事业"。

为什么选择在12月12日举办中国创客领袖大会？姜明表示，双12寓意"双创"，就像"双11电商日"一样，希望能够将双12打造成中国创客的节日。在中国，12是一个轮回，意味着创新。12生肖、一年12个月、白天12小时、夜晚12小时……此外，他还幽默地说，1212谐音是"要二要二"，创客就要有点"二"的执着专注精神。

未来，姜明和他的天明集团致力奋斗的目标就是用这种"二"的创业精神，做"双创"的探索者、实践者和铺路石，让创业更容易，助创客更成功，打造中国领先的"双创"服务生态。为中原崛起、河南振兴、富民强省尽一份河南人的责任；为"大众创业、万众创新"甘做一粒沙,甘当一滴水,尽一份中国创客的责任。他希望自己 100 岁时,还能以一名老创客的身份参加第 52 届中国创客领袖大会。

和姜明一起创办元明资本的亚布力中国企业家论坛主席**田源**认为,姜明二次创业、为中国创客代言的责任担当、境界格局令人尊敬。他是**"创业家中的思想家,创新派中的行动派"**,"双创"时代,社会更加需要像姜明这样敢于挑战自我的优秀创客!

建业集团董事局主席**胡葆森**对姜明从来不吝褒奖之词,他说:"知大者远者,不拘泥于小者近者。姜明年纪轻轻,却广结贤仁。他可以朝京夕沪,也可以今中明外。他用信与义的纽带,系结了政缘、商缘、地缘与人缘。有如此影响力,皆因他重德重誉、重情重义、重于感恩。姜明勤于观察,勤于思考,勤于学习,勤于沟通,勤于求变。在他的身上,你永远看不到消极,看不到停歇,看不到疲倦,更看不到懒惰。他是我看到的所有创业者中最为勤奋的一位。"

07 天明:打造中国领先的"双创"服务生态

2015 年 10 月 30 日在郑州举行的全球青年豫商领袖成长论坛上,天明集团创始人姜明坦言,未来他和天明集团的主要发展方向是打造中国领先的"双创"服务生态,为"大众创业、万众创新"做出积极贡献。

事实上那个时候,姜明和他的"天明"小伙伴们早已开始行动起来,积极筹备主办"2015 首届中国创客领袖大会暨双 12 中国创客日揭幕仪式";同时积极推动郑州和开封建成"中国创客城",引进全国优秀人才和"双创"机构,并与北京中关村、美国硅谷等国内外创业组织对接创业资源,与政府、高校、全国知名创投等有关单位签订一系列合作协议,形成人才集聚、资本集聚、资源集聚的效果,助力郑州"双创"、河南"双创"、中国"双创"。

与此同时,天明集团还积极筹备和成立了天明双创研究院,搭建了中原创客创新创业服务联盟,以从产学研一体化角度全方位服务中原乃至全国创客的"双创"事业,逐步搭建完善创业全生态链,为创新创业的个人及企业提供孵化培训、展示、交流、资本、融资等多方面服务。

据了解,天明集团近期已经完成和正在推进的项目包括:

1. 成立天明双创研究院,率先在河南郑州形成全国创客领袖空间。

2. 将知名创业基金洪泰基金引入河南,让洪泰创新空间在郑州落地,依托洪泰基金管理体系,承接政府引导基金,打造河南创业第一品牌。

3. 与北京中关村合作,学习中关村扶持服务创业者模式,营造创业环境和氛围。

4. 拟与河南郑州本土高校成立"中国创客学院",延伸科技科研成果,培养优质人才,孵化优质项目,引导就业,鼓励创业,引导产业布局和发展。

优客工场创始人毛大庆认为,姜明是一位具有家国情怀和激情梦想的企业家,在"大众创业、万众创新"时代,他和天明集团致力举办的中国创客领袖大会和一系列服务创客创新的平台,助力中国"双创",正在打造中国领先的"双创"服务生态。这种把创新创业者推向风口,而自己甘做幕后的境界格局值得每个人尊敬!

08 "双创",奏响时代最强音

沧海横流,方显英雄本色。当下的中国经济,正需要脱胎换骨式的改革,而创业创新就是最大的改革。创业者身上所具有的"创新""创造"和"活力""激情"等特质,恰恰是经济转型发展所需要的内生性力量。

在姜明看来,创新创业这一"双创"的内涵可以从六个维度来理解,即创客、创新、创业、创富、创贵、创美。简称"客新业,富贵美",其中,创客是创新和创业的主体,而其实现的目标应分为由低到高三个层次:首先是创富,其次是创贵,最后是实现创美。每一个"创"都代表一个全新的概念、目标和境界,正所谓:

创客改变世界,创新改变未来,创业改变命运;

创富点亮生活,创贵塑造情怀,创美提升境界。

谈到未来,姜明,这位从老家河南中原出发的"老资格"创客坦言,他和天明集团甘心做"大众创业、万众创新"的探索者、实践者和铺路石,全心助力中国"双创",让创业更容易,助创客更成功,打造中国领先的"双创"服务生态!帮助更多的年轻人投入创业创新大潮,开启"创富、创贵、创美"的幸福人生之路。

第二章

创客改变世界

09　创客:突破自我的先行者与乐于分享的行动派

按照业内外普遍认同的说法,"创客"一词最早源于英文单词 Maker,这一词语源于美国麻省理工学院微观装配实验室一项实验课题。该课题以创新为理念,以客户为中心,以个人设计和个人制造为主要内容,参与课题的学生即被称作"创客"。

创客,按中文字面意思理解,"创"的含义是:创造、开创、首创、创立等。体现一种积极向上的果敢生活态度,同时包含通过行动和实践发现问题和需求并努力找到解决方案的意思。"客"则有客观、客体、做客之义。客观,体现一种理性思维。客体和做客则体现了人与人之间良性互动关系,蕴含开放包容的精神,体现在行动上就是乐于分享和沟通交流。

2013 年,美国《连线》杂志前主编、《长尾理论》作者克里斯·安德森在其新书《创客:新工业革命》中这样描述创客:他们使用数字工具,在屏幕上设计,越来越多地用桌面制造机器制作产品。他们是互联网一代,本能地通过网络分享成果,通过将互联网文化与合作引入制造过程,他们联手创造着未来,其规模之大前所未见。随后"创客"一词在全球风靡。

同年,国内互联网先驱之一的搜狐网发布《中国创客白皮书2013》。该《白皮书》依托各种对于创客的定义,提炼出与创客相关的三个关键词:"创新""实践"和"分享"。该书还尝试为"创客"圈定广义和狭义两层含义。所谓广义"创客",是指将创意想法变成现实并乐于分享的人,这一定义涉及范围宽广。狭义"创客"则指"利用开源硬件和软件将创意现实化的人"①。

2015年3月,李克强总理在《政府工作报告》中明确指出,把"大众创业、万众创新"打造成推动中国经济前行的"双引擎"之一。创客的概念也由此开始在中国被引入更为全面的新内涵,获得更为广泛的传播。同年12月,《咬文嚼字》编辑部评选出当年度国内十大流行语,其中"创客"一词位列第五,此处"创客"特指与"大众创业、万众创新"相结合生成的含义,是创业和创新的主体,专指具有创新理念且自主创业的人。②

本书中对于创客的界定则包含了更为深刻的含义,给予了更多的期待,其不再只是创业和创新的主体,也不再只是局限于"出于兴趣与爱好,努力把创意转变为现实的人",更是突破自我的先行者和乐于分享的行动派。具体而言,创客是指通过创业创新,推动个人、家庭和企业走向"创富、创贵和创美"这一幸福之路的一群有家国情怀和创新分享精神,不断突破自我、坚韧不拔且勇于追求美好生活的人。

在二次创业、被称为"92派中的15派"代表的创业老兵——天明集团创始人兼董事长姜明看来,创客,是一群敢于解放思想且有胆识的"行动派",他们注定要经历孤独而悲悯的艰难跋涉。因此,有必要为这样一群"开风气之先",走在时代前沿的先锋军设立一个属于他们自己的节日。于是,在姜明的积极倡导下,由天明集团主办的"首届中国创客领袖大会"和首个"中国创客日"于

① 中国"创客"发展即将迎来爆发期－搜狐IT. http://it.sohu.com/20131023/n388753344.shtml.

② 《咬文嚼字》编辑部2015年十大流行语－中国社会科学网. http://www.cssn.cn/yyx/yyx_tpxw/201512/t20151216_2783970.shtml.

2015 年 12 月 12 日在河南郑州诞生。

10　中国创客 30 年：从春潮涌动到万众创新

回望改革开放 30 多年的发展历程，中国创客演绎了一条昂扬奋进的上升轨迹。从中国第一代"84 派"企业家到踏着"大众创业、万众创新"节拍起舞的"15 派"新生代创业者，中国创客走过了风雨 30 年创业历程。30 年弹指一挥间，有多少创业传奇故事，激

励着一代又一代创业者高擎火炬，披荆斩棘，砥砺向前。

从 1984 年至 2015 年，中国创客经历了不同时代的 30 年，业内外普遍认同为四代创客，分别为 84 派、92 派、99 派、15 派，而中国创客的发展也从初现端倪的"春潮涌动，万象更新"阶段，迈入"青出于蓝而胜于蓝"的深层次创业浪潮期。

84 派：中国商品经济初露端倪

1984 年 1 月，邓小平南方视察，如一石激起千层浪，春潮涌动，万象更新，中国市场经济初现端倪。

这一年，邓小平在会见外宾时公开表示，6 年前召开的十一届三中全会的重点是在农村进行改革，十二届三中全会则要转移到城市进行改革，这将是一场"全面的改革"。

当年 10 月 20 日，中共十二届三中全会通过《中共中央关于经济体制改革的决定》，其中就包含了"社会主义经济是有计划的商

品经济""允许和鼓励一部分地区、一部分企业和一部分人依靠勤奋劳动先富起来"等在当时看来无异于"石破天惊"的表述。

无论官方还是商界，有一点一致认同，那就是改革开放30多年来，中国在经济发展领域一项很大的进步就是企业家阶层的崛起。而1984年，可以看作是企业及其领头人从无到有的"元年"，这一年也被看作中国现代公司的元年，首次引发全民创业风潮，重商理念和商品经济开始复苏，整个社会商业活动和经济氛围空前活跃。

清华大学五道口金融学院 EMBA2014

今天看来，1984年的改革开放局面和商品经济发展形势，无论从广度、深度、力度还是活跃度来看，更显得名副其实。这可算得上是新中国成立以来国家层面第一次表态支持创业创新。

正如每一个年龄层的人都会被烙上深深的时代印记一样，这一时期造就了我国第一批创客——84派。

1984年，40岁的柳传志在北京凛冽的寒风中以"脚踏两只船"的形式开始创业，以中科院人员的身份和资金，在不到20平方米的传达室内创办联想。

这一年，33岁的王石还是个"有闯劲"的小伙子。他依托深圳经济特区发展公司下属的现代科教仪器展销中心，开始经营摄像机、录像机、投影机、复印机和办公文具等。

这一年，云南的褚时健因豪掷2300万美元引进国外先进卷烟设备而震惊国内，而当时玉溪卷烟厂固定资产也才7000万元。这次"搏命"的创新性冒险成为褚时健和玉溪卷烟厂的命运转折点，很快"红塔山"这一品牌风靡大江南北。

92 派：改革开放又一春天

1992 年，邓小平再次南方视察，明确鼓励发展"社会主义市场经济"。当年，一大批在政府机构和科研院所的知识分子受小平南方谈话感召，辞职下海创业，

成长为以陈东升、田源、俞敏洪、冯仑、潘石屹、毛振华、郭凡生等为代表的一批中国当代最知名的企业家，"92 派"正是指这样一批企业家。泰康人寿董事长陈东升被业内公认为"92 派"这个词的发明者。"92 派"中的杰出代表有：

郭凡生，国家干部。1992 年创立慧聪公司。

毛振华，国家干部。1992 年创立中国第一家信用评级公司中诚信，成为中国信用评级行业开山人物。

冯仑，国家干部。1993 年领导创立了北京万通实业股份有限公司。

陈东升，国家干部。1993 年创建中国嘉德国际拍卖有限公司。

黄怒波，国家干部。1995 年创建北京中坤投资集团。

99 派：互联网创业浪潮渐起

1994 年 4 月 20 日是中国互联网诞生日。之后，随着清华大学等高校、科研计算机网等多条互联网接入，当时的国家邮电部正

式向社会开放互联网接入业务,互联网服务供应商开始出现,互联网创业浪潮渐起。

中国互联网正式发端源于新浪、搜狐、网易三大门户的创建。1998 年到 1999 年,是互联网掀起的首批创业热潮,如今为人熟知的新浪、搜狐、网易、腾讯、阿里、百度、京东等都诞生于这一时期。

当今中国的主要互联网"领袖"几乎都是 99 派代表,如马化腾、马云、李彦宏、周鸿祎、王志东、张朝阳、丁磊等。

马云,1999 年创办阿里巴巴,现担任阿里巴巴集团董事局主席。如今的阿里巴巴已成为中国最大的网络公司和世界第二大网络公司。

马化腾,1998 年和好友张志东成立腾讯公司,担任腾讯公司控股董事会主席兼首席执行官。2009 年,腾讯入选《财富》"全球最受尊敬 50 家公司"。2014 年中国家族财富榜中,马化腾以财富 1007 亿元荣登榜首。

李彦宏,2000 年 1 月创建百度。经过 16 年的发展,百度已成为全球第二大独立搜索引擎和最大中文搜索引擎。

周鸿祎,1998 年 10 月创建北京 3721 科技有限公司,1999 年正式提供网络实名中文上网服务。之后创立 360 公司,担任董事长兼 CEO。

……

15 派:大众创业和草根创业复兴

2014 年 9 月的夏季达沃斯论坛开幕式上,李克强总理首次提出要借改革创新的"东风",在中国大地掀起"大众创业""草根创业"浪潮。

2015 年 3 月,"大众创业、万众创新"被写入当年度《政府工作报告》。此后,创业创新的风潮席卷全国,中国千万创业者的激情和梦想再次被点燃。本轮创业大潮涉及的人群更为广泛，跨越的阶层更为多元，而影响也更为深远，尤其是吸引了成千上万的年轻的创业者。

初步梳理，"15 派"创客可分为 6 类人群：

第一类是新一代年轻创客，多为"85"后和"90"后的年轻创业者。

第二类是高级职业经理人，以陈向东、毛大庆等为代表，他们早已实现财务自由，创业主要为了实现更多的人生价值和梦想。

第三类是想带领传统企业转型再出发者，比如 e 袋洗的张荣耀等。

第四类是政府官员辞职创业。因为之前很长时间以来，政府部门已成为吸纳国内精英的最大人才资源池。

第五类是学术界人士，即知识分子和高校教师创业。他们的思想和研究走在前沿，也属于"创业"的一批生力军。

第六类是创二代，父辈就是创业者起家，创业获得成功，是创业最坚定的支持者，他们是年青一代中，从创富到创贵重要的带头人。

最新"15 派"创客的部分代表有：

北京创客代表叶大清，现是融 360 联合创始人，首席执行官；

上海创客代表郭宇航，现是点融网创始人、联合首席执行官；

深圳创客代表许海林，现是杉度科技首席执行官；

杭州创客代表赵思铭，现是多听 FM 创始人；

郑州创客代表李杨，现任天明 UFO 众创空间首席执行官。

……

11 四代创客代表的奋斗与心路历程

84派代表王石：创业是从好奇心出发的"水到渠成"

前排右三：万科集团创始人　王石
前排左四：360公司创始人　周鸿祎
前排左三：新东方集团董事长、洪泰基金合伙人　俞敏洪
前排右二：泰康人寿董事长、亚布力中国企业家论坛理事长　陈东升

　　冯仑曾说过，像王石和柳传志两个人，可以做成一个镜框挂在墙上；其江湖地位可见一斑。作为万科集团创始人，早年王石通过倒卖玉米赚了第一桶金，而后还倒腾过家电生意。在光焰照人的背后，创业期的王石也有着艰辛奋斗的历程。

　　1980年王石通过公开招聘考试考入广东省外经委。很快除了每天工作之外，靠读书和学英语打发业余生活的王石厌倦了平淡的生活。1983年他偶然遇到从深圳来的一对农民夫妇，他们时髦的浅灰色夹克和大卷发引起他极大的好奇心。当年5月，他乘广深铁路来到深圳，一个犹如巨大建设工地的城市呈现在眼前。多年以后他回忆当时的情景："兴奋、狂喜、恐惧的感觉一股脑涌上来,手心汗津津的。"他强烈意识到这块土地孕育着巨大的商机。

随后王石进入深圳经济特区发展公司工作。通过买卖玉米赚了第一桶金300万元,用倒玉米赚来的钱开办了深圳现代科教仪器展销中心,经营从日本进口的电器、仪器产品,同时还搞服装厂、手表厂、饮料厂、印刷厂等,这就是万科的前身。

万科在两年内迅速多元化,做外贸、蒸馏水甚至拍电影电视,直到1993年成立10年后,王石才开始真正考虑做什么。他称,在中国,要相信任何行业都有广阔的发展前途,只要你找到广阔的发展空间,你就有前途,"不要急于确立一个目标,但是你一定要对自己的人生有清醒的认识"。

"92派"代表陈东升:大事要敢想,小事要一点一点做

后排左二:中国并购公会会长、中国金融博物馆理事长　王巍
后排左三:泰康人寿董事长、亚布力中国企业家论坛理事长　陈东升
后排左四:乐视控股集团创始人　贾跃亭
前排左二:美巢互联装饰集团董事长　冯琪雅

有人说,当不少人习惯用"中国的 IBM"或"中国的 Facebook"等类似句式形容商业模式时,陈东升的理念和实践可能已提前了20年。他几乎同时成就了三个领域的创业梦想:创办中国的"索斯比"、中国的"友邦"和中国的"宅急送"。作为"92派"概念的提出者,他用近乎传奇的创业经历告诉年轻的创客,创业成功最重要的是"大事要敢想,小事要一点一点做",成功不在于聪明,而在于看准一个问题后能执着坚持。

时间回溯至1979年,陈东升考入武汉大学政治经济系,毕业后进入对外经贸部国际贸易研究所发达国家研究室。5年后,31岁的陈东升已成为国务院发展研究中心《管理世界》杂志社最年轻的副主编,享受副局级待遇。陈东升回忆,那时有同学拿了《羊城晚报》一篇文章说,中国五千年文明居然没有一个像索斯比和佳士得这样的拍卖行。于是,大家认为中国应开个拍卖行,本就喜欢艺术的陈东升随口应了句:"行啊!"这句简单的话改变了他的人生。陈东升为此辞职"下海",经营起中国首家拍卖行:嘉德拍卖。

决定开始容易,创业过程艰难。"我当时就像一个农民,不知道老天爷会不会赏口饭。你们说压力大心里慌,我告诉你们压力大是心里会冒冷汗。"陈东升回忆当年创业经历时说。他人生中有两次"心灵得到淋漓尽致释放的时刻",这是其中一次。他说,创业过程中最大的问题在于,你往往会发现,看别人讲故事总觉得很容易,但真的走上创业路会发现到处都是玻璃板,"你看得很清楚,但是进不去"。

"99派"代表李彦宏:创业者要有向前看两年的眼光

对于互联网时代的成功创业者,李彦宏和百度的创业故事已成为经典案例。不过很少有人注意到,李彦宏在30岁时就在美国硅谷实现了梦想。

1991 年,23 岁的李彦宏收到美国布法罗纽约州立大学计算机系录取通知书,踏上了人生新的征程。1994 年暑假前,他收到华尔街道琼斯子公司的聘书。在华尔街的三年半时间里,他每天都跟实时更新的金融新闻打交道,先后担任道琼斯子公司高级顾问、《华尔街日报》网络版实时金融信息系统设计人员。1997 年,李彦宏离开华尔街,前往当时硅谷著名搜索引擎公司 Infoseek(搜信)公司。在硅谷,他亲历 Infoseek 在股市上的风光和后来的惨淡。

谈起创业,李彦宏称,他在美国留学读研期间,导师偶然一句话启迪了他未来发展的方向。导师当时说,"搜索引擎技术是互联网一项最基本的功能,应当有未来"。于是,当互联网在美国还没开始普及时,李彦宏已开始着手改变——从专攻计算机转向钻研信息检索技术。他持有的"超链分析"技术专利,成为奠定整个现代搜索引擎发展趋势和方向的基础发明之一。正是依靠对于搜索的执着和激情,李彦宏于 1999 年回国创立百度并拿到第一批风险投资,最终让百度成为 Google(谷歌)之外的全球第二大独立搜索引擎公司。

李彦宏称自己是个非常专注的人,一旦认定方向就不会改变,直到把它做好。他建议年轻的创业者要有向前看两年的眼光,跟风和赶潮流吃到的很可能只是残羹冷饭,创业是创新的过程,不会一帆风顺,需要有足够的热爱和激情。

"15 派"代表盛希泰:强悍的人生要有能力随时重启

20 世纪 90 年代初,盛希泰从南开大学硕士毕业后去了深圳。当时深圳开放的氛围让他很是心动,不过想到自己多年的苦学,他没忍心彻底放弃专业,先是找了家单位做会计。但工作几个月后,他觉得没有发展前途,于是满怀激情加入君安证券,也就是现在的

清华大学五道口金融学院 EMBA2014
春季班同学合影

国泰君安,当时刚刚 IPO(首次公开募股)。

这一入投行就是 20 多年。盛希泰不断磨炼自己,提升职业素养,从财务到金融到投资再到管理,职位也从普通职员晋升到中层,再到高层,最后进入管理层。

从资深投资银行专家、清华大学水木清华种子基金管理合伙人到南开允能创业商学院理事长,这一个个头衔体现着他的成功。而就在 2014 年 11 月 26 日,他脱去长衫,换上马褂,放弃了光芒四射的证券公司老总身份,从零开始创业。

一年后,他与新东方集团董事长俞敏洪联合成立的洪泰基金已投了 60 个项目。站在北京东北部的望京地铁站,远远就能望到洪泰创新空间的牌子。他们的 AA 加速器每周末都有各种课程,自带富士康级最小单元生产线的智能硬件孵化器也已落地北京、成都、天津。其合作的洪三板作为新三板领先平台,与中国移动联合主办了 2015 年"新三板高峰论坛——颠覆性的股权投资新时代暨第四届中国移动互联网大会"。他们在成都、西安等地成立了种子和成长基金,因其投资高校孵化器一年内两次接受国务院副总理刘延东的接见。而这一切,仅仅用了不到一年时间。

盛希泰从证券业老总转身创业,成功转型天使投资人。这样的"天使"是怎样炼成的? 他说:强悍的人生要有能力随时重启。

12 "92 派"中的"15 派":资深创客姜明"再出发"

姜明,作为天明集团这家拥有近百亿资产企业的掌舵人,虽已是知天命的年纪,但雄心壮志不减当年。2015 年,他毅然提出一切归零,二次创业,将自己还原成一名创客,加入浩荡的"双创"浪潮中,被大家称为"92 派中的 15 派创客明哥"。

创业 24 年来,这位资深创客的创业履历为大家所关注:

1993 年,姜明从河南省体委辞去公职下海创业,成为河南省直机关辞职下海第一人;

1995 年,姜明荣获"河南省十大杰出青年";

1996 年,姜明荣获"河南省杰出青年企业家大奖";

1999 年,姜明担任《中国企业家》杂志社总发行人;

2001 年,姜明在布鲁塞尔欧盟议会大厦荣获"世界优秀青年企业家大奖";

2007 年,姜明被推选为北京河南企业商会会长,至今已经连任三届;

右二:正和岛创始人
　《中国企业家》原社长　刘东华
左一:黑马会创始会长　牛文文

2014 年,姜明与建业集团董事局主席胡葆森、白象集团董事长姚忠良、海马集团董事长景柱、辅仁集团董事长朱文臣一起发起成立嵩山会,助力豫商企业发展;

2015 年,河南省人民检察院原检察长李学斌、原副检察长李满圈等领导举荐推选姜明为河南省民营经济维权发展促进会会长;

2015 年,姜明担任全球青年豫商领袖成长论坛主席,旨在更好地帮助青年豫商先锋人物成长为明天的商界领袖……

正所谓,一枝独秀不是春,百花齐放春满园。如今他再次出发,助力"双创"。姜明表示,愿意结合自己 50 年的人生感悟和 24

年的创业经验教训,与更多的年轻创客分享交流,共同进步。让创业更容易,助创客更成功,打造中国领先的"双创"服务生态。

正和岛创始人、《中国企业家》原社长刘东华和姜明是老朋友,有将近20年的交情。他这样评价姜明:1999年《中国企业家》遇到一些困难,姜明二话不说站出来帮助我们,成为我们的总发行人。实际上他帮的不仅仅是我和《中国企业家》杂志,更是通过帮助《中国企业家》服务了全国的企业家。他本身就是一个持续的、连续的创业者,现在又发起"双12中国创客日"和中国创客领袖大会,我觉得一方面是他把自己做企业的很多经验拿出来跟大家分享,同时他也精准地把握了"双创"的大潮和趋势。

第三章

创新改变未来

13　创新的含义：内涵和外延

单就创新本身而言，其内涵和外延都很广泛。创新理论发端可追溯至 1912 年。这一年美籍奥地利经济学家、哈佛大学教授约瑟夫·熊彼特（Joseph Schumpeter）在其《经济发展理论》中，首次提出创新的定义、创新的主体以及创新对经济增长的影响和社会发展的效应等。这被业内公认为在西方经济学中首次系统完整提出创新理论。

熊彼特认为，"创新就是建立一种从未有过的新组合"，具体指"一种生产函数的转移或是一种生产要素与生产条件的重新组合，目的在于获得潜在的超额利润"。

其主要包括 5 种形式：（1）研发一种新产品或提高一种产品质量；（2）引进一种新生产方法；（3）开辟新市场；（4）开拓一种原材料或制成品的新供应源；（5）实现一种新的组织形式。①

在熊彼特创新理论主要思想中，创新被认为是"经济发展的主要动力"。而企业家就是那些能预见潜在利益和敢于冒风险，并能将新发明引入经济活动的创业者，即创新的主体。熊彼特将他们称为"创新者"。创新的领域主要强调技术创新引领的产品创新和生产方法创新，最后一种组织形式创新则多少包含制度创新和管理创新的思想雏形。

著名学者弗里曼（C. Freeman）在其著作《技术政策与经济绩

① 熊彼特.经济发展理论[M].何畏,等译.北京:商务印书馆,1990:74.

效:日本国家创新系统的经验》中首先提出"国家创新系统"(National Innovation System, NIS)概念:国家创新系统是由国家公共部门和私人部门中各种机构组成的系统网络,其活动和相互作用促进新技术的开发、引入、改进和扩散。也就是说国家创新系统的本质价值在于促进技术的创新和扩散,其系统由相应的组织和制度构成。①

弗里曼把创新对象基本上限定为规范化的重要创新。他从经济学的角度考虑创新,认为技术创新在经济学上的意义只是包括新产品、新过程、新系统和新装备等形式在内的技术向商业化实现的首次转化。

事实上,弗里曼将创新归结为一种国家行为的观点很快被国际经济合作与发展组织(OECD)接受。1996 年 OECD 在对其组织内成员国进行广泛深入的实证调查研究的基础上,发表《国家创新体系》报告,将国家创新体系定义为:"公共和私人部门中的机构网络,这些部门的活动和相互作用决定着一个国家扩散知识和技术的能力并影响着国家的创新业绩。"②

我国学者齐瑞福和孙东川认为,国家创新体系主要包括 4 个创新主体:政府、企业、研究所和院校;包括 7 个创新子系统:知识创新、技术创新、文化创新、教育创新、思维创新、体制创新和管理创新。③

2000 年后,主体为普通员工和民众的创新先后被引入创新领域。2003 年,以 Bessant 为代表的学者提出了以普通员工为核心

① C. Freeman. Technology policy and Economic performance: lessons from Japan , London pinter, 1987.

② 怎样理解"国家创新体系"_光明日报_光明网. http://www.gmw.cn/01gmrb/1999 - 03/12/GB/17993%5EGM5 - 1204. HTM.

③ 齐瑞福,孙东川. 以技术创新为核心的国家创新体系研究[J]. 商业时代,2008(4):8 - 9.

的全员创新思想[①]，指出创新并不是研发人员的专利，每个员工都可以成为创新的源泉。2007 年英国知名的《经济学人》杂志提出"Mass Innovation-novation"（大众创新）的概念，表达出"我们都是创新者"的理念。[②] 国内有学者将"大众创新"定义为：人们在自由组织和虚拟社区或实体空间中通过线上线下的交流互动，共同创意、制作、研发产品或提供服务的自组织创新创业活动。而由此形成的大众创新空间，称之为"众创空间"（Crowd-Innovating Space），具有开放性、大众性、自组织性、互动性等特点。[③]

创新的分类

对于创新的分类，学界和业界长期以来形成多种标准和参考指标。从不同视角和侧重点出发，可以获得多种分类方法和观察视角。综合梳理已有对创新的分类和评价标准，可归纳为如下六种分类方法：

（1）根据创新侧重点和表现形式分类，包括知识创新、技术创新、制度创新、组织创新、服务创新、管理创新等。

（2）根据创新主体分类，包括政府创新、企业创新、团体创新、大学创新、科研机构创新和个人（万众）创新等。

（3）根据创新效果和价值意义大小进行分类，可包括渐进性创新、突破性创新、颠覆性或革命性创新等。

（4）根据创新层次和阶段分类，包括首创型创新、改进型创新、应用型创新。

（5）根据创新范畴和领域分类，包括工业创新、农业创新、教

①　Bessant J R. High-involvement Innovation：Building and Sustaining Competitive Advantage through Continuous Change[M]. Hoboken：Wiley，2003.

②　The age of mass innovation [DB/OL]. http://www.econo-mist.com/node/9928291.

③　刘志迎. 众创空间：创客与众创模式[C].中国技术管理学术年会，2015.

育创新、文化创新、金融创新、国防创新和社会创新等。

（6）根据创新方式进行分类，包括自主或独立创新、协同或合作创新、封闭或者开放式创新等。

中国式"创新"理解

中共中央总书记、国家主席、中央军委主席习近平对于国家层面的创新发展，有着更为深刻的理解和高瞻远瞩的概括。他指出，**"创新是引领发展的第一动力"**。在中国共产党的十八届五中全会上，习近平总书记提出创新、协调、绿色、开放、共享的发展理念，将创新提到国家五大发展理念之首。

2016年1月18日，习近平在省部级主要领导干部学习贯彻党的十八届五中全会精神专题研讨班上的讲话中进一步强调"创新驱动"的重要性。他指出：**新常态下，我国经济结构调整要从增量扩能为主转向调整存量、做优增量并举，发展动力要从主要依靠资源和低成本劳动力等要素投入转向"创新驱动"**。当前我国经济发展面临动力转换节点，低成本资源和要素投入形成的驱动力明显减弱，**"经济增长需要更多驱动力创新"**[1]。

对于在国家创新发展引领下的经济发展和普通民众发展层面的大众创新，国务院总理李克强则进行了深刻诠释和倡导。在2014年9月10日的夏季达沃斯论坛开幕式上，国务院总理李克强首次提出中国永远做开放大国、学习大国、包容大国。从中国国

---

[1] 习近平在省部级主要领导干部学习贯彻党的十八届五中全会精神专题研讨班上的讲话 – 新华网. http://news.xinhuanet.com/politics/2016 – 05/10/c_128972667. htm.

情出发,努力建成一个创新大国。要借改革创新的"东风",推动中国经济科学发展,在 960 万平方公里土地上掀起"大众创业""草根创业"的新浪潮,形成"万众创新""人人创新"的新态势。

2015 年 3 月全国"两会",李克强总理在《政府工作报告》中明确表态,要把"大众创业、万众创新"打造成推动中国经济继续前行的"双引擎"之一。

2016 年 5 月,中共中央、国务院印发《国家创新驱动发展战略纲要》,明确提出,创新驱动就是创新成为引领发展的第一动力,科技创新与制度创新、管理创新、商业模式创新、业态创新和文化创新相结合,推动发展方式向依靠持续的知识积累、技术进步和劳动力素质提升转变,促进经济向形态更高级、分工更精细、结构更合理的阶段演进。①

因此,本文涉及的中国本土的创新含义几乎涵盖上述所有分类指向的内容,涉及的领域不只包括自主创新、大众创新和制度创新等中观和微观层面的创新,更包括了宏观经济社会发展核心层面的"驱动力创新",即通过"创新驱动"来改革中国当前经济发展领域的旧体制和旧模式,解决中国发展的新问题,适应当前中国发展的新常态,推动中国实现绿色、协调、开放、共享的长远可持续发展。

14 万众创新:助力转型期中国经济发展

最近两年,创业创新在中国拥有了一种全新的氛围和意义。从顶层设计到公众参与各层面,"大众创业、万众创新"正在成为

---

① 中共中央国务院印发《国家创新驱动发展战略纲要》- 新华网. http://news. xinhuanet. com/politics/2016 - 05/19/c_1118898033. htm.

一种新的"时尚"和"生产力"。

2015年10月,党的十八届五中全会明确指出,**将创新作为"五大发展"理念之首,强调"坚持创新发展,必须把创新摆在国家发展全局的核心位置**,不断推进理论创新、制度创新、科技创新、文化创新等各方面创新,让创新贯穿党和国家一切工作,让创新在全社会蔚然成风。必须把发展基点放在创新上,形成促进创新的体制架构,塑造更多依靠创新驱动、更多发挥先发优势的引领型发展。"①

此前一年的2014年11月20日,首届世界互联网大会上,国务院总理李克强明确提出要"促进互联网共享共治,推动'大众创业、万众创新'"。

2014年12月3日,李克强总理在国务院常务会议上明确要求,"**通过政府放权让利的'减法',来调动社会创新创造热情的'乘法'**。中国经济要转型升级,向中高端迈进,关键是要发挥千千万万中国人的智慧,把人的积极性更加充分地调动起来。"

2015年6月11日,国务院以国发〔2015〕32号文件印发《关于大力推进"大众创业、万众创新"若干政策措施的意见》。其中明确表示,**推进"大众创业、万众创新",是发展的动力之源,也是富民之道、公平之计、强国之策**;对于推动经济结构调整、打造发展新引擎、增强发展新动力、走创新驱动发展道路具有重要意义,是稳增长、扩就业、激发亿万群众智慧和创造力,促进社会纵向流动、

① 中共十八届五中全会在京举行 - 新闻报道 - 人民网. http://cpc. people. com. cn/n/2015/1030/c64094 - 27756155. html? ID = iwk9g.

公平正义的重大举措。①

为贯彻落实国务院《关于大力推进大众创业、万众创新若干政策措施的意见》有关精神，进一步加强统筹协调，形成工作合力，共同推进"大众创业、万众创新"蓬勃发展，2015 年 8 月 15 日，国务院办公厅批复同意关于建立推进"大众创业、万众创新"部际联席会议制度的函(国办函〔2015〕90 号):国务院同意建立由国家发展改革委牵头的推进"大众创业、万众创新"部际联席会议制度(以下简称"联席会议")。

联席会议由国家发展改革委、科技部、人力资源社会保障部、财政部、工业和信息化部、教育部、公安部、国土资源部、住房和城乡建设部、农业部、商务部、人民银行、国资委、税务总局、工商总局、统计局、知识产权局、法制办、银监会、证监会、保监会、外专局、外汇局、中国科协等部门和单位组成。

联席会议由国家发展改革委主要负责同志担任召集人,国家发展改革委、科技部、人社部、财政部、工业和信息化部分管负责同志担任副召集人,其他成员单位有关负责同志为联席会议成员。②

15　创新价值:中国改革再出发的全新驱动力

事实上,在中国,创新理念和创新实践似乎从没有像当下这样深入人心。这不只是在技术和管理层面,也不仅是在创新主体和创新领域的一次"颠覆性"的深入和普及,也是从经济发展理念到发展模式乃至发展动力的一次深层次的"改革"。

---

① 国务院关于大力推进大众创业、万众创新若干政策措施的意见_政府信息公开专栏. http://www.gov.cn/zhengce/content/2015－06/16/content_9855.htm.
② 国务院办公厅关于同意建立推进大众创业、万众创新部际联席会议制度的函_政府信息公开专栏. http://www.gov.cn/zhengce/content/2015－08/20/content_10109.htm.

2015 年 7 月 17 日下午,中共中央总书记、国家主席、中央军委主席习近平在吉林长春召开部分省区党委主要负责同志座谈会,听取对振兴东北地区等老工业基地和"十三五"时期经济社会发展的意见和建议时特别指出:"抓创新就是抓发展,谋创新就是谋未来。不创新就要落后,创新慢了也要落后。要激发调动全社会的创新激情,持续发力,加快形成以创新为主要引领和支撑的经济体系和发展模式。要积极营造有利于创新的政策环境和制度环境,对看准的、确需支持的,政府可以采取一些合理的、差别化的激励政策。"①

随后习近平总书记在 2016 年 5 月 30 日全国科技创新大会、两院院士大会、中国科协第九次全国代表大会上讲话时,将实施"创新驱动"上升为推动人类社会发展进步的高度来强调。他指出,纵观人类发展历史,创新始终是一个国家、一个民族发展的重要力量,也始终是推动人类社会进步的重要力量。不创新不行,创新慢了也不行。如果我们不识变、不应变、不求变,就可能陷入战略被动,错失发展机遇,甚至错过整整一个时代。"实施创新驱动发展战略,是应对发展环境变化、把握发展自主权、提高核心竞争力的必然选择,是加快转变经济发展方式、破解经济发展深层次矛盾和问题的必然选择,是更好引领我国经济发展新常态、保持我国经济持续健康发展的必然选择。"②

之后,科技日报以《中国全面进入创新时代》为题来评价习近平总书记在此次大会上的重要讲话的意义和价值。文章指出,这次讲话系统阐述了新的历史起点上推进科技创新的战略思想,吹

① 习近平:谋创新就是谋未来 – 新华网. http://news. xinhuanet. com/politics/2015 – 07/19/c_1115970819. htm.

② 习近平:为建设世界科技强国而奋斗 – 新闻报道 – 人民网. http://cpc. people. com. cn/n1/2016/0601/c64094 – 28400179. html

响了建设世界科技强国的号角。"这是立足全局、面向全球的中国宣言,是立足当前、面向未来的中国抉择",将"引领中国全面进入创新时代"。

而对于创新驱动发展引领下的"大众创业、万众创新",此前在 2015 年全国"两会"结束时的记者招待会上,李克强总理曾做过一个言简意赅的总结,称这实际就是一个"改革"。

全国政协副主席、科技部部长万钢对此做了进一步解读:"大众创业、万众创新"不只是一句口号,也并非是在社会上刮一阵风,而是要通过一系列政策和制度安排,真正释放出新一轮改革红利,在更广泛范围内激发和调动中国亿万群众的创新创业积极性,让创新创业从"小众"走向"大众",让创新创业的理念深入民心,在全社会形成大众创新创业的新浪潮,打造经济发展和社会进步的新引擎。①

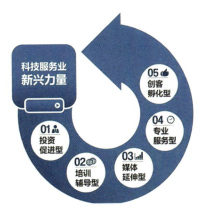

《国家创新驱动发展战略纲要》强调,要坚持科技创新和体制机制创新相互协调、持续发力形成"双轮驱动",建设国家创新体系。即建设各类创新主体协同互动和创新要素顺畅流动、高效配置的生态系统,形成创新驱动发展的实践载体、制度安排和环境保障。该纲要特别明确,我国科技事业发展目标是,到 2020 年时使我国进入创新型国家行列,到 2030 年时使我国进入创新型国家前列,到新中国成立 100 年时使我国成为世界科技强国②。

---

①　万钢. 以改革思维打造大众创业、万众创新的新引擎 [J]. 中国中小企业,2015(5):20 – 22.
②　中共中央国务院印发《国家创新驱动发展战略纲要》– 新华网. http://news. xinhuanet. com/politics/2016 – 05/19/c_1118898033. htm. 2016 – 05 – 19.

经过近两年的发展,中国的创新发展有了明显进展。《2016 中国创新创业报告》显示,新三板挂牌量成各地"双创"风向标。截至 2016 年 7 月初,全国在新三板挂牌企业为 7712 家,286 个地级以上城市有新三板挂牌公司,较去年同期多了 48 个城市。其中,北京、上海、深圳、苏州、杭州、广州、武汉、无锡、成都、南京位居全国前十名。排名前 50 的城市挂牌企业数量占全国挂牌总数的 80.7%。①

16 创新:呼唤制度和法治环境改善

2015 年 10 月,习近平总书记在十八届五中全会发表重要讲话:必须把创新摆在国家发展全局的核心位置;2015 年 12 月,习近平总书记在中央经济工作会议上指出:要发挥创新引领发展的第一动力作用。

2014 年 9 月,李克强总理夏季达沃斯论坛上首提:"大众创业、万众创新";2015 年 3 月,李克强总理在《政府工作报告》中再次提出:要把"大众创业、万众创新"打造成推动中国经济继续前行的"双引擎"之一。

不管是人类、国家还是企业,其发展的历史就是不断创新的历史。纵观天明集团 24 年的成长历程,创新是天明发展的不竭动力和源泉。

姜明理解:创业路上一定要有创新的精神。世界上本没有路,走的人多了,便有了路。创新就是"人无我有、人有我全、人全我新、人新我优";创新就是"敢闯、敢试、敢为天下先";创新就是"从无到有、从 0 到 1、填补空白、开创先河"。

① 2016 中国创新创业报告在京发布_经济参考网_新华社《经济参考报》官方网站. http://jjckb. xinhuanet. com/2016 – 09/12/c_135680130. htm. 2016 – 09/12.

创新于个人,就是要日日省、日日新、日日进。批判前天的自己、否定昨天的自己、变化今天的自己、创新明天的自己、进步后天的自己。每一天都在创新的路上,每一天都是一个崭新的自己。

创新于企业,就是要每日创新、每人创新、每事创新……就是要制度创新、机制创新、组织创新、管理创新、商业模式创新、产品创新、技术创新……将创新贯穿于所有工作的始终。

只有大力弘扬创新文化,厚植创新沃土,强化企业创新主体地位,建立创业创新的一系列体制、机制。譬如:减少注册制,让创业更方便,让创新更容易,破除一系列影响创业创新的文化、体制、机制、制度的障碍,让更多的人敢于创新。充分激发企业家精神,让企业家有再创大业的积极性,让党政干部有创新创优的积极性,让科技人才有创新发明的积极性,政治家挥手决策,科学家发明创造,企业家务实重干,从而汇聚成推动发展的磅礴力量。

作为三届全国人大代表,姜明多年来一直呼唤制度和法治环境改善,为改善创新环境,促进司法改革,维护公平正义,建良言、献良策。在姜明看来,创新不仅需要政策和制度环境,还需要法治环境的创新保障。因此,姜明在 2016 年 3 月提交给全国两会的议案中特别建议:修改完善《公司法》中原来的不适于"大众创业、万众创新"的条款,为"大众创业、万众创新"提供良好的法治环境。

河南省委原书记徐光春对于姜明和天明也是称赞有加:如果说姜明优秀的话,就优在"明"上;如果说天明优秀的话,也优在"明"上。姜明和天明,在聪明、高明、清明、开明上创新变革,不断奋进,不断有所作为,不断收获光明。这正是明者,企业振兴之法宝也。

第四章

创业改变命运

17　大众创业的内涵和外延

何为创业？从字面意思理解，可简单理解为创办和运营公司企业。《孟子·梁惠王下》："君子创业垂统，为可继也。"其意是指，创立基业，传承后代。随着历史发展和时代进步，创业这一词语有了更为广阔和深刻的含义。在当下创新创业风起云涌的热潮中，创业本身是一种个人生活和企业发展的态度和模式。

创业的英文单词为 entrepreneurship，本身也可译为"创业精神"或者"企业家精神"。这一名词源于法文 entreprendre，最早出现于 17 世纪，指受命从事某一特定商业计划的个体。

而所谓创业精神，亦指企业家精神和企业家的身份、能力等。创业精神本身就是企业家精神的灵魂。本书综合理解为，创业精神是指具有创新和变革的勇气与魄力，具有主人翁的责任与韧性，是一种要打破常规，改变现状，建立全新的格局与架构的精神。

前述的 20 世纪经济学家约瑟夫·熊彼特专门研究创业创新相关理论。他将创业精神看作是一股"创造性的破坏"力量。创业者采用的"新组合"使旧产业遭到淘汰，原有经营方式被新的、更好的方式摧毁。

之后，"现代管理学之父"、全球著名管理学家彼得·德鲁克（Peter Drucker）将上述理念进行了深入推进，认为创业者是主动寻求变化、对变化作出反应并将变化视为机会的人。

乔布斯说过，创业时你把生命投入进去，而碰到的坎坷真的很难逾越，你会感觉生命在被摧毁，所以大部分人在创业中途放弃是可以理解的。但是，成功的创业者和失败的创业者差别就在于坚持。

中国式"创业"诠释

在中国,创业与创新紧密相连,具有更为独特的时代价值和现实意义。

中国国家主席习近平指出,青年是国家和民族的希望,创新是社会进步的灵魂,创业是推动经济社会发展、改善民生的重要途径。青年学生富有想象力和创造力,是创新创业的有生力量。"传播创业文化,分享创业经验,弘扬创业精神,有利于激励更多青年特别是青年学生开启创业理想、开展创业活动,为实现中华民族伟大复兴的中国梦贡献力量。"①

尤其最近两年,"大众创业、万众创新"的浪潮自上而下席卷全国。

国务院总理李克强表示,推动"大众创业、万众创新"是充分激发亿万群众智慧和创造力的重大改革举措,是实现国家强盛、人民富裕的重要途径,要坚决消除各种束缚和桎梏,让创业创新成为时代潮流,汇聚起经济社会发展的强大新动能。②

对于创业和创业精神,中国的企业家和创业家们也有自己独特的认知。

创新工场2016年度峰会上,创新工场董事长李开复表示,随着人口红利逐渐消退,传统以量取胜的创业模式已经出现瓶颈,而以人工智能等为代表的新兴技术迎来了新的发展契机。此外,互联网教育、企业应用等垂直领域也在快速增长,优秀的创业项目和团队仍然受到资本的追捧。③

① 习近平致2013年全球创业周中国站活动组委会的贺信 – 高层动态 – 新华网,http://news. xinhuanet.com/politics/2013 – 11/08/c_118069433. htm.

② 李克强:让创业创新成为时代潮流 – 新华网,http://news. xinhuanet. com/politics/2015 – 05/08/c_127777521. htm.

③ 李开复:创业难再以量取胜. 网易新闻,http://news. 163. com/16/0927/02/ C1UHR06R00014Q4P. html.

阿里巴巴创始人马云认为,创业最重要的有三点:一是乐观。学会左手温暖右手,相信明天一定会比今天更好。二是检查自己的问题。做企业就像打仗,活着回来就是成功。一味说别人错的人,永远不会回来。所以,花时间去看别人怎么失败,去检查自己的问题。三是超越一般人的坚持能力。怕竞争,就别做企业;怕难怕被人骂,就别创业。

前排右三:泰康人寿董事长、亚布力中国企业家论坛理事长　陈东升
前排右四:红杉资本中国合伙人　沈南鹏　　后排右二:TCL集团董事长　李东生
前排右二:宽带资本董事长　田溯宁　　　　后排右一:中诚信集团董事长　毛振华
前排左二:北京物美集团执行董事　张文中
后排左一:武汉当代科技产业集团董事长　艾路明

天明集团创始人兼董事长、中国创客领袖大会主席、双12中国创客日发起人姜明认为,不论在创业路上遇到什么样的困难,坚持不放弃才能成功。因为创业之路就像西天取经之路,路上会遇到各种各样的困难,创业者没有退路,遇到困难只能迎头战斗,攻坚克难。

新东方集团董事长、洪泰基金创始合伙人俞敏洪认为,创业是一种思维逻辑。创新创业是一个民族的转型,也是一个民族的未来,建议从中小学起就进行创新创业教育。

红杉资本全球执行合伙人沈南鹏表示,如果你创业一定要将其看成你的梦想,太看重金钱的话,很难走得更远。

《创业家》社长、黑马会创始人牛文文认为,创业是一生有可能被唤醒的一个梦想和基因。

亚布力中国企业家论坛主席、元明资本创始合伙人田源表示,创业是一个苦旅,是一个长期的、不断失败且屡战屡败的过程,创业者要有超乎常人的胸怀、毅力和坚持。首先得问问自己可不可以比一般人吃更大的苦,放弃更多,有没有这个决心。创业者最主要是要有长跑心态,有翻山越岭的心态。因为创业要经过很长时间的颠簸和历练,只有人格和综合素质最优的人才能最后成功。

18　大众创业的时代背景和现实价值

最近五年,中国进入经济发展新常态,经济社会处于深度转型时期。"大众创业、万众创新"在当前中国发展阶段的重要意义和价值毋庸置疑。

伴随老龄化程度的日益加剧,中国的人口红利正在下降。与此同时,就业状况却并不乐观。一方面是高技能的工种长期处于"用工荒"状态,另一方面是大量技术含量较低的熟练工种劳动力的就业压力显著上升。

这样的严峻形势下,对于创业和创新精神的呼唤更为迫切。如何提高单个人的创造效率和创造的价值?如何更好地调动广大民众的生产生活积极性,为经济社会发展和个体家庭生活创造更多的财富和价值?如何将中国人口资源大国转变为人力资源乃至人才资源大国,成为当前和未来相当长时期内,中国面临的重要命题。

　　这也就是大众创业和万众创新提出的深刻时代背景和现实动因。

　　李克强总理明确指出,"大众创业、万众创新"是时代的选择,是发展的动力之源,也是富民之道、公平之计、强国之策,它符合全心全意为人民服务这一党的宗旨,符合激发市场活力的客观要求。我国人力资源十分丰富,是世界上任何国家都不能比的。只要更好发挥我国人力资源优势,用"双创"激发人民群众的创造力,我国经济发展前景不可限量。

　　中国"十三五"规划也明确提出,要"完善创业扶持政策,鼓励以创业带就业,建立面向人人的创业服务平台"。

19　当前大众创业发展现状

　　2016年5月20日,由李克强总理作序,国家发展改革委组织编写,人民出版社出版的《2015年中国大众创业、万众创新发展报告》新书发布会在京举行。

　　国家发展改革委主任徐绍史在发布会上对最近两年"双创"发展的形势做了"官方层面"的介绍。他指出,在经济发展进入新常态的大背景下,我国大力实施创新驱动发展战略,推进"大众创业、万众创新",取得了积极进展和明显成效。

　　一是推进"双创"的政策体系不断完善。出台了大力推进"双创"的20多项指导性文件,推出"互联网＋"11个领域行动计划等政策举措,为"双创"打造了众创、众包、众扶、众筹的"四众"平台,有力地助推了创业创新高潮的蓬勃兴起。**二是全国"双创"如火如荼、创业创新成果丰硕**。2015年,全国新增市场主体超过1400万户,天使投资募集资金达到204亿元,创业投资募资1996亿元、投资案例数3400多个。**三是发展的新动能不断汇聚**。云计算、物联网、3D打印、大数据等新技术加快实现产业化,线上线下融合(O2O)、移动支付、个性定制等新模式不断涌现,新一代信息技术、节能环保、新能源、生物医药等新兴产业快速发展壮大。

与此同时,业内和学术界对当前中国"双创"发展形势也进行了分析和总结。

2016年9月10日,标准排名和优客工场联合发布《2016中国创新创业报告》。这份由腾讯研究院等多家国内权威机构提供大数据的报告显示,2015年中国平均每天新登记企业1.2万户,比2014年日均新登记企业1万户有了明显提升。创业主力军主要由大学生草根创业者、科研转变过来的创新创业者、新富阶层创业者等组成。根据创业者的需求,创业分为生存型创业和发展型创业。

据《2016中国创新创业报告》课题组负责人、标准排名研究院城市研究总监谢良兵介绍,虽然孵化器起源于欧美,但是中国经过这两年的发展,已成为全球孵化器数量最多的国家。据统计,截至2015年年底中国已经有4875家科技企业孵化器和众创空间,接近5000家。国家级"双创"平台约占比26%,就是1258家国家级"双创"平台。这些拥有国家级"双创"平台的城市基本上还是集中在东部的沿海地区,也就是北上广深这种一线城市。[1]

报告同时显示,目前中国已形成华北、华东、华南、中部和西部五大创业中心:一是以北京和天津为核心的华北创业中心,二是以

---

① 2016中国创新创业报告在京发布_经济参考网_新华社《经济参考报》官方网站. http://jjckb.xinhuanet.com/2016-09/12/c_135680130.htm.

上海、杭州、苏州和南京为核心的华东创业中心,三是以深圳和广州为核心的华南创业中心,四是以武汉为核心的中部创业中心,五是以成都和西安为核心的西部创业中心。

20 创业的"五字箴言"、六个维度和十二"众"

创业是发展之基和富民之本,创业更是活力之源和崛起之路。

1978 年,安徽小岗村缔造"包产到户"的传奇。1992 年,市场经济的春天带来全新的"创业"故事。次年,姜明毅然辞去公职,一次创业,创办天明。2015 年,已经创业 23 年的姜明,在"大众创业 万众创新"政策鼓舞下 ,没有满足已取得的成就,选择一切归零,二次创业,投身火热的"双创"大潮中,立志为千千万万创客的创业创新提供机会,搭建舞台,帮助更多的年轻创业者实现梦想。

创业的"五字箴言"

作为资深"创客",姜明认为"创业者要有一种创客精神,首先要有梦想,第二是要实干,第三是坚持不懈的实干"。对于有志于投身创业创新浪潮的青年,他分享了自己结合创业实践总结的"五字箴言":梦、境、创、实、德。

"梦",从习近平总书记提出的中国梦,到马丁·路德金的《我有一个梦》,人生都要有梦。有梦想才会有希望,才会有未来。

"境",大境界才有大胸怀。一个有境界的人,才能用贤者,才能够聚揽天下英才创大业、做大事。

"创",指要有创业精神、创业动力、创业能力和创业成果。

"实",老老实实做人,实实在在做事,做人要靠谱,做事要落地,做企业也要务实扎实落实,实干实拼实效。千里之行始于足下,没有比脚更长的路,一步一个脚印,脚踏实地,奔向目标。

"德"，做人要有德，仁德、道德、公德、美德，我们老祖宗说的"仁义礼智信"，其实就是一个德字。德要配位，德行天下。

创业的"六维度"

姜明认为，创业"五字箴言"的具体落实，要把握好"六个维度"：高度、深度、广度、细度、实度、厚度。

一是高度决定事业。喷泉的高度，取决于它的源头。一个企业能走多远、能做多大，关键取决于企业创始人的志存高远、高瞻远瞩。

二是深度决定智慧。创业者不应追求表面的浮华喧嚣，而应以匠人精神，潜心探索，致力于深度开拓。认识问题和处理问题要达到"五了"的深度：把事情"揉碎了、弄透了、搞懂了、学专了、真通了"。

三是广度决定格局。境界决定胸怀，胸怀决定格局，格局决定未来。创业者要心容天下，广结善缘，大度能容，才能拥有更广阔的视野和发展格局。

四是细度决定成败。天下大事，必作于细。细节决定品质，细节决定成败，魔鬼在于细节，越细越接近于成功。

五是实度决定能力。创业者要做实在人，干实在事。把事做实，要有实力，实力体现能力，实力收获尊重。

六是厚度决定成就。创业者要厚德载物、厚积薄发、"厚"来居上。只有创业者厚道、厚实、厚重，才能取得更大的成功。

"众"的"十二内涵"

而对于当前大众创业中"众"，姜明从十二个方面进行了解读。

众人：众人拾柴火焰高，众人划桨开大船。找到价值相同、感情相投、利益相连的众多合伙人共同创业。

众股：用股权连接众人，耕者有其田，干者有其股，众人得众股，大家都有股。

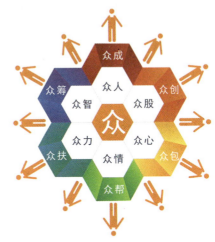

众心：心在一起，人心齐，泰山移，无坚不摧。

众情：以情聚力，感情相投，情投意合，共同快乐创业。

众力：众人力量在一起，要有凝聚力、竞争力、战斗力，无往而不胜。

众智：众人智慧在一起。集中民智，汇聚众智，三个臭皮匠，赛过诸葛亮。

众创：众人共同创新创业创造，实现创富创贵创美。

众包：众多工作外包、分包，集中精力做最有价值事情。

众帮：互相帮助，鼎力相帮。

众扶：互相扶持，帮扶援助。

众筹：筹小钱为大钱、干大事，集小溪成江海，积跬步致千里。

众成：成长在一起，成功在一起，成就在一起。

天明：大众创业全生态服务平台

二次创业后，姜明被业内外人士亲切地称为"92 派中的 15 派创客明哥"。他仍然把自己定位为一名创客——专为创客服务的创客。

姜明曾在微信朋友圈中写道：愿做"大众创业、万众创新"的探索者、实践者、铺路者。他表示，未来将倾其一生从五个层面服

务创业：

　　1.让创业更容易；

　　2.助创客更成功；

　　3.打造中国领先的"双创"服务生态；

　　4.为中原崛起、河南振兴承担河南创客的责任；

　　5.为"大众创业、万众创新"甘做一粒沙，甘当一滴水，尽一名中国创客的责任和担当。

　　最近一年内，天明集团已关注并投资近30家创业企业：

　　2015年12月，天明集团战略投资UFO众创空间、恒之源、戏缘项目5500万元，为河南三家本土企业送出"双创"大礼。

二排右一：亚布力中国企业家论坛主席、元明资本创始合伙人　田源

　　2016年4月，天明UFO众创空间与河南南阳市政府签订战略合作协议，成立"宛创空间"，与天冠集团共建"企业'双创'基地"。

　　5月5日，与北京天仕博合作成立河南天天向上科技公司，天明教育板块落地。

　　6月3日，与硅谷咖啡签订协议，着手中国创客微电影的制作。

　　7月19日，战略投资聚金资本，聚焦新三板，布局互联网金融；战略投资河南本土生鲜电商平台菜园网，正式布局生鲜电商产业链。

　　7月25日，战略入股汽车装修公司象过河。

8 月 31 日,与微医集团合作投资的"河南互联网医院"和"国际互联网肿瘤会诊中心"项目在郑州签约启动。

9 月 2 日,战略入股房金所,布局互联网金融生态链。

10 月 19 日,与河南省肿瘤医院合作建立河南质子医院,打造全球最大的质子医院。

10 月 26 日,与九秘科技合作签约。

12 月 1 日,投资优客工场。

……

元明资本创始合伙人、亚布力中国企业家论坛主席田源这样评价姜明:姜明是我的合伙人。做投资最重要的是合伙人,合伙人与股东不一样,与员工更不一样。合伙人就是志同道合地一起做事业的人。姜明不仅是河南知名的企业家,也是全国有影响力的企业家,而且对社会作出重大贡献:他是《中国企业家》杂志总发行人,1999 年,当时杂志非常小,在很困难的时候,姜明对这个杂志提供很多支持,使杂志一步一步发展起来。元明资本创办一年多来,我们也是在一起创业,姜明和我都希望能够借助这样的平台对"双创"和社会作出更大贡献。

第五章

创富点亮生活

21　何为创富？创造财富，实现富裕

所谓"创富"，从字面意思理解，简而言之是创造财富，实现富裕。

1943 年，美国心理学家亚伯拉罕·马斯洛在其代表作《人类激励理论》论文中，提出著名的行为科学理论——马斯洛需求层次理论。按照这一理论，人类需求仿佛阶梯一样从低到高按层次可分为五种：生理需求（Physiological needs）、安全需求（Safety needs）、爱和归属感（Love and belonging）、尊重（Esteem）和自我实现（Self-actualization）。其中生理需求和安全需求是基础性需求，而满足这些需求的基础是解决基本温饱问题和拥有一定财富基础。

作为创客，其创新创业的首要目标是能够创造财富，实现生活的基本小康乃至富裕。创富的外延包括国家创富、企业和团体创富、个人创富等。从国家层面而言，"大众创业、万众创新"是为了更好地推动中国经济转型发展，实现全民奔小康的总体目标。而企业创富，则意味着企业要通过运营实现利润。就普通民众而言，则不一定非要创业，而是需要通过创业创新精神，实现发家致富奔小康的目标。

2015 年 9 月 10 日，国务院总理李克强出席第九届夏季达沃斯论坛（世界经济论坛 2015 年新领军者年会）开幕式时，曾详细阐述创业创新与创富的关系。他指出，"大众创业、万众创新"是

推动发展的强大动力,也是收入分配模式的重大创新。**千千万万人靠创业创新增收,更好发挥了"一次分配"作用,初步探索出一条中国特色的众人创富、劳动致富之路,有利于形成合理的分配格局。"双创"是促进社会公正的有效途径。无论什么人,只要有意愿、有能力,都可以靠创业自立、凭创新出彩,都有平等的发展机会和社会上升通道,更好地体现尊严和价值。**①

在天明集团创始人兼董事长、中国创客领袖大会主席、双12中国创客日发起人、"创客明哥"姜明看来,创客通过创业创新首先应该保证自己和家庭以及企业维持基本的生存和发展,就中国目前现实而言,这不只是简单实现创富,还是国家推进"精准扶贫"的一种重要方式。

22　创富在当前中国的意义和价值
（精准扶贫和全面小康）

当前,中国人民正在为实现全面建成小康社会目标和实现中华民族伟大复兴的"中国梦"而努力。国家主席习近平对于这一目标的诠释深刻而明晰,**所谓全面建成小康社会,实现"中国梦",就是要"实现人民幸福"。"全面小康是全体中国人民的小康,不能出现有人掉队。"**简言之,全民奔小康,"一个都不能少"。就中国当前实际来讲,要实现中国梦,首先要在"十三五"时期实现全民奔小康目标,而这些目标的基础正是要达成中国人民的全面彻底脱贫和基本富裕。其中首先就是要解决贫困人口的脱贫解困问题。

---

① 李克强:人的创造力是发展的最大本钱－新华网. http://news. xinhuanet. com/politics/2015－09/10/c_1116521915. htm

全世界范围来看,中国是最早实现千年发展目标中减贫目标的发展中国家,为全球减贫事业做出重大贡献。改革开放38年以来,经过中国政府、社会各界、贫困地区干部和民众携手努力,加之国际社会的帮助,中国先后有6亿多人口摆脱贫困。2015年,联合国千年发展目标在中国基本实现。

尽管中国取得了举世瞩目的发展成就,但仍是全球最大的发展中国家和人口最多的国家,缩小城乡和区域发展差距依然是当前面临的重大挑战。按照中国现有标准,目前仍有7000多万贫困人口分布在不同区域。随着中国经济发展进入新常态,经济下行压力加大,对于贫困人口的扶贫任务更为艰巨和繁重。这样的形势下,按照习近平总书记讲话精神和中国共产党中央、国务院的方针政策,"精准扶贫"成为中国扶贫的"精髓"和导向。

2015年1月,习近平在云南考察时强调,要以更加明确的目标、更加有力的举措、更加有效的行动,深入实施精准扶贫、精准脱贫,项目安排和资金使用都要提高精准度,扶到点上、根上,让贫困群众真正得到实惠。

2015年6月,习近平在贵州召开部分省区市党委主要负责同志座谈会时,提出"各地都要在扶持对象精准、项目安排精准、资金使用精准、措施到户精准、因村派人(第一书记)精准、脱贫成效精准上想办法、出实招、见真效"的"六精准"新要求。

2015年11月,在中央扶贫开发工作会议上,习近平就实现精准扶贫、脱贫,指出"关键是要找准路子、构建好的体制机制,在精准施策上出实招、在精准推进上下实功、在精准落地上见实效"。

2015年10月16日,习近平在2015减贫与发展高层论坛上向世界各国领导人介绍,现在中国在扶贫攻坚工作中采取的重要举措,就是实施精准扶贫方略,找到"贫根",对症下药,靶向治疗。我们坚持中国制度的优势,构建省市县乡村五级一起抓扶贫,层层落实责任制的治理格局。我们注重抓"六个精准",即扶持对象精准、项目安排精准、资金使用精准、措施到户精准、因村派人精准、脱贫成效精准,确保各项政策好处落到扶贫对象身上。我们坚持分类施策,因人因地施策,因贫困原因施策,因贫困类型施策,通过扶持生产和就业发展一批,通过易地搬迁安置一批,通过生态保护脱贫一批,通过教育扶贫脱贫一批,通过低保政策兜底一批。我们广泛动员全社会力量,支持和鼓励全社会采取灵活多样的形式参与扶贫。"未来 5 年,我们将使中国现有标准下 7000 多万贫困人口全部脱贫。"[1]

从中可以看出,**中国的精准扶贫进入攻坚期,一方面需要"创新"精准扶贫的方式和渠道;另一方面,帮助个人创新创业实现脱贫致富的这种"授人以渔"的可持续帮扶模式应获得鼓励和扶持。**而这一切的基础目标,首先就是要实现脱贫"创富"。因此,对于个人或者企业而言,实行创业和创新的首要目标也正是"创富",个人家庭首先要摆脱贫困,实现小康和富裕。企业和机构则要实现赢利,且能够可持续地创造利润。

23 如何创富？

创富首先要脱贫,无论是国家、地方还是个人或企业,摆脱贫困实现富裕都需要创新和创业的精神。个人需要创新脱贫致富模式,创新就业创业思路。企业家需要用创业创新精神去开拓创新。无论哪一种主体,都需要用创新创业的精神去创造财富和利润。

天明集团创始人兼董事长姜明的奋斗前进之路正是一部个人

---

① 习近平主席在 2015 减贫与发展高层论坛上的主旨演讲(全文) – 新华网. http://news. xinhuanet. com/politics/2015 – 10/16/c_1116851045. htm.

创富史，而他所创立的天明集团发展历程本身就是一部企业创富的历史。

1978 年，安徽凤阳小岗村萌发"包产到户"传奇。1992 年，春天的创业故事开始讲述。正是在 1993 年，姜明毅然辞去公职，首次创业，创办天明。27 岁的姜明婉言谢绝领导停薪留职的好意，毅然决然离开河南省体委机关，沐浴着邓小平南方谈话的春风，下海创办天明广告公司，在中原河南这块孕育中华民族五千年璀璨文明的土地上，开始了天明的创业创富之路。

如今的天明集团一层办公楼大厅墙上，挂着一幅巨大的《河南日报》头版整版广告图。版面上印着一行硕大的字："除了伪劣假冒，承接一切广告。"这正是 1993 年 6 月 18 日天明集团起步开张时的广告。当时，天明广告公司刚成立，仅有 1 万元资金的姜明，就敢借钱花 3 万元投放这则广告。

事实证明，姜明的第一个涉足的行业方向正确。1992 年，邓小平的南方谈话带来了中国市场经济的全面放开，企业经营自主性得到解放，广告业拥有了前所未有的广阔前景。姜明和他的天明广告正是把握了这一历史机遇。

1993 年创业当年，为做户外广告，姜明凌晨 4 点就带领天明人出去转悠，连续三天走遍郑州大街小巷，寻找合适的户外位置。他发现郑州当时金水路、花园路、人民路、文化路很多主干道上都有很多树，于是大胆创新，决定让广告"上树"。

一夜之间，郑州大街小巷的树上都穿上了"花裙子"，天明开创"树桶广告"先河。当时《河南日报》头版头条以《树穿上了花裙子》做了特别报道。河南电视台也发表了肯定和鼓励的评论。然而新生事物容易引发争议。因树桶广告有"影响"市容之嫌,当时郑州分管城建领导在会上提出:树桶广告需尽快拆掉。这成为姜明和天明集团第一个大的危机时刻。

当天,姜明联系河南电视台的朋友一起紧急赶往北京,把树桶广告新闻报给央视王牌栏目《经济半小时》,获得选题通过。于是这一当时由知名主持人敬一丹主持的栏目,罕见地用10分钟时间报道了河南郑州出现的树桶广告并进行充分肯定,认为姜明他们策划这件事情是对邓小平同志南方谈话精神的具体落实,赞赏郑州市领导思想解放,敢想、敢试、敢闯、敢为天下先,发挥郑州市绿城优势,既保护了树木又增加了经济效益,还解决了就业。这则新闻使得树桶广告得以保留。

之后海内外30多家媒体报道了树桶广告,给天明公司免费做了一次广告,使天明广告开山之作——树桶广告一炮走响。这为天明广告打下了坚实基础。

天明广告的第二个杰作是承包1994年在河南召开的全国糖酒商品交易会企业的广告。全国糖酒商品交易会有着中国食品行业"晴雨表"之称,始办于1955年,是中国历史最为悠久的大型专业展会之一,当时号称全国最大的商品交易会。

姜明抓住了这次难得的机遇,将郑州各主干道户外媒体全部买断。因广告只准会议当天发布,所有企业都希望在糖酒会当天一早看到自己的广告。为此,姜明想出一个办法,提前将所有过街广告横幅和旗帜挂上并包好。糖酒会开业前,姜明和天明的同事制定糖酒会战役的作战图,每晚十一二点巡逻,三天三夜没合眼,所有工作人员都很紧张。到会议开始前最后一刻,包好的旗帜和横幅同步展开。一夜之间,2000多面彩旗布满郑州大街小巷,效果显著,赢得全国各地企业客户的认可,也赢得了效益。

之后姜明提出"创百年天明老字号","为河南广告业争气",在《河南日报》刊登文章《天明追求明天的梦》。这进一步扩大了天明广告和姜明的知名度。天明广告很快在河南乃至全国都打出品牌,1995年获"十佳广告公司"榜首。

除了"树桶广告"开中国户外广告之先河,在姜明的创意推动下,1997年天明广告向郑州市捐赠32辆双层公交大巴,开通"天明号"专线,结束河南没有双层大巴的历史,这也是极富想象力之举。类似创新创意之举,对姜明和他的天明集团而言,不胜枚举。

在创业创富路上,姜明的前瞻性和市场洞察力似乎总能先人一步,他说:"在别人睡觉的时候,你要起得比别人早,去前面探探路,看看未来是什么样。路探好了,叫大家起来吃早饭,这个时候你可以休息。作为创业企业的掌舵者,更应该这样。"

创业至今24年的历程,姜明从一个河南省信阳市固始县蒋集镇的穷孩子成长为连续三届人大代表、两届全国青联常委、民建中央委员、全球青年豫商领袖成长论坛主席。他创立的天明集团由1万元起步,发展成为今天覆盖传媒、地产、投资、双创、健康、金融、教育等诸多领域,控股36家公司,投资39家公司,总资产近百亿元,员工1500人,累计为国家交税15亿元,捐赠善款1.432亿元,且连续多年荣获"中原最具社会责任感企业"和"中原最佳雇主企业",连续 20 年荣获"最佳信用民营企业"和"AAA 级信誉单位"。

24 创富:通过"先富"带动"后富"

在姜明看来,创富,既要胸怀理想,又要脚踏实地。中国古语说"仓廪实而知礼节"。任何时候要头顶着天想未来,脸贴着地干今天。创业者创富的目标是首先养活自己,然后养活家庭,逐步实现财务自由和经济独立,再以实际行动孝敬父母、帮助亲朋,**通过"先富"带动"后富",实现"共同富裕"**;同时通过创业企业增加就业和贡献税收来更好地回报社会和国家。他认为,创富至少可分为以下五个层次:

创富第一步,自食其力,养活自己。尽快养活自己,减少父母的压力。姜明认为,人首先要在经济上自立,减轻父母的压力。于是他在做好学习的同时,很早就想尽办法做社会实践,获得收入,补贴学费和生活费。从上高中起,姜明就没再用过父母的钱。高中三年和上大学期间的花销都是自己赚钱。那时候他每月生活费10 块钱,一天三毛三。"你要去想养活自己这个问题,想了就会有思路,有了思路就会有办法,有了办法就会有机会,有了机会就可以养活自己。"

创富第二步,达到小康,实现"先富"。在个人自食其力之后,首先要通过努力养活家人,孝敬父母,解决自己小家庭的生存发展问题,实现家庭基本小康,达到"先富"的水平。

创富第三步,帮助亲朋,带动"后富"。在实现"先富"之后,创业者有了更高经济能力,此时可以考虑对身边最近的人多加帮助,施以援手,不只是多做扶贫济困和雪中送炭的事情,更要通过"先富"带动"后富"。这不仅是赠人玫瑰,手有余香,可以首先从尽可能帮助周围的亲戚、同学、战友、朋友、同事做起,而且是通过帮助他人也实现"共同富裕"来体现自己的价值。

创富第四步,创造就业,回报社会。创业者和企业家在解决了基本温饱问题并实现小康之后,应通过企业更快发展搭建更大平台,创造更多工作岗位,帮助社会解决更多就业,进而体现创业者自己和创业企业的社会价值。

创富第五步,贡献税收,回报国家。创业企业在创造就业岗位基础上,应考虑进一步深入发展,实现更大的盈利,进而为国家贡献更多的税收,进行二次分配,彰显企业的深层经济价值。

总之,姜明认为,所谓创富是指创业者不仅首先要能养活自己和家人,通过自身创富,做"先富起来"的那部分人;更应通过"先富"带动"后富",帮助更多人实现共同富裕。

新东方创始人、洪泰基金创始合伙人俞敏洪是姜明多年的老朋友,他对姜明很为敬重:"见姜明的第一眼,他就给人一种踏实的感觉,那种感觉就是你可以把所有的事情都托付给他;在后来的交往中,姜明不断证明他是一位值得信赖的人,是一位踏实而又有着大智慧的人。姜明的身上体现着平民的奋斗精神,这种奋斗精神像不息的火焰,会不断点燃自己的梦想和其他人的梦想。一个人一生的朋友不会太多,特别是能够从心里认可的朋友,姜明毫无疑问是一个值得深交的朋友,是一个可以托付人生事情的朋友。"

第六章

创贵塑造情怀

25　何为创贵？爱和归属感的需求

所谓创贵,在姜明看来,主要是指创业要创有文化、有品位、有情怀、有社会责任感的企业。

创新创业目的不只是实现富裕,创造物质财富,实现财务自由,还应有精神和文化的追求。正如马斯洛需求层次理论中将人生的需求分成生理需求、安全需求、爱和归属感、尊重和自我实现五类。这五类需求依次由较低层次到较高层次排列,只有人的低层次需求实现了才会有较高层次的需求。

比如只有满足了生理需求和安全需求之后,才会有社会层面需要,即爱、友谊和归属感的需求;之后才会有尊重(自尊、被承认和社会地位)和自我实现的需求。

创贵不是简单的实现富贵,而是要有"贵气"。换言之,创业者创新创业的目标不能只是做有财富的"土豪",还需要获得良好的教育,做到有教养和有品位。从个人层面来说,要有公民基本素养和利他心。从企业层面来说,不应只考虑企业自身的发展,还需要考虑一系列其他相关者的利益,要有社会责任感。也就是说创客需要考虑员工、合作伙伴、股东、用户的利益,还要站在公司所处社区、地域乃至国家和世界的社会维度考虑问题。

为此,天明集团创始人兼董事长、中国创客领袖大会主席、双12中国创客日发起人、"创客明哥"姜明认为,创业者不仅要创富,更要创贵。既富且贵,才能受人尊重。贵,意味着要有文化底蕴,思想品位和社会担当。做人不能满足于物质财富,还要有风骨、有气节、有境界和有格局,当然还要有胸怀和气量。

26　创贵在当前中国的意义和价值
（品位格局和家国情怀）

当前不少创业企业获得利润,并没有体现出其社会责任感。一些创业者挣到钱后,反而被誉为没有文化没有素质的"土豪"。过分崇拜功利主义价值观,导致不少创业者精神追求贫乏,缺少品位和教养,企业本身也限于"唯利是图"的较低层次发展格局。

一些企业为了赚快钱,以低廉的成本"以次充好",假冒伪劣产品远销国外,甚至被一些国外媒体和同行称为"山寨中国"。"中国造"和"大陆货"一度被国外市场认作"次品"和"假货"的代名词。这些问题已严重影响到中国企业的品牌价值和中国商人乃至企业家的形象和声誉。

作为全世界最大的电子商务平台,阿里巴巴集团占中国电商市场份额的七成以上。然而令这个电商老大最头痛的却是网上商城中的假货泛滥。2015年,马云在接受新华社等媒体采访时曾坦陈,假货已成为阿里之痛,也是中国制造之痛。

马云认为,尽管阿里巴巴平台上销售的产品中假冒伪劣比率很低,投诉率是八十六万分之一,远低于线下实体店,但是对中国制造的伤害却是根本性的。这种假货对国家最大的伤害，就是导致不诚信的人比诚信的人获得的报酬更多，造成创新贬值甚至没有价值，这是对一个国家和一个民族最大的伤害。在马云看来，阿里巴巴和中国制造是连体婴，没有中国制造成千上万的小企业小卖家，不会有淘宝和阿里巴巴。如果中国制造是目光短浅，只顾赚快钱的，阿里巴巴将后继乏力；只有中国制

左:阿里巴巴创始人　马云

造是可持续和有核心竞争力的，阿里巴巴才有可能拥有长久的活力。①

马云认为阿里巴巴十多年努力的最大心血，就是建立了一套信用体系，因为信用是"一切的基石，这是无价的，也是阿里人最引以为傲的"。

事实上，对于中国当代企业家和创业者而言，创贵具有更为现实和深刻的内涵与价值。如何通过创贵来引领企业和国民素养，提升个人和企业的文化品位与社会责任感，也已成为这个时代和这个国家的重要命题。

27　如何创贵？

日本帝国数据库之前曾在4000家老企业中展开调查，请企业用一个汉字来概括"长寿秘诀"，最多的企业选择了"信"字，第二

① 对话马云:假货是阿里之痛、中国之痛|阿里巴巴|马云|假货_互联网_新浪科技_新浪网. http://tech. sina. com. cn/i/2015－10－12/doc－ifxirmpy1533811. shtml.

位是"诚"字。

　　天明集团创始人兼董事长姜明认为,诚信和责任是企业成为贵族的基本素养。在实践中,他和天明集团在实现创富之后,更多地将诚信和责任延伸到公益慈善领域,彰显社会责任和文化品位。

　　2016 年 9 月 6 日,河南周口市文昌中学举行"周口天明城公益助学活动暨弘文天明班授牌仪式"。姜明代表天明集团和全体员工捐赠 200 万元,在周口市文昌中学成立助学基金,设立"弘文天明班",资助品学兼优的贫困学子完成高中学业、圆大学梦想。

　　此次成立"弘文天明班",是"慈善天明"在公益道路上的持续践行与坚守,也是天明集团继 2010 年捐赠 5000 万元在郑州成立助学项目,在郑州 101 中学、郑州 4 中、郑州 16 中设立"天明博爱班"之后,为支持河南教育事业发展做出的又一公益善举。

　　天明博爱班是天明集团为支持郑州市教育事业发展,在 2010 年捐助成立的助学项目,用于资助品学兼优、家庭贫困的青少年完成三年高中学业。2014 年至 2016 年,思源天明公益基金在郑州 4 中、101 中学、16 中等郑州市重点中学成立天明博爱班。迄今为止,已累计投入 1650 万元帮助 545 名学生考上一本重点大学。2016 年,第三届天明博爱班 100 名毕业生全部以优异成绩进入全国统招一本线。其中郑州 4 中 2016 届天明生高考平均分 630 分,超出三本线 107 分,几乎所有天明生都被 985 院校所录取。

　　在郑州天明博爱班的 2016 年高考成绩汇报总结会上,由天明集团捐助完成高中学业考入国家重点大学的博爱班学生代表,表达了对天明集团和姜明的真挚感恩。

郑州 4 中学生代表李文晓以 673 分的成绩被浙江大学临床医学本硕博连读录取。在谈及对姜明和天明集团的援助时,这个本不善言辞的女孩动了真情。她说:"天明集团于我们就像细雨、暖阳,多年间资助了无数寒门学子完成学业,实现梦想,改变命运。姜明董事长慷慨的资助鼓励着我们,无私的情怀感动着我们。当爱心点燃希望,当希望化为力量,当力量绽放精彩,天明集团将爱心无私地奉献给了我们,我们也会将爱心永留人间,在未来的人生中,将爱意传达下去。"

郑州 101 中学学生代表本照青感恩有幸成为天明博爱班的一员,她说:"天明和姜明董事长把支持教育、服务教育作为企业回报社会的一种方式,奉献爱心,回馈社会,慈善公益,扶贫济困,让我们在逆境面前不抛弃,不放弃,在求学路上脚步厚重而踏实。"

现就读于中国青年政治学院的郑州 101 中学第二届天明博爱班毕业生董媛媛说:当初是永恒不变的天明精神,让我拥有了前进的动力,让梦想照进了现实。我会永记天明"创新会干"的精神,做一个积极的创业者,谨记姜明董事长在"双 12 中国创客日"对创业者的教诲,既有很好的梦想,有置之死地而后生的信念,同时也具有重塑自我的激情。

郑州 4 中闫培新校长说:"姜明董事长这样有眼界、有情怀的企业家,践行着达则兼济天下的博爱思想。这种博爱的精神对孩子的人生观、价值观的正确引领,这种精神的传承,才是他们也是我们这个社会与民族的最大收益,才是更值得他们终身拥有的财富,也是我们民族的幸运与希望!"

郑州市 101 中学李国喜校长说:"天明这么大的企业,姜明董事长如此关心教育事业和慈善事业,做了这么多善事,让我们很感动,我们一定会把博爱班办好!"

思源天明公益基金是天明集团与中华思源工程扶贫基金会共

2016 年 8 月 20 日　第三届天明博爱班毕业生合影

同发起的一项主要针对中国教育实施捐助计划的爱心事业。其宗旨是通过助学活动,让更多家庭贫困、品学兼优的孩子享受优质的教育资源,鼓励他们成为自强不息、全面发展的优秀人才。作为一位民营企业家,姜明始终牢记企业社会责任、企业公民责任,从创业至今,在创富的同时不忘企业社会责任,在公益慈善领域持续发力。以下为历年来姜明和天明集团的部分善举:

1993 年资助 30 名贫困小学生完成学业。

1994 年捐赠 20 万元支持"绿化郑州美化郑州"公益广告宣传。

1995 年捐赠 15 万元在河南大学中文系设立研究生基金。

1996 年捐赠 10 万元支持希望工程。

1997 年捐赠 1600 万元为省会郑州购置 32 辆双层公交车开通"天明号"专线,结束河南没有双层公交车的历史;同年捐赠价值 108 万元的《河南商报》赠送下岗工人、残疾人、离退休工人和师生,体现天明人的爱心。

1998 年捐赠 50 万元在郑州市区修建"天明路"。

2000 年捐赠 20 万元支持河南共青团扶贫示范村。

2001 年捐赠 10 万元支持固始高中教育。

2002 年捐赠 80 万元并组织 80 多位资产上千亿元的企业家到河南考察,受到时任河南省委书记李克强的亲切接见;同年捐赠 12.1 万元为贵州省遵义市建造饮水工程。

2003 年捐赠 15 万元为"全民抗非典"发布公益广告；同年捐赠价值 10 万元的衣物赞助黄河抗洪官兵。

2004 年捐赠价值 582 万元的《河南商报》赠送下岗工人、残疾人、离退休工人和师生，体现天明人的爱心；同年捐赠 50 万元支持首届世界传统少林武术节，捐赠 2 万元赞助东南亚海啸灾区灾民。

2005 年捐赠 10 万元支持国家行政学院教学。

2006 年捐赠 6 万元支持河南省"青年专家助百村远程教育进家门"活动，捐赠 6 万元支持雁鸣湖景区开发建设；捐赠 2 万元支持河南民建扶持信阳新县教育事业。

2007 年捐赠 156 万元支持中华思源工程扶贫基金会。

2008 年捐赠 500 万元支持中华思源工程扶贫基金会，并承诺未来 10 年每年向中华思源工程扶贫基金会捐赠 500 万元，累计捐赠 5000 万元。

2008 年，捐赠 100 万元建设"思源天明中心小学"。

2010 年，通过中华思源工程捐赠 50 万元，用于支援河北丰宁满族自治县扶贫建设。

2010 年，通过共青团中央、中华思源、河南天慈基金会捐赠 100 万元，用于支持四川玉树灾区重建。

2010 年，向郑州市红十字会捐款 1000 万元，5 年累计捐赠 5000 万元，支持河南文化教育等社会事业发展。

2011 年,通过中华思源工程扶贫基金会捐赠 1000 万元,用于奖学金、大病互助金。

2013 年,捐赠 500 万元,向北京、贵州、青海等 10 个省市捐赠了 74 辆救护车。

2016 年,通过"爱的分贝"项目捐赠 260 万帮助贫困聋儿。

2016 年,向周口文昌中学捐赠 200 万元成立弘文天明班。

2016 年,成立思源天明基金创客爱心基金项目,首笔捐赠 200 万元支持国家级贫困县固始教育事业。

天明集团成立于 1993 年 6 月 18 日,创业 24 年,始终牢记企业社会责任,践行企业公民责任,以"奉献爱心、回馈社会、慈善公益、扶贫济困"作为核心价值观,为教育、扶贫、赈灾等公益事业累计捐赠 1.432 亿元,以实际行动诠释了姜明和天明人的慈善公益之心。

天明集团先后荣获河南首位"福布斯中国慈善榜企业""河南十大慈善企业""全国文明单位""全国青年文明号""AAA 级信誉单位""河南最佳雇主企业三十强""河南最具社会责任雇主""诚信纳税十佳""中国一级广告企业""中国最具投资潜力企业"等称号。姜明本人先后荣获"河南十大慈善人物""中国慈善排行榜100 位上榜企业家""感动河南十大爱心人物奖"等荣誉。

总结姜明和天明创业 24 年的"感恩史",用一位领导的话说,姜明虽然很年轻,但是按照捐赠额和资产总额的比例来说,恐怕在全国也是领先的。姜明也因此被全国政协副主席、河南省委原书记卢展工称为"侠商、义商"。

28　创贵：情怀、格局与社会责任

姜明认为，创业者在实现"创富"之后要做一个"高贵"的人，做一个"高贵"的人。"高贵"是指创业者及其企业不单单做一个经济上的有钱人和能赚钱的企业，还要有创新思维与世界格局，更要有责任担当和家国情怀。

左二：河南省委书记　谢伏瞻

右二：高瓴资本创始人　张磊

而所谓创贵，是指创客及其企业不仅要有风骨、有气节、有文化、有爱心，更要有社会担当、家国情怀和高远格局。因为情怀决定格局，格局决定长久。

在姜明看来，单纯挣钱并不是很难的事情，但是达到"贵"的格局却很难。为此，创业者为了创贵，至少要经历五个层次：

第一，要热爱读书。读书可以厚德，读书可以睿智，读书可以怡情，正所谓"腹有诗书气自华"。创业者应通过博览群书，修身养性，使自身和企业更有品位。

第二，要有文化。只有"文化的才是经典的"。创业者不仅要通过读书提升修养和品位，还要有深厚的文化历史积淀，懂得尊重他人。

第三，要有爱心。创业者及其创立的企业要有爱心、善心、利他心和同理心，应学会乐于助人，积极参与和推动公益行动，彰显企业的社会责任与公民责任。

第四，要有气节。创业者及企业应该有高尚的气节，要有内在的风骨傲骨、自尊自信、志气节气。

第五，就是要有社会担当和家国情怀。 无论是创业者还是其创立的企业，要想真正达到高贵，应把眼界和格局放在国家层面来考虑自身的发展，为了社会和国家承担更多的责任，牢记"家是最小国，国是千万家"，要有家国情怀，承担一个中国人的责任。

因此，姜明认为，创业者要想达到"贵"的层面，应多学习，多读书，多修炼；恪守仁义礼信，勇于社会担当，有一颗慈善心、公益心、利他心和敬畏心；要敬畏天地，敬畏父母，敬畏法律，要厚道善良、诚实守信、正直谦逊。

而这也正是姜明在50年的人生旅途和天明集团24年创业发展历程中始终遵循的原则，也是天明虽然不是"最有钱"的企业，却能位列福布斯"慈善排行榜"等公益榜单前列的重要原因。

自1993年6月18日创立天明以来，姜明带领天明人一直朝着"创贵"的目标而努力，始终牢记企业家和企业的社会责任，为"中原崛起、河南振兴、富民强省"贡献力量和勇担责任，将"奉献爱心、回馈社会、慈善公益、扶贫济困"作为天明人的核心价值观。创业24年，天明仅公开统计的公益捐款累计达1.432亿元。

姜明不仅创造多个中原乃至全国广告首创，还是河南民营企业家首次登上北大光华学院讲坛的"第一人"，更是与巴菲特、比尔·盖兹一同出席慈善沙龙活动的中原企业家"第一人"。

对于姜明和天明集团的"创贵"之路，作为姜明及其创立的天明集团发端地的河南当地父母官似乎更有发言权。

河南省委原书记郭庚茂在2013年看望民建河南省委领导班

子时,特别称赞道:"天明集团是一家优秀的企业,姜明是一位慈善家!"

河南省委原常务副省长、广西壮族自治区人大常委会党组副书记李克曾高度评价:天明集团以实际行动支持我省教育、文化事业发展,为河南省企业树立了榜样。

河南省人大常委会原党组书记曹维新称赞:河南省天明集团,勇担社会责任,积极奉献爱心,回报社会。

未来,姜明表示,他和天明集团将继续把"创贵"之路进行到底。他特别树立了"四百天明"的目标:除了要创造百年天明、百岁天明人和百亿美金天明之外,最重要的是要塑造出百个拥有千万亿资产之"高贵"的天明人。

第七章

创美提升境界

29　何为创美？美美与共，天下大同

何为美，曾先后荣获"优秀中国特色社会主义事业建设者""中国全面建设小康社会先进个人""世界优秀青年企业家大奖""十大风云豫商"等荣誉的天明集团创始人兼董事长姜明认为，美是一种境界，创美是"双创"的最高境界。所谓美，其含义广泛而深远，但本质是指向人的内心和人与自然、社会的和谐。包括心灵之美，人格之美，内心之美，世界之美，人类之美，人人和谐之美，人与自然和谐之美，向善向上之美等。创美就是要创造美丽中国、美丽社会、美丽人生、美丽地球。

从国家层面讲，创美，就是指通过"大众创业、万众创新"，建设美丽中国和幸福中国。从创业者自身和每个普通民众而言，是指通过创业创新的精神，不仅创造财富，走上精神和物质丰裕之路，还要成为有文化追求和家国情怀的企业家和高素养的公民，达到小康和幸福的目标。

这一境界可借用著名社会学家费孝通先生的 16 字箴言来描述："各美其美，美人之美，美美与共，天下大同。"这不仅可以用来表示处理不同关系的思想精髓，也可以代表"双创"奋斗的理想社会境界和对全球发展理念的认同。

美是一种大境界。创业者追求的至高境界是，不仅要有家国情怀，还应关注地球环境，关注人类生存和发展，关注人与环境资源的协调可持续绿色发展。这包括关注自然生态的破坏，关注人与自然，人与社会，人与人之间的协调可持续发展，追求绿色发展和生态平衡。

30 创美在当前中国的意义和价值
（绿色发展和美丽中国）

当代中国，人与资源、环境的关系紧张，资源短缺和环境污染问题严重，人与人之间缺乏信任，诚信缺失问题凸显。企业之间，信用体系不完善。个人内心而言，不少人信仰缺失，底线动摇。在这样的背景下，中国最高决策层提出了绿色发展和美丽中国的目标和理想。

中国共产党十八大把生态文明建设纳入中国特色社会主义事业"五位一体"总体布局，明确提出大力推进生态文明建设，努力建设美丽中国，实现中华民族永续发展。

中国共产党十八届五中全会首次将"绿色发展"作为指导我国未来发展的"五大发展"理念之一。十八届五中全会提出："坚持绿色发展，必须坚持节约资源和保护环境的基本国策，坚持可持续发展，坚定走生产发展、生活富裕、生态良好的文明发展道路，加快建设资源节约型、环境友好型社会，形成人与自然和谐发展的现代化建设新格局，推进美丽中国建设，为全球生态安全作出新贡献。"

自从提出"建设美丽中国"目标以来，中共中央总书记、国家主席习近平曾在多个场合对绿色发展理念进行了系列阐述。

2013年4月2日，习近平在参加首都义务植树活动时指出，"全社会都要按照党的十八大提出的建设美丽中国的要求，切实增强生态意识,切实加强生态环境保护,把我国建设成为生态环境良好的国家"。

2013 年 4 月 8 日至 10 日,习近平在海南考察工作时指出,保护生态环境就是保护生产力,改善生态环境就是发展生产力。良好生态环境是最公平的公共产品,是最普惠的民生福祉。[①]

2013 年 5 月 24 日,习近平在主持十八届中央政治局第六次集体学习时强调,"生态环境保护是功在当代、利在千秋的事业。要清醒认识保护生态环境、治理环境污染的紧迫性和艰巨性,清醒认识加强生态文明建设的重要性和必要性,以对人民群众、对子孙后代高度负责的态度和责任,真正下决心把环境污染治理好、把生态环境建设好,努力走向社会主义生态文明新时代,为人民创造良好生产生活环境。""要正确处理好经济发展同生态环境保护的关系,牢固树立保护生态环境就是保护生产力、改善生态环境就是发展生产力的理念,更加自觉地推动绿色发展、循环发展、低碳发展,决不以牺牲环境为代价去换取一时的经济增长。"[②]

2013 年 7 月 18 日,习近平在致生态文明贵阳国际论坛 2013 年年会的贺信中指出,"走向生态文明新时代,建设美丽中国,是实现中华民族伟大复兴的中国梦的重要内容。中国将按照尊重自

---

①　习近平:加快国际旅游岛建设谱写美丽中国海南篇 - 高层动态 - 新华网. http://news. xin-huanet. com/politics/2013 - 04/10/c_115342563. htm.

②　习近平:坚持节约资源和保护环境基本国策努力走向社会主义生态文明新时代 - 新闻报道 - 人民网. http://cpc. people. cn/n/2013/0525/c64094 - 21611332. html.

然、顺应自然、保护自然的理念,贯彻节约资源和保护环境的基本
国策,更加自觉地推动绿色发展、循环发展、低碳发展,把生态文明
建设融入经济建设、政治建设、文化建设、社会建设各方面和全过
程,形成节约资源、保护环境的空间格局、产业结构、生产方式、生
活方式,为子孙后代留下天蓝、地绿、水清的生产生活环境"①。他
同时表示,保护生态环境,应对气候变化,维护能源资源安全,是全
球面临的共同挑战。中国将继续承担应尽的国际义务,同世界各
国深入开展生态文明领域的交流合作,推动成果分享,携手共建生
态良好的地球美好家园。

2013 年 9 月 7 日,习近平在哈萨克斯坦纳扎尔巴耶夫大学回
答学生问题时指出,"建设生态文明是关系人民福祉、关系民族未
来的大计。中国要实现工业化、城镇化、信息化、农业现代化,必须
要走出一条新的发展道路。中国明确把生态环境保护摆在更加突
出的位置。我们既要绿水青山,也要金山银山。宁要绿水青山,不
要金山银山,而且绿水青山就是金山银山。我们绝不能以牺牲生态
环境为代价换取经济的一时发展。我们提出了建设生态文明、建设
美丽中国的战略任务,给子孙留下天蓝、地绿、水净的美好家园"②。

2015 年 1 月 19 日至 21 日,习近平在云南考察工作时指出,
"经济要发展,但不能以破坏生态环境为代价。生态环境保护是
一个长期任务,要久久为功"。"要把生态环境保护放在更加突出
位置,像保护眼睛一样保护生态环境,像对待生命一样对待生态
环境。"③

① 习近平致生态文明贵阳国际论坛 2013 年年会的贺信 – 新闻报道 – 人民网. http://cpc. peo-ple. com. cn/n/2013/0721/c64094 – 22266285. html.
② 习近平发表重要讲话 呼吁共建"丝绸之路经济带" – 新闻报道 – 人民网. http://cpc. peo-ple. com. cn/n/2013/0907/c64094 – 22841981. html.
③ 习近平在云南考察工作时强调:坚决打好扶贫开发攻坚战,加快民族地区经济社会发展 –
新闻报道 – 人民网. http://cpc. people. com. cn/n/2015/0122/c64094 – 26428249. html.

2015 年 5 月 27 日，习近平在浙江召开华东 7 省市党委主要负责同志座谈会时指出，"协调发展、绿色发展既是理念又是举措，务必政策到位、落实到位。要采取有力措施促进区域协调发展、城乡协调发展，加快欠发达地区发展，积极推进城乡发展一体化和城乡基本公共服务均等化。要科学布局生产空间、生活空间、生态空间，扎实推进生态环境保护，让良好生态环境成为人民生活质量的增长点，成为展现我国良好形象的发力点"①。

2015 年 6 月 16 日至 18 日，习近平在贵州调研时指出，"要正确处理发展和生态环境保护的关系，在生态文明建设体制机制改革方面先行先试，把提出的行动计划扎扎实实落实到行动上，实现发展和生态环境保护协同推进"②。

2015 年 7 月 16 日至 18 日，习近平在吉林调研时指出，"要大力推进生态文明建设，强化综合治理措施，落实目标责任，推进清洁生产，扩大绿色植被，让天更蓝、山更绿、水更清、生态环境更美好"③。

31 "双创"六维度，从"客新业"到"富贵美"

梳理总结上述"双创"的"六维"理论之逻辑发展脉络，可以勾勒这"六个维度"推进过程中的彼此关系和最后的愿景，即实现美美与共，天下大同的家国梦想和幸福目标。

创客改变世界，创新改变未来，创业改变命运；创富点亮生活，创贵塑造情怀，创美提升境界。从上述"六个维度"来理解"双

---

① 习近平：抓住机遇 立足优势 积极作为 系统谋划"十三五"经济社会发展 – 新闻报道 – 人民网. http://cpc. people. com. cn/n/2015/0529/c64094 – 27074853. html.

② 习近平在贵州调研时强调：看清形势 适应趋势 发挥优势 善于运用辩证思维谋划发展 – 新闻报道 – 人民网. http://cpc. people. com. cn/n/2015/0619/c64094 – 27179687. html.

③ 习近平：保持战略定力 增强发展自信 坚持变中求新 变中求进 变中突破 – 新闻报道 – 人民网. http://cpc. people. com. cn/n/2015/0719/c64094 – 27325865. html.

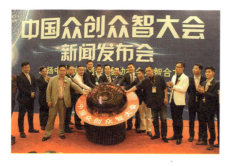

创",其关键词从"新业"发展到"客新业,富贵美",其内涵已远不只局限于创新和创业的表层含义和当下经济发展价值,而是深度挖掘其内在的逻辑发展脉络和文化社会底蕴,将"双创"放在历史演进和全球化的纵横发展视野中,赋予其完整的生态链和发展导向。

这一导向可以从宏观、中观和微观层面来分析。

从宏观层面讲,通过创新创业实现精准扶贫和全面小康社会,进而打造具有品牌知名度和美誉度的中国企业文化和价值体系,同时建设一批引领全球企业发展的世界级企业和企业家。

从中观层面讲,构建创新创业的氛围和激励机制,打造更多具有创业创新精神的企业家和创业家的孵化平台,形成辅助"双创"的"六维"生态链。在企业层面和行业层面推动自主创新和技术创新,引领大众创新创业的方向和价值。

从微观层面讲,通过创业创新积累个人财富,达到个人和家庭的富裕小康,进而提升个人的公民素养以及作为创业者或者企业家的素质、品位和责任意识,培养具有诚信精神和家国情怀的创业家或企业家,实现个人和家庭的幸福,精神物质层面的丰裕富足。

32　创美:推动历史文明进步的创业者

姜明一直鼓励很多年轻人投身"创新创业"新浪潮,开启"创富创贵创美"的人生路。不仅要创新创业和创富,更要创贵和创美,不能只是满足于做没有文化的土豪,要成为精神文化的贵族。也就是要成为有文化的创业者、有底蕴的创业者、有情怀和有社会

前排右三：国家质量监督检验检疫总局局长　支树平
前排右二：河南省人大常委会原党组书记　曹维新
前排左一：河南省委常委、副省长,洛阳市委书记　李亚
后排左三：商丘市委书记　王战营
后排左四：河南省国家税务局局长　李林军
后排右四：中国工商银行河南分行原行长　左新亚
后排左二：开封市人民政府市长　侯红

担当的创业者,要成为能够推动实现"中国梦"和历史文明进步的创业者。

在姜明看来,对于创业者本身和其所创立的企业而言,创美首先要拥有美的形象、文化和内在,推动实现个体层面的真善美和企业层面美誉度的提升,进而实现人与自己内心、人与人、人与自然之间的和美相待,最终推动历史的文明进步,达到美美与共,幸福美满的"中国梦"和天下大同的大美境界。

他认为,这其中至少应包含以下几个基本境界：

首先,是个体之美。创业者应该首先做到"四美",即心灵美、形象美、语言美、行为美,实现个人形象、语言表达、心灵升华和行为正派之美好目标,同时全方位提升企业品牌美誉度。

其次,人人之美。创业者应致力于推动人与人之和美相处。希望人与人之间都能实现美好相处,彼此用真善美的态度构建一个和美的社会。

再次,人与自然和美相处。创业者应致力于推动建设人与自然和谐相处的目标,实现天更蓝,地更绿,环境更加和谐美好。

最后,在上述境界达成之后,应致力于推动绿色发展,建设美丽中国,进而推动历史文明进步,实现幸福美满的"中国梦"和天下大同的大美境界。

正如天明创业20周年之际,姜明以《百年天明》为题所写下的诗句:

> 天明创业二十年,文化为魂道德先;
>
> 感恩慈善公益心,责任诚信树理念。
>
> 广告出发河之南,地产开拓植中原;
>
> 投资创新谋长远,品牌为重厚积淀。
>
> 二次创业宏图展,驰骋蓝海扬风帆;
>
> 移动互联辟航线,金融传媒谱新篇。
>
> 团队同心聚俊贤,制度机制动力满;
>
> 人人共享发展果,基业长青铸百年。

上述内容阐述了天明发展的重要阶段和发展理念,不仅表达了姜明用"二次创业"的理想引领企业重新出发的勇气和魄力,更勾勒出天明集团"创富创贵创美"之路。

对此,全国人大常委会副委员长、民建中央主席陈昌智的评价很中肯:"姜明无论是在发言中,或是与我的交谈中,曾多次提到,第一,要把姜明人做好;第二,要把天明企业做好;第三,要把民建会员做好。这三个'做好',也让我对这个年轻人从心底产生更多的好感和信任。姜明身上有许多宝贵的品格和特点。有年轻人向我请教做人做事的道理,我引导他要多向姜明学习。"

而郑州市委原副书记,现任平顶山市委书记胡荃认为:天明这样的公司,致富不忘国家、不忘社会,河南郑州有这样的企业,对郑州也是一种荣耀。

第八章

姜明的"双创"梦想

习近平总书记说,青年兴则国家兴。在中央财经领导小组第七次会议上,习近平总书记明确指出,我国是一个发展中大国,正在为实现"两个一百年"和"中华民族伟大复兴的中国梦"的奋斗目标而努力,必须把创新驱动发展战略实施好。

李克强总理在第十届夏季达沃斯论坛讲话中强调,深入实施创新驱动发展战略,加快建设创新型国家,推进"大众创业、万众创新",汇聚各方面力量加速创新进程,培育新的经济增长点。

在天明集团创始人姜明看来,习近平总书记和李克强总理讲话的精神中蕴含着一种殷切的希望:希望中国能成长起来更多具有创新创造能力的青年。唯如此,才能促进国家兴旺和民族富强,才更有利于中国经济成功转型和"中国梦"的实现。

对于"大众创业、万众创新"在新时期和经济发展"新常态"下的中国所蕴含的内在逻辑、深层价值和深远影响,二次创业的姜明有着更为深刻的体会和前瞻性思考。

他结合自己50年的人生经验和24年的创业历程,从"六个维度"对"双创"进行深度解读,从"客新业"上升为"富贵美",将"双创"的目标和境界从"创富"上升到"创贵",最后提升至"创美",强调通过共创和共担共享大美,致力于实现幸福大同的"中国梦"境界。

在姜明看来,"双创"的核心是创新和创业。而围绕创新创业必须解决以下几个主要问题:首先谁是主体? 创客;其次,创富是创新创业的基础目标,创贵是中级目标;而创美是终极目标。因为美是大同,代表幸福美满的理想境界之达成,代表家国情怀和世界大同的"中国梦"之实现。

为此,作为主体的创客,不只是要实现物质层面的富裕,通过先富带动后富,更要有文化有精神有品格有气节,做一个高贵之人,并学会尊重他人,尊重社会,尊重自然。

创客:敢于创业并将之奉为信仰。

创客是一种境界,是一种精神,更是一种信仰。创客改变世界,创新改变未来,创业改变命运。创客强则民族强,创客强则国家强。

中国要想实现全面建成小康社会,打赢扶贫攻坚战,避免中等收入陷阱,实现中国梦,需要更多的创客。在当前经济发展的"新常态"下,经济下行压力增大,怎样"稳增长、调结构、惠民生、防风险"? 需要更多有家国情怀和担当的创客和企业家。企业是经济发展的细胞,而企业家和创客则是细胞的主体,他们用创新的精神和智慧,将发明创造和科技成果转化为产品,将产品变成人们需要的商品,从而促进市场的繁荣和经济社会的发展。

创新:引领创业和发展的核心动力。

创新不仅是引领创业的动力,更是引领当下中国经济乃至全局发展的首要核心动力。

姜明表示,创业路上,无论做什么事情都要想着创新,世界上本没有路,走的人多了,便有了路。阿里巴巴电商的创新、滴滴出行的创新、腾讯QQ的创新、腾讯微信的创新等,这些科技的创新改变了人们的生活方式。大到天宫二号上天的科技创新,小到工作方法、学习方法、管理方法的创新。创新无处不在,每个创业者和职业人,都应做一个有创新意识、有创新理念、有创新能力和有创新习惯的人。

为此,姜明呼吁弘扬创新文化,厚植创新沃土,希望政策和环境能充分激发企业家精神,更好激发非公有制企业活力,让企业家有再创大业的积极性,让党政干部有创新创优的积极性,让科技人才有创新发明的积极性。政治家挥手决策,科学家发明创造,企业家务实真干,各行业都能结合实际竞相创新,汇聚成推动中国发展的磅礴力量,这样才能进一步推动国家、社会和企业个人的全面发展。

创富:首要目标是率先脱贫致富,而后是带动后富。

当今中国经济进入发展的"新常态",创新创业已成为激发个人致富和促进经济发展的重要内驱力。从微观层面而言,"双创"的理念是激发出个人创造财富的潜力。而从宏观层面讲,"双创"可以成为激活经济发展的全新动力。也就是说无论个人还是宏观经济发展,创新创业的首要目标都是创造财富,实现物质层面的丰足发展。而从个人而言,创富第一步首先是脱贫。"双创"本身也是推动实现"精准脱贫"和个人奔小康的内在驱动力和重要方式。

姜明认为,创富之路并非一蹴而就和一帆风顺,创业者需要做好充分的预案,要对创新创业路上的问题和困难做好预估和承受的心理准备。他希望每个有志青年,都要有创业的心和创业的梦,时刻准备着创业;但是也需要冷静理性看待创业,对于创业需要的资源和基础要有清醒认识,切忌盲目创业和冲动创业。

姜明经常说,不说无把握之话,不做无把握之事,不打无把握之仗。凡事预则立,不预则废,凡事都要做好充分的准备。因为创业者在创业路上经历的不易与艰辛,遭遇的困难和陷阱,非常人可以想象。这就像唐僧西天取经一样,创业者要历经九九八十一难,可谓九死一生。

姜明和天明的发展正是一条艰难的创富之路。

就姜明而言,创业 24 年,一年 365 天,一周 7 天,一天工作 18个小时,他都在想着怎么样避免失败,怎么样对天明人负责,把天明能够安全地、稳健地、持续地经营好,直至实现"四百天明"。

而他所带领的天明人同样惜秒如金,惜时如命,争分夺秒,只争朝夕,以救人、救火、救命的急迫感,随时可能倒闭破产、如履薄冰、战战兢兢的危机感,发现问题,解决问题,推进工作,完成任务,实现目标。以断水、断粮、断电的紧迫感,此刻能解决的问题不拖到下刻,上午能解决的问题不拖到下午,今天能解决的问题不拖到明天。

当然,创业给人带来的收获和体验远远大于其遭遇的艰难困苦。在姜明看来,创业是一条充满坎坷曲折和荆棘丛生的一条道路,但是路上也有欢笑,也会有战胜困难后的喜悦,会有披荆斩棘后的欣慰,还会有不枉活一生的体验。

创贵:要有格局和文化,塑造高贵,追求家国情怀。

创富之后还要创贵。姜明认为,创新创业的目标不只是创造财富,还要创造品位、格局和文化,也就是要有"贵气",要"高贵"。

换言之,财富的满足只是初级需求,创业者不能只是做土豪,还必须有教养。从企业和个人两个层面来看,个人要有公民素养;企业则不能只考虑自身发展,还需要考虑其他相关者的利益,承担社会责任。所谓其他相关者包括员工、合作伙伴、股东、用户、社区、国家、全球等。

清华大学五道口金融学院金融 EMBA2014 春季班合影

姜明很早就意识到,从个体角度而言,一个人来到世上,就应做一点对这个世界和人类有益的事情;创业者应以慈悲为怀、宽怀为本、积德行善、与人为善,做一个有善心、有爱心、有益于社会、有益于人民的人。而作为创业者和企业家,更要常怀感恩之心,多做雪中送炭、扶贫济困之事。这也是姜明的人生观和做人准则。

从企业角度而言,姜明创立的天明集团将员工的幸福放在首位,目标是打造百个千万亿富贵天明人。企业家不光有钱,还要做一个有文化的人,做一个儒商,做一个有文化、有品位、有底蕴、有爱心和有善心的企业家。

创美:追求幸福大美的"中国梦"。

创贵之后的最高境界是创美,即追求幸福大美的"中国梦"。

姜明认为,创业者和企业家在实现创富创贵之后,还应为追求大美的境界而努力。他提倡创业者要有家国情怀和幸福大美的境界。姜明认为,创富可以点亮你的人生,创贵则塑造你的情怀,创美则可以全方位提升你的境界。这最终决定一个人对问题的认识和看法,也反映出其人生观、价值观、世界观和方法论。

事实上,当前中国经济进入转型升级的"新常态",全面实现小康社会已成为"十三五"规划的主要目标,"精准扶贫"也已上升

清华大学五道口金融学院全球金融 GFD 金博项目 2015 秋季班开学典礼

为国家战略。在这样宏观的历史和现实维度下，姜明认为，"双创"不仅对于当下中国经济发展具有重要动力引擎作用，而且对于国家推动精准扶贫和实现全面小康社会有现实促进作用；长远来看，则更有利于实现每个普通民众心中的"中国梦"。

换言之，在当前阶段，全面深化改革和创新创业，既是实现创新驱动发展的需要，也是适应经济发展新常态的需要，是实现两个一百年奋斗目标和实现中华民族伟大复兴中国梦的需要，更是坚持发展中国特色社会主义的需要。

清华大学五道口金融学院 EMBA2014 春季班

姜明表示，自己本身也是创客，创业对于年轻人来说尤为重要。

他希望,未来有更多年轻人能够投入到创业创新的大潮中,去创造社会财富,以自己的创业带动别人的创业。创造财富,创造高贵,更创造美丽的世界,正如乔布斯所说,"活着就是为了改变世界"。

　　展望未来,姜明坦言:"我愿做双创的探索者、实践者、铺路者,愿倾其一生为创客服务,为双创服务!愿以50年人生感悟,24年创业体会,支持帮助年轻人,分享年轻人成长,发现寻找更多优秀创客,投资年轻人与未来,帮助他们通过创新创业,实现创富、创贵和创美!"

中欧国际工商学院 **EMBA2000** 北京二班毕业留影

第九章

领导人谈创新创业

33　习近平谈创新

创新、协调、绿色、开放、共享的发展理念,是管全局、管根本、管长远的导向,具有战略性、纲领性、引领性。新发展理念,指明了"十三五"乃至更长时期我国的发展思路、发展方向和发展着力点,要深入理解、准确把握其科学内涵和实践要求。

创新是引领发展的第一动力。抓住了创新,就抓住了牵动经济社会发展的"牛鼻子"。树立创新发展理念,必须把创新摆在国家发展全局的核心位置,不断推进理论创新、制度创新、科技创新、文化创新等各方面创新,让创新贯穿党和国家一切工作,让创新在全社会蔚然成风。①

青年时光非常可贵,要用来干事创业、辛勤耕耘。广大青年要如饥似渴、孜孜不倦学习,既多读有字之书,也多读无字之书,注重学习人生经验和社会知识,注重在实践中加强磨练、增长本领。要敢于做先锋,而不做过客、当看客,让创新成为青春远航的动力,让创业成为青春搏击的能量,让青春年华在为国家、为人民的奉献中焕发出绚丽光彩。

勇立潮头、引领创新,是广大知识分子应有的品格。面对日益激烈的国际竞争,我们必须把创新摆在国家发展全局的核心位置,不断推进理论创新、制度创新、科技创新、文化创新等各方面创新。广大知识分子要增强创新意识,敢于走前人没有走过的路,敢于抢占国内国际创新制高点。要把握创新特点,遵循创新规律,既能有奇思妙想、"无中生有",努力追求原始创新,又兼收并蓄、博采众

① 中共中央宣传部.习近平总书记系列重要讲话读本[M].北京:人民出版社,2016:133.

长,善于进行集成创新和引进消化吸收再创新;既甘于"十年磨一剑",开展战略性创新攻关,又对接现实需求,及时开展应急性创新攻关;既尊重个人创造,发挥尖兵作用,又注重集体攻关,发挥合作优势。要坚持面向经济社会发展主战场、面向人民群众新需求,让创新成果更多更快造福社会、造福人民。

各级党委和政府要关心和爱护广大劳动群众,切实把党和国家相关政策措施落实到位,不断推进相关领域改革创新,坚决扫除制约广大劳动群众就业创业的体制机制和政策障碍,不断完善就业创业扶持政策、降低就业创业成本,支持广大劳动群众积极就业、大胆创业。要切实维护广大劳动群众合法权益,帮助广大劳动群众排忧解难,积极构建和谐劳动关系。①

纵观人类发展历史,创新始终是一个国家、一个民族发展的重要力量,也始终是推动人类社会进步的重要力量。不创新不行,创新慢了也不行。如果我们不识变、不应变、不求变,就可能陷入战略被动,错失发展机遇,甚至错过整整一个时代。实施创新驱动发展战略,是应对发展环境变化、把握发展自主权、提高核心竞争力的必然选择,是加快转变经济发展方式、破解经济发展深层次矛盾和问题的必然选择,是更好引领我国经济发展新常态、保持我国经济持续健康发展的必然选择。

新时期、新形势、新任务,要求我们在科技创新方面有新理念、新设计、新战略。我们要深入贯彻新发展理念,深入实施科教兴国战略和人才强国战略,深入实施创新驱动发展战略,统筹谋划,加强组织,优化我国科技事业发展总体布局。

① 习近平在知识分子、劳动模范、青年代表座谈会上的讲话[DB/OL]. 新华网. http://news.xinhuanet.com/politics/2016-04/30/c_1118776008.htm,2016-05-30.

抓科技创新,不能等待观望,不可亦步亦趋,当有只争朝夕的劲头。时不我待,我们必须增强紧迫感,及时确立发展战略,全面增强自主创新能力。我国科技界要坚定创新自信,坚定敢为天下先的志向,在独创独有上下功夫,勇于挑战最前沿的科学问题,提出更多原创理论,作出更多原创发现,力争在重要科技领域实现跨越发展,跟上甚至引领世界科技发展新方向,掌握新一轮全球科技竞争的战略主动。[①]

创新始终是推动一个国家、一个民族向前发展的重要力量,也是推动整个人类社会向前发展的重要力量。实施创新驱动发展战略,是加快转变经济发展方式、提高我国综合国力和国际竞争力的必然要求和战略举措,把创新驱动发展作为面向未来的一项重大战略实施好,就能够推动以科技创新为核心的全面创新,形成新的增长动力源泉。[②]

从全球范围看,科学技术越来越成为推动经济社会发展的主要力量,创新驱动是大势所趋。国际竞争甚至是综合国力竞争,说到底就是创新能力的竞争。谁能在创新上下先手棋,谁就能掌握主动。

从国内看,创新驱动是经济社会发展的必然趋势,创新能力不强,科技发展水平总体不高,科技对经济社会发展的支撑能力不足。我国经济发展要突破瓶颈、解决深层次矛盾和问题,根本出路在于创新,关键要靠科技力量。必须及早转入创新驱动发展轨道,

① 习近平.为建设世界科技强国而奋斗[M].北京:人民出版社,2016:6.
② 中共中央宣传部.习近平总书记系列重要讲话读本[M].北京:人民出版社:2016,151.

把发展基点放在创新上，发挥创新对拉动发展的乘数效应。①

　　创新是引领发展的第一动力。抓创新就是抓发展，谋创新就是谋未来。必须破除体制机制障碍，使创新成果更快转化为现实生产力。人才是创新的根基，创新驱动实质上是人才驱动。要择天下英才而用之，集聚一批站在行业科技前沿、具有国际视野和能力的领军人才。②

　　我们必须认识到，主导国家发展命运的决定性因素是社会生产力发展和劳动生产率提高，只有不断推进科技创新，不断解放和发展社会生产力，不断提高劳动生产率，才能实现经济社会持续健康发展。我国是一个发展中大国，正在大力推进经济发展方式转变和经济结构调整，必须把创新驱动发展战略实施好。实施创新驱动发展战略，就是要推动以科技创新为核心的全面创新，坚持需求导向和产业化方向，坚持企业在创新中的主体地位。③

34　李克强谈"双创"

　　创新是发展的第一动力，是供给侧结构性改革的重要内容。深入实施创新驱动发展战略，加快建设创新型国家，要运用好创新的理念，就需要发展新经济，培育新动能，需要推进"大众创业、万众创新"，要进一步推进"互联网+"行动，广泛运用物联网、大数

　　① 中共中央宣传部.习近平总书记系列重要讲话读本[M].北京:人民出版社,2016.151 - 152.
　　② 习近平:上海要继续当好改革开放排头兵、创新发展先行者[DB/OL].新华网. http://news.xinhuanet.com/politics/2015lh/2015 - 03/05/c_1114538710.htm,2015 - 03 - 05.
　　③ 习近平:加快实施创新驱动发展战略　加快推动经济发展方式转变[DB/OL].新华网.http://www.gov.cn/xinwen/2014 - 08/18/content_2736502.htm,2014 - 08 - 18.

据、云计算等新一代信息技术,促进不同领域融合发展,催生更多的新产业、新业态、新模式,推出更加符合市场需要的新产品和新服务,打造众创、众包、众扶、众筹的平台,汇聚各方面力量加速创新的进程,培育新的经济增长点。①

我们提倡大企业和小企业一起建立"双创"平台,通过共享资金和技术,放大内部员工及小企业的能量,实现共享发展、共同成长。

新的国家自主创新示范区,一定要把高端科技人才与"大众创业、万众创新"结合起来。我们新增的自主创新示范区,要适应形势发展需要,不仅应该是自主创新的示范区,也应该是"双创"的重要平台。"双创"很重要的一点就是紧紧瞄准市场的需求。我们新的自主创新示范区,一定要把高端科学家和草根创业者结合起来,把大企业和小微企业结合起来。科研机构和大企业也可以搞"双创"平台,把人人的智慧都调动起来。

没有体制机制创新,技术创新就失去了土壤。只有海纳百川的"谷",才能延揽八方人才。希望你们不仅做中国光谷,更要做吸引天下英才的"天下谷"。②

"大众创业、万众创新"是时代的选择,是发展的动力之源,也是富民之道、公平之计、强国之策,它符合全心全意为人民服务这一党的宗旨,符合激发市场活力的客观要求。我国人力资源十分丰富,是世界上任何国家都不能比的。只要更好发挥我国人力资

---

① 李克强在第十届达沃斯论坛开幕式上的致辞[DB/OL].新华网.http://news.xinhuanet.com/fortune/2016-06/27/c_129093056.htm,2016-08-13.

② 姜晨.总理说|激发"双创"活力,听听总理怎么为创业者加油鼓劲[DB/OL].中国政府网.http://www.gov.cn/xinwen/2016-08/13/content_5099307.htm.2016-08-13.

源优势,用"双创"激发人民群众的创造力,我国经济发展前景不可限量。

现在"双创"已蔚然成风,政府要继续加油助力,引导"双创"与"中国制造2025""互联网+"相结合,在创业创新中推动大中小微企业共同发展、传统产业改造和新兴产业成长并驾齐驱、服务业壮大和制造业升级互促共进,增强经济发展动力。政府应当清障搭台、放水养鱼,加强政策支持,打造综合服务平台,提供便捷高效服务,推动众创、众包、众扶、众筹等"双创"支撑平台加快发展,着力推动"双创"向更大范围、更高层次、更深程度发展,促进中国经济保持中高速增长、迈向中高端水平。①

过去计划经济体制下的就业,是政府分配工作,后来转向发展社会主义市场经济,就业也转为主要通过市场来实现。现在我们实施创新驱动发展战略,推动大众创业、万众创新,以创业带动就业、将就业与创业结合起来,本身就是一种就业转型。近两年,通过推进简政放权、放管结合、优化服务,特别是商事制度改革,平均每天新增4万户市场主体,其中新增企业1万多户。当然这里面有生有死,优胜劣汰是市场经济规律。但据工商总局统计,现在市场主体生远大于死,成为带动就业的主要力量。

今后我们要持续推进"放管服"改革,落实鼓励支持"双创"和"互联网+"发展的政策措施,进一步创造良好的就业创业环境。前不久我去西部地区的一个小镇考察,那里有一片楼房,原来是提供给外资制造企业的,他们转走后,现在通过发展"双创",吸引了全国各地上万人在那儿创业,一片红火景象。人力资源社会保障部、教

---

① 首部"双创"发展报告在京发布[EB/OL]. 中国政府网:http://www.gov.cn/xinwen/2016 – 05/20/content_5075236. htm,2016 – 05 –20.

育部在就业方面起着牵头作用,要注意跟踪研究,提出有关政策建议。同时,商事制度改革还有空间,"一照一码"实现了,"一个窗口"办事能不能完全实现? 还要推进"证照分离"改革,这不仅是工商总局的事,其他部门也要配合。要注意在"放、管、服"改革中及时发现问题,通过制度创新和完善政策解决问题。①

稳定就业必须突出重点。今年高校毕业生有 765 万人,创历史新高,加上中职毕业生,人数达 1200 多万,还有其他一些重点保障对象,要把促进他们就业放在突出位置。我们推动经济转型升级必须实现就业转型,现在很多传统产业扩大就业受限,要着力发展新经济,通过催生新技术、新产业、新业态、新商业模式加快成长,创造更多适合高素质年轻群体的就业岗位。要落实和完善大学生就业促进计划和创业引领计划,通过持续推进简政放权、放管结合、优化服务改革,创造良好的就业创业环境,大力实施创新驱动发展战略,推动大众创业、万众创新,更多发挥社会力量作用,发展就业容量大的服务业、民营经济和小微企业,运用"互联网 + 就业"新模式,在更广阔领域实现就业供需对接。要积极促进农民工就业,加强就业指导、职业介绍、权益保护等服务。②

实施创新驱动发展战略,推动大众创业、万众创新向更大范围、更高层次、更深程度发展。遵循市场规律,建设一批高水平、有特色的"双创"示范基地,构筑完备的创业创新服务链,促进科技与经济融合发展。首批选择部分省市的一个区域,同时选择若干

---

① 李克强在 2016 就业工作座谈会上的讲话[DB/OL]. 中国政府网:http://www.gov.cn/guowuyuan/2016－07/16/content_5091912.htm,2016－07－15.

② 李克强:在推动经济发展中促进就业稳定增加[DB/OL]. 新华网:http://news.xinhuanet.com/politics/2016－05/06/c_1118820592.htm,2016－05－06.

高校和科研院所、已有成效的生产企业、网络平台企业等建设"双创"示范基地,重点围绕简政放权、营造公平竞争环境、成果收益分配和科研经费使用制度、人才流动、协同创新和开放共享、发展分享经济等开展试点,并进行动态调整,探索形成可复制、可推广的经验,激发全社会创业创新活力,以发展新经济,催生更多新技术、新产业、新业态。①

有创新、有人才,亚洲才有新未来。共同激发创新活力,这是发展的关键所在。我们不仅要通过加强教育和培训,打造高素质劳动力大军和人才队伍,提高劳动生产率,还要加大科技研发投入,利用"互联网+"等新模式,搭建创新合作平台,发展新经济、分享经济,共享创新经验,形成亿万人的创新大军、创造大军,特别是使年轻人的丰富创造力和创意得以充分释放,让地区各国尽快走上创新发展、升级发展的增长之路。

中国经济要行稳致远,必须激发自动力,培育新动能。动力最终来自亿万人民的活力和创造力。发挥好人力人才资源优势是我们发展的极大潜力和后劲。要健全激励机制,鼓励科技人员投身创新,让他们通过自身成果获得社会的尊重和合理回报。要完善绩效考核办法,促进广大干部竞相干事、主动作为,要搭建平台、创造条件,支持大中小企业拥抱新经济、融入新经济,同时改造和提升传统动能,让有志创业创新者卸下包袱,插上翅膀,在创造社会财富中实现自身价值,把亿万人的智慧和创造力汇聚成无可比拟的发展力量,助推中国经济闯过各种难关,跃上新的台阶。②

---

① 李克强主持召开国务院常务会议[DB/OL].中国政府网:http://www.gov.cn/premier/2016-04/20/content_5066292.htm,2016-04-20.

② 李克强在博鳌亚洲论坛2016年年会开幕式上的演讲[DB/OL].新华网:http://news.xinhuanet.com/politics/2016-03/25/c_1118435120.htm,2016-03-24.

发明创新点亮人类文明之光。中华民族五千年的历史,是一部发明创新的历史,诸多伟大发明深远影响了世界进程。中国发明协会多年来积极推动群众发明创造,为促进科技进步、弘扬创新精神做了大量工作。目前我国正在实施创新驱动发展战略,推动大众创业、万众创新,将极大地激发广大人民群众中蕴藏的无穷创造力,促进新技术、新产业、新业态加快成长,新经济的壮大将成为推动经济社会持续健康发展的强大动能。希望协会继续发挥桥梁和纽带作用,厚植创业创新沃土,发掘和支持发明创造人才,聚众智、汇众力,为加快创新型国家建设作出新贡献。①

推进简政放权放管结合优化服务是推动大众创业、万众创新,培育发展新动能的迫切需要。人是生产力中最活跃最重要的因素,发展的根本动力在于人民群众创造力的发挥,这关键取决于社会制度安排

和政府治理方式。"天下多忌讳,而民弥贫。"烦苛管制必然导致停滞与贫困,简约治理则带来繁荣与富裕,必须简除烦苛、禁察非法。这几年,我们推进"放管服"改革、促进"双创",效果超出预期,就是有力的例证。在我国经济发展进入新常态、新旧动能转换

① 李克强对中国发明协会第七次全国会员代表大会作出重要批示[DB/OL]. 新华网:http://news. xinhuanet. com/politics/2016－05/16/c_1118875902. htm,2016－05－16.

的背景下,要实现"双中高",必须坚持实施创新驱动发展战略,营造更加有利于激发人民群众创造力的制度环境,为发展源源不断注入强劲动能。我国有9亿多劳动力、1亿多受过高等教育和有专业技能的人才,人民群众勤劳而智慧,这是我们发展的最大资本和动力源泉。推进社会创造创新,首先要推进政府治理创新。只有加快推进政府职能转变,以敬民之心行简政之道、革烦苛之弊、施公平之策、开便利之门,推动"双创"深入开展,才能加快发展新经济、培育壮大新动能、改造提升传统动能,推动发展转向更多依靠人力人才资源和创新,提高全要素生产率,使更多的人依靠勤劳和智慧富起来,让中国经济的无限活力充分迸发出来。深化"放管服"改革、推动"双创"和发展新经济与改造提升传统产业,是有机统一的整体,要统筹安排、协同推进。①

创新是引领发展的第一动力,必须摆在国家发展全局的核心位置,深入实施创新驱动发展战略。充分释放全社会创业创新潜能,着力实施创新驱动发展战略,促进科技与经济深度融合,提高实体经济的整体素质和竞争力。一是强化企业创新主体地位。二是发挥大众创业、万众创新和"互联网+"集众智汇众力的乘数效应。打造众创、众包、众扶、众筹平台,建设一批"双创"示范基地,培育创业服务业,发展天使、创业、产业等投资。三是深化科技管理体制改革。扩大高校和科研院所自主权,鼓励科研人员创业创新。大力弘扬创新文化,厚植创新沃土,营造敢为人先、宽容失败的良好氛围,充分激发企业家精神,调动全社会创业创新积极性,

① 李克强:深化简政放权放管结合优化服务推进行政体制改革转职能提效能[DB/OL].中国政府网:http://www.gov.cn/premier/2016-05-22/content_5075741.htm,2016-05-22.

汇聚成推动发展的磅礴力量。①

　　创新是国家强盛和社会进步的不竭动力。技术革命对促进经济提质增效、实现发展升级起着极为关键的作用。我们深入实施创新驱动发展战略，倡导大众创业、万众创新，就是要用创新的方式和手段来推进创业。

　　改革开放 30 多年来，我国制造业规模迅速扩大，已成为世界第一制造大国，220 多种主要工业产品的产量居世界首位，具有工业体系完整、国内市场巨大、人力资源丰富等优势。但同时我国制造业大而不强，自主创新能力不足，产品附加值不高，总体处于国际产业链和价值链的中低端。与发达国家在工业 3.0 基础上迈向 4.0 不同，我国不仅要追赶工业 4.0，还要在工业 2.0、3.0 方面"补课"。

　　美国发展制造业的一个显著特征，就是"互联网 + 智能制造"。今年《政府工作报告》也明确提出"互联网 +"，如今众创、众包、众扶、众筹等应运而生，就是通过互联网把资源聚集起来、利用起来，这是重大的改革创新。在计划经济时代，企业小而全，不仅体现在生产制造方面，也体现在企业办社会方面，开办学校、医院等等，几乎无所不包。时至今日，高度集中的计划经济体制已经改变，"互联网 +"为企业发展提供了更大、更广阔的平台。不少企业都在通过互联网分享各种信息和社会资源。我在浙江、广东调研时看到，有大量的企业，包括制造业企业和服务业企业，都通过"互联网 +"为自身快速发展插上翅膀。这就是创新思维、转换思路的效果。②

---

　　① 李克强作《政府工作报告》[DB/OL]. 中国政府网：http://www. gov. cn/premier/2016 - 03/05/content_5049372. htm，2016 - 03 - 05.
　　② 李克强：催生新的动能实现发展升级 [DB/OL]. 中国政府网：http://www. gov. cn/guowuyuan/2016 - 01/12/content_5032431. htm，2015 - 10 - 16.

2015 年是我国发展克服多重困难和挑战取得重大成就的一年,创新驱动发展战略不断深化,大众创业、万众创新激发了全社会的创新潜能,中国科技创新成就令世界瞩目,全国人民倍感振奋和自豪。当前,全面建成小康社会进入决胜阶段,经济结构性改革处在关键时期,必须把创新摆在国家发展全局的核心位置,用创新的翅膀使中国经济飞向新高度。要培育发展新动能,改造提升传统动能,塑造更多依靠创新驱动的引领型发展;要汇聚众智众力,扩大创新供给,破除束缚创新的桎梏,促进创新要素流动,打造大中小企业和高校、科研机构"五方协同"的众创平台,形成各类创新主体互促、民间草根与科技精英并肩、线上与线下互动的生动局面。①

大众创业、万众创新即"双创"的平台是多样的,不仅有小微企业,很多大企业也纷纷加入创业创新行列,引入众创、众包、众扶、众筹等平台,触发了生产方式、管理方式的变革,企业内部员工线上创意有回报、线下岗位有工资,外部创客既参与创新又分享成果,还孵化了一大批小微企业。很多科研机构依托互联网开展协同研发,大大提高了科技创新效率。

"双创"是推动发展的强大动力。人的创造力是发展的最大本钱,中国有 9 亿多劳动力,每年有 700 多万高校毕业生,越来越多的人投身到创业创新之中,催生了新供给、释放了新需求,成为稳增长的重要力量。"双创"是扩大就业的有力支撑。经济增速放缓而就业不减反增,主要是因为新的市场主体快速增长,通过简

---

① 李克强在国家科学技术奖励大会上的讲话[DB/OL]. 中国政府网:http://www. gov. cn/guowuyuan/2016－01/08/content_5031572. htm,2016－01－08.

政放权、商事制度等改革,每天有 1 万多家新企业注册成立,这持续了一年半以上,创造了大量就业机会,现在这一势头未减。"双创"是发展分享经济的重要推手。目前全球分享经济呈快速发展态势,是拉动经济增长的新路子。创业创新通过分享、协作方式来搞,门槛更低、成本更小、速度更快,这有利于拓展我国分享经济的新领域,让更多的人参与进来。"双创"是收入分配模式的创新。千千万万人靠创业创新增收,更好发挥了"一次分配"的作用,初步探索了一条中国特色的众人创富、劳动致富之路,有利于形成合理的分配格局。"双创"是促进社会公正的有效途径。无论什么人,只要有意愿、有能力,都可以靠创业自立、凭创新出彩,都有平等的发展机会和社会上升通道,更好体现尊严和价值。

推动大众创业、万众创新,需要全面、可及性强的公共产品、公共服务供给。在这方面,也要靠结构性改革。政府不唱"独角戏",鼓励社会资本、外商投资一起干。我们通过推广政府购买社会服务、政府与私营资本合作、特许经营等市场化办法,鼓励和引导民间投资参与公共产品、公共服务领域的建设和运营管理,同时放宽外商投资市场准入,形成了多元供给新模式。今后,我们将继续推进这方面改革,使创业创新过程更顺畅、经济发展之路更平稳、人民生活水平更提高。①

大众创业、万众创新对中国来说是结构性改革和结构性调整的重要方面。中国政府将尽最大力量保护知识产权,因为中国的大众创业、万众创新需要知识产权得到严格的保护。我们需要国

---

① 李克强在第九届夏季达沃斯论坛上的特别致辞[DB/OL].中国政府网:http://www.gov.cn/guowuyuan/2015 – 09/10/content_2928840.htm,2015 – 09 – 11.

外先进的理念、技术，尤其是人才。①

大众创业、万众创新的兴起为广大科技人员施展才华提供了更加广阔的舞台，要坚守老一辈科学家的求真精神，形成奖掖后进的创新文化，不为名利所动，瞄准世界科技前沿，对接经济社会发展新需求，坐得住、钻得进、研得深，加强科技成果转化，在创新发展和全球竞争中争做领跑者。党和政府始终关心科研人员，要发挥体制机制创新的杠杆作用，让科研人员的智慧产生乘数效应，为他们解除后顾之忧，使他们获得与贡献相匹配的待遇和尊严，让创新旗帜高高扬起。

稳增长为的是保就业，创业创新是稳增长保就业的重要基础。全社会要积极创造条件，促进众创空间蓬勃兴起，推动各类创新要素融合互动，让一代"创客"的奋斗形象伴随着中国经济的升级，成为创新中国、智慧经济的重要标识。

当今时代，创业创新不再是少数人的专业，而是多数人的机会，要通过"双创"使更多的人富起来，实现人生价值。对创新创业的呵护和扶助，是最现实、最长远的发展之道和惠民之策。要使各类孵化器不当盆景，而是做苗圃成基地，为初创企业解燃眉之急，筑发展基础，让破土的幼苗长成参天大树。

当前中国经济发展正处于新旧动力转换的关键时期，要保持经济运行在合理区间，使新的增长点破茧而出，简政放权、放管结合、强化服务改革必须跑出加速度，这是政府的应尽职责，我们不仅要简政有力，把该放的放到位，更要在监管和服务上下功夫，持

---

① 李克强："双创"需要知识产权得到严格保护［DB/OL］. 新华网：http://news. xinhuanet. com/fortune/2015－09/10/c_1116522103. htm,2015－09－10.

续为大众创业、万众创新清障搭台,释放中国经济的无限活力。①

　　国家的繁荣在于人民创造力的发挥,经济的活力也来自就业、创业和消费的多样性。我们推动"双创",就是要让更多的人富起来,让更多的人实现人生价值。这有助于调整收入分配结构,促进社会公平,也会让更多的年轻人,尤其是贫困家庭的孩子有更多的上升通道。②

以大众创业、万众创新培育经济增长新动力

　　当前我国经济发展进入新常态,大众创业、万众创新是必须着力培育的一个新引擎。改革,尤其是经济体制改革,就是要激发市场活力。必须把千千万万中国人的积极性和创造性调动起来、激发出来、释放开来,以大众创业、万众创新培育经济发展新动力,撑起发展新未来,让中国经济始终充满勃勃生机。③

推进大众创业、万众创新,激发人民群众无穷智慧和创造力

　　我们提出要推动大众创业、万众创新,这是符合我国国情的,

---

　　①　李克强在中国科学院和中关村创业大街考察[DB/OL].中国政府网:http://www.gov.cn/guowuyuan/2015－05/07/content_2858641.htm,2015－05－07.

　　②　在十二届全国人大三次会议记者会上李克强总理答中外记者问[DB/OL].中国政府网:http://www.gov.cn/guowuyuan/2015－03/15/content_2834674.htm,2015－03－15.

　　③　国务院办公厅.国务院大众创业、万众创新政策汇编[M].北京:人民出版社,2015:3－4.

也是符合历史唯物主义的。我国人力资源丰富，这是世界上独一无二的宝贵财富，是我们发展的最大本钱。我们推进大众创业、万众创新，就是旨在激发蕴藏在人民群众之中的无穷智慧和创造力。

在国家整体创新中，科技创新与"双创"是相辅相成、不可或缺的。我们要协同推进科技创新与"双创"，使各类创新要素融合互动，汇聚起经济社会发展的强大新动能，推动我国经济保持中高速增长，向中高端迈进。[①]

坚定不移地走创新驱动发展之路

创新是中华民族生生不息的秉性、发展进步的动力。人民是创新的主体，一部5000多年的中华文明史，就是人民在实践中探索创新的历史。中华民族自古以来就是具有蓬勃创造活力的民族，四大发明在世界发明史上熠熠生辉。近代以后中华民族历经磨难，但创新图强的步伐从未停歇。新中国成立以来，我们坚持自力更生、大力推动自主创新，改革开放点燃了博采互鉴、以开放促进创新创造的火种，汇聚起推动经济社会发展的强大动力，中国速度、中国力量、中国创新让世界瞩目。

今天中国的现代化建设进入了关键时期。我们既要在较短时间内走完发达国家上百年走过的工业化道路，又要在新一轮世界科技革命和产业变革中迎头赶上。我国经济发展进入新常态，既要保持中高速增长，又要向中高端水平迈进，必须依靠创新支撑。我们现在拥有巨大的创新空间。人民温饱问题解决后，多样化需求引领创新；基本商品供应充足，资源环境约束加剧，推动企业加快创新；人们挑战自我、主动创造的意识增强，造就社会包容创新。国家繁荣发展的新动能，就蕴涵于万众创新的伟力之中。

① 国务院办公厅.国务院大众创业、万众创新政策汇编[M].北京：人民出版社，2015：7－8.

我们将坚定不移地走创新驱动发展之路,进一步解放思想、敢为人先,不囿旧制、不循成例;进一步解放和发展社会生产力、激发和增强社会创造力,推动持续发展;进一步促进社会公平正义,使人人皆可创新、创新惠及人人,为大众创业提供支撑。

如果说万众创新的潮流推动中国这艘大船行稳致远,那么改革就是推动创新的重要动力。创新既包括技术创新,更要以体制机制创新为条件。要通过全面深化改革,破除一切束缚创新的桎梏,让一切想创新能创新的人有机会、有舞台,让各类主体的创造潜能充分激发、释放出来,形成大众创业、万众创新的生动局面。①

科技在中国发展中起到了"第一生产力"的作用,科技活力的迸发同样源于改革。30 多年来,我们不断深化科研机构改革,在加强基础研究的同时,让科技人员进入市场去拼搏、去创造自己的价值,让科技企业在市场竞争中发展壮大,激发了市场和创新的活力。要实现更大发展关键靠创新,中国将进一步破除束缚创新的壁垒,营造保护创新的环境,构建激励创新机制,打造创新驱动型经济。②

创新是人类社会的永恒话题,也是经济社会发展的不熄引擎。世界经济稳定复苏要靠创新,中国经济提质增效升级也要靠创新。近几年,中国经济之所以能够保持持续发展,向着健康方向前进,主要动力还是来自于改革创新。

中国经济每一回破茧成蝶,靠的都是创新。我们要借改革创

---

① 李克强在国家科学技术奖励大会上的讲话［DB/OL］.中国政府网:http://www.gov.cn/premier/2015 - 01/10/content_2802721.htm,2015 - 01 - 09.

② 李克强在第三届莫斯科国际创新发展论坛上的讲话［DB/OL］.中国政府网:http://www.gov.cn/guowuyuan/2014 - 10/15/content_2765098.htm,2014 - 10 - 15.

新的"东风",在中国 960 万平方公里土地上掀起一个"大众创业"、"草根创业"的新浪潮,中国人民勤劳智慧的自然禀赋就会充分发挥,中国经济持续发展的"发动机"就会更新换代升级。

如果这么多人哪怕是大部分人都能发挥出他们的聪明才智,形成"万众创新""人人创新"的新态势,体力加脑力,制造加创造,开发出先进技术乃至所谓颠覆性技术,中国发展就一定能够创造更多价值,上新台阶。

"大智兴邦,不过集众思。"也就是说,智慧来自于大众。大众创业、万众创新将会迸发出灿烂的火花。我们比任何时候都需要改革创新,更需要分享改革创新成果。这用中国的成语说,就是众人拾柴火焰高。希望与会各位畅所欲言,共同探索改革创新和开放发展之路,共同谋划创造价值与互利共赢之策,为中国经济社会发展、为世界繁荣进步作出应有的努力与贡献。①

人是科技创新最关键的因素,要把发挥人的创造力作为推动科技创新的核心,必须充分尊重人才、保障人才权益、最大限度激发人的创造活力,加大人才培养力度,使青年创新型人才脱颖而出,吸引广大海外人才来华创新创业。②

---

① 李克强在第八届夏季达沃斯论坛上的讲话[DB/OL]. 中国政府网:http://www. gov. cn/guowuyuan/2014 −09/11/content_2748703. htm,2014 −09 −10.

② 李克强在2014 年国家科学技术奖励大会上的讲话[DB/OL]. 中华人民共和国中央人民政府:http://www. gov. cn/ldhd/2014 −01/10/content_2563826. htm,2014 −01 −10.

35　其他领导同志谈"双创"

中共中央政治局常委、十二届全国政协主席俞正声谈"双创"

经济发展进入新常态,是中央审时度势作出的重大战略判断。要认识新常态,适应新常态,引领新常态,加快转变经济发展方式,实施创新驱动发展战略,构建适应市场需求、具有比较优势的现代产业体系,奋力实现向工业强省、农业强省、科教强省、文化强省跨越。①

中共中央政治局常委、国务院副总理张高丽谈"双创"

科技是国家强盛之基,创新是民族进步之魂。广大科技工作者以获奖者为榜样,发扬求真务实、勇于创新的科学精神,把人生理想融入国家和民族的事业中,带动全社会深入实施创新驱动发展战略,发挥科技在全面创新中的引领作用,推动形成大众创业、万众创新的生动局面,努力创造出无愧于时代的业绩。②

我国经济发展进入新常态,必须加快实施创新驱动发展战略,在更大范围、更高层次、更深程度上推进大众创业、万众创新,促进经济持续健康发展。

以大众创业、万众创新激发新活力、新动力,使各种要素更加公平、自由、快捷地进行有效配置,促进经济保持中高速增长。

---

① 俞正声参加湖北代表团审议:要认识新常态　适应新常态　引领新常态[DB/OL].新华网:http://news.xinhuanet.com/2015-03/05/c_1114538741.htm,2015-03-05.

② 李克强出席国家科学技术奖励大会并讲话[DB/OL].中国政府网:http://www.gov.cn/guowuyuan/2016-01/08/content_5031593.htm,2016-01-08.

以大众创业、万众创新培育新产业、新业态,结合实施"互联网 +"行动计划和"中国制造2025",着力把一批新兴产业培育成主导产业,促进移动互联网、云计算、大数据、物联网等与现代制造业融合,推动经济迈向中高端水平。

以大众创业、万众创新催生新职业、新岗位,实现更加充分更高质量的就业,让更多的人富起来,实现机会公平、权利公平、人人参与又人人受益的包容性增长。

完善体制机制、加大政策支持、强化人才支撑、营造良好氛围,为大众创业、万众创新提供有力保障。

国家的繁荣发展离不开人民群众的创造力。我们要更加紧密地团结在以习近平同志为总书记的党中央周围,加快实施创新驱动发展战略,持续推进大众创业、万众创新,为全面建成小康社会、实现中华民族伟大复兴的中国梦作出新的更大贡献。①

要做好创业就业工作,推动大众创业、万众创新,激发亿万群众智慧和创造力,打造经济社会发展"新引擎"。坚持简政放权、放管结合、优化服务,用改革的办法为各类市场主体搭建创业创新平台,用市场的力量创造更多就业机会。中小企业是国民经济中最活跃的细胞,在促进经济增长、技术创新、增加税收、吸纳就业、改善民生等方面具有不可替代的重要作用。落实好中央促进中小企业发展的各项政策措施,不断优化中小企业发展环境,推动中小企业转型升级。科技创新是发展的内生动力,自主品牌是企业的效益源泉。深入实施创新驱动发展战略,突出企业在技术创新中的主体地位,加快培育一批具有创新能力、知识产权和知名品牌的

① 张高丽:加快实施创新驱动发展战略深入推进大众创业、万众创新[DB/OL].中国政府网:http://www.gov.cn/guowuyuan/2015 - 10/19/content_2950111.htm,2015 - 10 - 19.

创新型企业,推动我国从经济大国迈向创新大国、经济强国。①

中共中央政治局委员、国家副主席李源潮谈"双创"

青年人创新思维最活跃、创业动力最强烈,正赶上我们国家创新创业的好时代。希望大家做开拓新领域的先锋,落实创新、协调、绿色、开放、共享发展理念,积极推动产业变革;做创造新业态的先锋,抓住新经济快速发展的机遇,为国家经济发展增添新动能;做探索新模式的先锋,激发发展活力,创造就业岗位,带动群众致富。②

中共中央政治局委员、国务院副总理刘延东谈"双创"

广大科技工作者要勇担使命,引领创新,作建设世界科技强国的中流砥柱。聚焦国家战略需求,攻克制约发展的核心关键技术,为实现两个百年目标和中国梦作出贡献。树立全球视野,瞄准世界前沿,深化国际合作,实现更多原创性突破,在科技革命浪潮中勇立潮头。适应引领经济发展新常态,加速创新创业和成果转化,推动大众创业、万众创新和我国产业向价值链中高端跃升,促进经济提质增效升级。大力推进科技体制改革,坚决破除制约创新创业的不合理束缚,促进科技创新活力持续迸发。要把人才作为第一资源,打造高素质科技人才特别是领军人才队伍,加大对青年人才支持,着力提升全民科学素质,为建设世界科技强国提供有力人

---

① 张高丽:改革创新真抓实干主动作为促进经济持续健康发展[DB/OL].中国政府网:http://www.gov.cn/guowuyuan/2015－05/27/content_2869705.htm,2015－05－27.

② 李源潮:青年要做大众创业、万众创新的先锋[DB/OL].新华网:http://news.xinhuanet.com/2016－10/15/c_1119723982.htm,2016－10－15.

才保障。①

推进大众创新创业已成为实现经济中高速增长和迈向中高端水平的新动力,也是释放人才红利与实现个人梦想的重要契合点。要抓住新技术革命和产业变革的重要机遇,适应创新创业主体大众化趋势,为大众创新创业提供低价优质的服务平台和发展空间。支持科技型中小企业秉持"人无我有、人有我优、人优我精"理念,走"专、精、特、新"的发展道路,努力做优做强做大,打造大众创新创业的发展新引擎。大力弘扬敢为人先、宽容失败的创新精神,宣传先进典型和创业事迹,营造积极向上的创新文化。②

充分发挥科技引领作用,加快大众创业、万众创新,把科技创新与大众创新创业更紧密结合起来,为经济发展注入"源头活水",推动更多高校、科研院所、企业、金融机构及社会力量参与创新创业,激发全社会创业创新活力,打造发展新引擎。要运用辩证思维谋划创新创业,充分发挥市场配置资源的决定性作用,因地制宜打造大众创新创业亮点。③

① 刘延东:深入学习贯彻全国科技创新大会精神为建设世界科技强国奋勇拼搏[DB/OL].中国政府网:http://www. gov. cn/guowuyuan/2016-07/19/content_5092840. htm,2016-07-19.
② 刘延东:狠抓政策落实 完善服务模式 为大众创业、万众创新营造良好环境[DB/OL].中国政府网:http://www. gov. cn/guowuyuan/2015-04/15/content_2847304. htm,2015-04-15.
③ 刘延东:破除障碍 强化服务 为大众创新创业插上科技的翅膀[DB/OL].中国政府网:http://www. gov. cn/guowuyuan/2015-10/22/content_2952098. htm,2015-10-22.

中共中央政治局委员、国务院副总理汪洋谈"创新创业"

我们这个伟大的时代为农村青年施展才华、成就事业提供了广阔舞台。农村青年要勇于创业，大力发展规模经营、集约经营，发展绿色农业、特色农业，走综合发展、可持续发展之路。

要敢于创新，积极采用互联网等新的科学技术，树立新的生产经营理念，引入新的产业形态，推广新的营销模式。要着力创优，积极创办有特色的家庭农场、农民合作社、农业龙头企业等，把产业链、供应链、价值链等现代产业发展理念和组织方式引入农业，生产优质、安全农产品，努力创造优良业绩。①

中共中央政治局委员、国务院副总理马凯谈创新创业

青年人有朝气、有活力，富于开创和探索精神，是国家的未来、创业创新的希望，要顺应时代潮流，抓住历史机遇，积极投身创业创新实践，勇当大众创业、万众创新的先锋队和主力军。把青年人的智慧发挥出来、积极性调动起来，使青年创业创新、草根创业创新、大众创业创新蔚然成风，为实现中国经济"双中高"和中华民族伟大复兴的中国梦作出更大贡献。

创业创新是历史的选择、时代的召唤，要汇聚全社会力量，共同推动形成青年人创业创新的热潮。各级政府要加快构建有利于大众创业、万众创新蓬勃发展的政策环境、制度环境和公共服务体系。各人民团体和社会公益组织要积极关心和支持创业创新工作，共同助力创业创新者茁壮成长。广大企业、创业服务平台和投资机构要主动为青年人提供个性化、多元化的指导和帮助。新闻

---

① 汪洋勉励广大农村青年积极创业创新创优　努力推动农业农村发展［DB/OL］.中国政府网:http://www.gov.cn/guowuyuan/2015－01/28/content_2811411.htm,2015－01－28.

媒体要积极营造有利于创业创新的良好舆论环境。①

中共十八届中央委员、国务委员王勇谈"双创"

当前我国经济进入更多依靠创新驱动发展的新阶段，要认真贯彻落实党中央、国务院决策部署，坚持把创新作为引领发展的第一动力，充分发挥知识产权联结创新与市场的桥梁纽带作用，充分利用知识产权制度的激励保护功能，激发大众创新创业热情，释放全社会创造活力。全面贯彻落实党的十八届五中全会精神，牢固树立创新、协调、绿色、开放、共享的发展理念，深化知识产权领域改革，加强知识产权保护和运用，加快建设知识产权强国，为大众创业、万众创新提供有力支撑。②

当前我国经济正处于爬坡过坎关键时期，全面深化改革进入攻坚阶段。认真贯彻落实党中央国务院决策部署，持续改革攻坚，加快职能转变，创新监管方式，增强服务能力，着力营造良好市场环境，为大众创业、万众创新加油助力，为稳增长和提质增效升级作出更大贡献。持续加大小微企业扶持力度，使它们生得出、存得下、活得好，带动就业、促进创新、改善民生。③

① 马凯：掀起青年创业创新热潮　汇聚经济发展强大动能［DB/OL］. 中国政府网：http://www. gov. cn/guowuyuan/2015 – 10/22/content_2952070. htm，2015 – 10 – 22.

② 王勇在江苏省调研知识产权工作［DB/OL］. 中国政府网：http://www. gov. cn/guowuyuan/2015 – 11/07/content_5005969. htm，2015 – 11 – 07.

③ 王勇在云南调研时强调深化改革强化服务为大众创业、万众创新加油助力［DB/OL］. 新华网：http://news. xinhuanet. com/2015 – 04/23/c_1115072027. htm，2015.04.23.

全国人大常委会副委员长、民建中央主席陈昌智谈创新创业

要完善大众创业、万众创新的政策和环境，加快金融体制改革，调动民间资本的积极性，更好地贯彻落实创新、协调、绿色、开放、共享新的发展理念。

李克强总理所做的《政府工作报告》是一个求真务实、改革创新、鼓舞人心的好报告。在过去的一年里，中共中央和国务院带领全国各族人民坚持稳中求进工作总基调，坚持以提高经济质量和效益为中心，主动适应经济发展新常态，突出转变方式调结构，坚持创新驱动，着力保障民生，攻坚克难，锐意进取，出色完成了全年主要目标任务，国内生产总值达到 67.7 万亿元，在世界经济体中名列前茅，取得的成绩来之不易，难能可贵。尤其是进一步加大简政放权力度，激发了市场活力，全年新增企业达到 438 万户。着力转变发展方式调结构，经济发展的质量和效益在提高，增强了发展的后劲，特别明显的是服务业占 GDP 的比重为 50.5%，首次突破一半，这也是调结构最为明显的成绩。

要更好地贯彻落实创新、协调、绿色、开放、共享新的发展理念。进一步完善大众创业、万众创新的政策和环境，抓好去产能、去杠杆、降成本的重点环境，扎实地推进结构性改革。目前，还存在产能过剩、僵尸企业过多等问题，这些都与创新能力弱有关系。

要用市场化、法律的方式解决问题。①

全国政协副主席、科技部部长万钢谈"双创"

大众创业、万众创新的热潮在内地蓬勃发展。创新生态不断完善,创新效率提高,创新主体扩大。从通信、气象服务,到疫苗研制,科技创新惠及亿万民众。让年轻人找到创业空间,降低创业成本、创业门槛,让他们的创意被社会知道,提供他们需要的服务,这是政府要做的事。②

大众创业、万众创新,需要全体人民共同努力、共同参与,使全社会创新创业活力充分迸发出来,真正让创新成为驱动发展的新引擎。在这个过程中,特别需要一大批优秀人才发挥引领作用和主体作用。"80后""90后"海外优秀人才怀揣着侨海报国的心愿。希望大家切实担负起国家发展、民族强盛的历史重任,努力把自己的学术、知识、力量充分发挥出来,积极投身到大众创业、万众创新的大潮中去,为实现中华民族伟大复兴的中国梦作出自己的贡献。③

大众创业、万众创新不是一句简单的口号,而是要形成一系列的政策制度安排,靠改革去落实,从而把民间的创造力激发出来。推进大众创业创新是保持经济"中高速"发展的新动力、新途径。

① 两会授权发布:中共中央全国人大常委会国务院等领导同志分别参加十二届全国人大四次会议代表团分组审议和讨论[EB/OL].新华网:http://news.xinhuanet.com/2016-03/06/c_128776408.htm,2016-03-06.

② 万钢:大众创业、万众创新在中国内地蓬勃发展[DB/OL].中国新闻网:http://www.chinanews.com/sh/2015/12-07/7660093.shtml,2015-12-07.

③ 全国政协副主席万钢出席第二届青年海归发展论坛[DB/OL].中国政协新闻网:http://cppcc.people.com.cn/n/2015/1118/c34948-27828481.html,2015-11-18.

对促进传统产业转型升级,培育和发展新业态、新经济具有重要意义。从大众创业创新产生的铺天盖地的初创企业中,必将会成长出一批顶天立地的"小巨人",从而推动整个产业结构迈向中高端。①

随着我国加快落实创新驱动发展战略,主动适应和引领经济发展新常态,大众创业、万众创新的浪潮在神州大地上激流涌动。习近平总书记在 2014 年中央经济工作会议上强调,市场要活、创新要实、政策要宽,营造有利于大众创业、市场主体创新的政策制度环境。李克强总理在 2015 年《政府工作报告》中提出,打造

大众创业、万众创新和增加公共产品、公共服务"双引擎",推动发展调速不减势、量增质更优,实现中国经济提质增效升级。近日,国务院办公厅印发了《关于发展众创空间推进大众创新创业的指导意见》,全面部署推进大众创业、万众创新工作。

一、大众创业、万众创新是新时期的重大社会改革

李克强总理在今年两会记者会上言简意赅地指出,大众创业、万众创新,实际上是一个改革。回顾过去,1978 年,为发展农业生产,中共中央作出实行农村土地家庭联产承包责任制的改革决定,极大地激发出亿万农民生产经营的积极性,从根本上改变了我国农业发展的格局。1980 年,温州市工商局发出中国改革开放后第

---

① 万钢:大众创业、万众创新是促进社会发展的深刻改革[DB/OL]. 人民网:http://scitech. people. com. cn/n/2015/0421/c1057 – 26876245. html,2015 – 04 – 21.

一张个体工商户营业执照,标志着私营经济的合法地位被认可,千千万万的城市居民从此当上了"个体户",成为我国市场经济探索和社会财富积累的一支重要力量。1993年,计划经济时代的标志"粮票"被正式取消,近40年的"票证经济"就此落幕,闲置在农村的剩余劳动力得到解放,大量农村人口开始涌入城市,为中国城市建设和经济发展奇迹作出了不可磨灭的贡献。

大众创业、万众创新不是一句简单的口号,也不是要在社会上刮一阵风,而是要通过一系列政策制度安排,实实在在地释放出新一轮的改革红利,在更广范围内激发和调动亿万群众的创新创业积极性,让创新创业从"小众"走向"大众",让创新创业的理念深入民心,在全社会形成大众创新创业的新浪潮,打造经济发展和社会进步的新引擎。

二、大众创业、万众创新为适应和引领新常态注入强大动力

当前,我国经济进入增速换挡、结构优化、动力转换的新常态,推进大众创业、万众创新就是要鼓励大众创业者应用新技术、开发新产品、创造新需求,培育新市场、打造新业态,为经济发展注入源源不断的动力和活力。

大众创新创业是保持"中高速"的新动力。从扩大消费需求看,推进大众创新创业将加快建立以市场需求为导向的创业生态,帮助创业者制造出满足个性化、多样化消费需求的高质量利基产品,挖掘产业"长尾"中蕴藏的富饶金矿,充分激发和释放新的消费潜力;从增加投资需求看,大众创新创业将引导社会资本投向新技术、新产品、新业态和新商业模式,不断创造新的投资空间,创新投融资方式,保持经济中高速增长。

大众创新创业是迈向"中高端"的新途径。大众创新创业能在互联网、智能制造等新兴产业及传统产业与新兴产业跨界融合的领域培育出铺天盖地的初创企业,催生出新的产业形态,培育新的经济增长点。一方面带动传统产业转型升级，另一方面这些初创企业经过市场的大浪淘洗，一部分势必脱颖而出，成长为顶天立地的科技"小巨人"，推动产业结构迈向中高端。

大众创新创业是创新产业组织的新方式。随着互联网、开源技术平台等对大众创业者的开放普及，个体能够成为产业资源的组织配置者，去中心化的自组织生产开始出现，从而带动传统大规模生产逐渐向柔性化、智能化、专业化方向发展，按需生产、规模定制正在变为现实。开放的社交网络使用户作为产业生态中的重要角色，直接参与到产品构思、设计、制造、改进等环节，与创业者充分交流产品创意、体验及个性需求。"众筹""众包""众创"的融资模式和生产方式，将优化封闭的产业资源配置方式，让智力资源、产业资源、社会资本更加自由流动。

三、大众创业、万众创新将有力促进社会发展与进步

大众创业、万众创新从提出到现在不足一年，却已经在全社会形成广泛共识，这不仅仅是因为大众创新创业对经济的推动贡献，也反映出大众创新创业具有强大的社会基础，被广大人民群众认同和期待。大众创新创业有利于促进社会纵向流动。我国改革开放30多年极大地改善了人民生活水平，但收入分配制度、社会基本保障、城乡二元经济结构等社会问题依然存在，社会底层群众和年轻人发展存在"玻璃天花板"的体制性障碍。推进大众创新创业就是要打破一切体制机制的障碍，促进社会资源和社会财富的自由分配，让每个有创新创业愿望的人都拥有自主创业的空间，让每个有梦想的人都拥有人生出彩的机会，让全体人民群众特别是年轻人和贫困家庭的孩子有更多的上升通道。大众创新创业有利于满足人的最高需求。马斯洛需求层次理论将自我实现列为人的最高需求。经济的快速发展基本满足了人们的物质生活需求，越来越多的人需要通过创造来满足自我实现的需求。大众创业、万

众创新的根本目标就是要给人民群众创造出满足人生需求、实现人生价值的发展渠道，让自主发展的精神在人民当中蔚然成风，让社会的每一个细胞都保持着不断追求卓越的积极心态和精神风貌。大众创新创业有利于促进社会公平正义。实现大众创新创业从根本上是要通过完善法治环境和加大简政放权，建设法治政府、创新政府、廉洁政府和服务型政府，促进国家治理体系和治理能力现代化。政府要不断加强自身建设，增强执行力和公信力，破除一切不公平、不合理、制约人民群众创新创造的政策制度障碍，让政府的权力运行在阳光下，让有权者不可任性也不敢任性，让人民群众都能感受到公平正义之风。

四、推进大众创新创业具备了良好环境和基础条件

改革开放30多年，我国创新创业环境得到极大改善。当前全国科技企业孵化器1600多家，在孵企业8万余家，毕业企业超过5.5万家，其中上市和挂牌企业近500家；大学科技园115家，大学生科技创业基地200多家，每年新增就业岗位超过15万个；2014年，中关村自主创新示范区诞生科技企业1.3万余家，武汉东湖超过5000家，115家国家级高新区总收入达23万亿元，每年吸纳应届毕业生超过50万人；技术市场体制不断健全，2014年全国技术合同成交额达8577亿元；创业投融资市场体系日益完善，全国创业投资机构1400多家，资本总量超过3500亿元。创新创业环境的改善带动我国创新创业愈加活跃，规模加速扩大，效率显著提升。

透过大众创新创业繁荣活跃的现象，不难看出其出现的必然原因和基础条件。一是新技术革命为大众创新创业提供了便捷工具。互联网、大数据、开源软硬件、3D打印等新技术的出现，让社会大众可以方便地将创意和想法形象化，并快速转化为现实产品，降低了创业的门槛和成本。二是科技创新和体制改革为大众创新

创业提供了条件保障。我国信息产业在移动通信、宽带网络、超级计算、卫星导航、智能终端、光通信等方面的创新能力和产业规模走在世界前列,互联网企业提供了电子商务、社交网络、O2O 等创新平台,带动以互联网应用为核心的创新创业应运而生并迅速崛起。三是高素质人才为大众创新创业提供了智慧源泉。由于几十年坚持不断的教育发展,以当代大学生为主的青年创新创业群体具备了扎实的科学基础、网络技术和开放视野,可以轻松快捷地了解到外面的世界正在发生什么,社会大众需要什么,从而激发出他们的奇思妙想和创新创意。四是改革开放为大众创新创业提供了宽松包容的政策环境。商事改革、第三方支付、P2P 金融等改革措施创造了政策支撑条件。宽容失败、鼓励个性的社会文化氛围让越来越多的人改变了观念,理解、认同和投身创新创业,使得创新创业成为一种价值导向、生活方式和时代气息。

五、落实《意见》精神,将大众创新创业作为科技创新工作重要抓手

新时期全面推进大众创业、万众创新,要深入贯彻落实《关于发展众创空间推进大众创新创业的指导意见》精神,努力营造良好的创新创业生态环境,将大众创新创业作为科技创新工作的重要内容和抓手。

一是提高思想认识,形成发展共识与合力。当前,我国经济发展亟须培育新的增长点,在更广范围内释放全社会的创新创业活力,不断增强创新发展的驱动力。各级科技管理部门要高度重视大众创新创业的战略意义,把推进大众创业、万众创新作为一项重要的长期工作任务抓实抓好,使科技创新的"小局"服务好经济社会发展的"大局"。各地区之间要建立联系机制,交流借鉴工作方法与经验,促进人才、技术等创新创业资源在地区间自由流动和有效配置,形成大众创新创业全国"一盘棋"的良好格局。

二是集聚整合创新创业资源和政策，大力发展众创空间等新型创业服务机构。发展众创空间不是"大兴土木"搞建设，而是要把已有设施条件用好，最大限度地盘活利用国家自主创新示范区、国家高新区、大学科技园、科技企业孵化器的创新创业资源，激励高校、院所开放科研仪器设备和科技服务，完善现有创业服务机构的服务业态和运营机制，发挥创新创业资源的集聚效应和创新创业活动的规模优势，为创业者提供低成本、便利化、全要素、开放式的创业服务平台。发展众创空间要认真梳理国家及地方现行的支持大众创新创业的相关政策，发挥政策集聚和"互联互通"的系统有效性，切实加大政策落实力度，让所有创业者都能"用其智、得其利、创其富"。

三是完善体制机制，提升创新创业服务水平。进一步完善多层次资本市场体系，强化资本对大众创新创业的推进作用。着力发挥传统孵化器在基础设施方面和新型创业服务机构在专业服务方面的互补优势，促进传统孵化器与新型创业服务机构的深层融合，联合建立"创业苗圃—孵化器—加速器"孵化链条，为初创企业提供全流程服务。鼓励社会力量依托传统孵化器发展新型创业服务机构，引导创新创业服务向着市场化、专业化、网络化、开放化方向发展，满足新时期大众创新创业的新需求。国有科技企业孵化器要坚持与时俱进，不断创新体制机制，从"重资产、轻服务"逐步转向"轻资产、重服务"。高校、院所要结合科技成果管理改革试点政策和正在修订的《科技成果转化法》，积极探索调动各方创新创业积极性的新机制。

四是加快转变政府职能，强化市场配置资源的决定性作用。政府应加强对大众创新创业的宏观引导、公共服务和市场监管，营造公平合理的市场竞争环境。凡是市场机制有效的领域，政府要顺势而为，充分发挥市场配置创新创业资源的决定性作用，坚持让市场选择大众创新创业的方向和路径,让价格机制和供需关系来调节大众创新创业的规模和形式,避免直接干预创新创业活动,更不能用已有的管理体系和工作手段去"引导"大众创新创业发展。在市场机制失灵的阶段,政府要着力完善创新创业政策体系和制度体系,保障创新创业者的合法权益和竞争秩序。不断夯实创新创业基础设施,提高政府公共服务水平。政府对初创企业的扶持方式要从选拔式、分配式支持向普惠式、引领式转变,发挥财政资金撬动社会资本的杠杆作用,用政府对创新创业的"小投入"吸引来社会资本的"大投入",形成市场化的创新资源配置格局和公平竞争、优胜劣汰的市场经济秩序。

推进大众创业、万众创新不会一帆风顺。"喊破嗓子不如甩开膀子",只有按照"四个全面"战略布局,以时不我待的改革精神和破釜沉舟的改革勇气,破除制约大众创新创业的各种障碍,才能充分调动起亿万人民群众的创新创业热情,激发出全社会的智慧才能和创造活力,助力经济发展实现"双中高"目标,推进我国小康社会全面建成。①

全国政协副主席卢展工谈"双创"

科技创新是动力,科技创新是活力,科技创新是民生,科技创新是未来。要深化各项改革,激发发展活力,为经济发展创造良好的软环境。着力营造健康向上的社会氛围,鼓励创新、创造、创业,激发各种生机活力,把各方面的力量凝聚到加快发展上来。②

---

① 万钢.以改革思维打造大众创业、万众创新的新引擎[N].光明日报,2015－03－26(05).
② 卢展工:提升认识 把科技创新放在突出位置[DB/OL].新华网:http://www.ha.xinhuanet.com/add/touti/2011－04－04/content_22446444.htm,2011－04－04.

全国政协副主席、民建中央常务副主席马培华谈"双创"

创新是民族进步之魂,创业是就业富民之源。当前我国已经进入经济发展新常态,要实现转型升级,必须大力实施创新驱动战略,发挥企业在创新中的主体作用,培育具有核心竞争力的创新型企业。

国家发展和改革委员会主任徐绍史谈"双创"

在经济发展进入新常态的大背景下,我国大力实施创新驱动发展战略,推进大众创业、万众创新,取得了积极进展和明显成效。一是推进"双创"的政策体系不断完善。二是全国"双创"如火如荼、创业创新成果丰硕。三是发展的新动能不断汇聚。下一步,将通过多种手段和措施,进一步激发大众创业、万众创新的热情和活力。一是进一步简政放权。二是建设"双创"示范基地。三是构筑"互联网+'双创'"平台。四是扩大创业投资规模。五是降低创业门槛。六是加大"双创"宣传力度。①

工业和信息化部部长苗圩谈"双创"

中国经济正处于转型阵痛期,这在工业上表现尤为明显。近几年,我国规模以上工业增加值增速持续下滑,2015 年已滑落到6.1%。究其根源,是自主创新能力不足,包括技术创新,也包括商业模式创新、组织管理创新等。这就要求我们处理好稳增长与调结构、当前与长远、政府与市场、自主和开放的关系,坚持创新发展方向、积极抓好供给侧结构性改革。

---

① 首部"双创"发展报告在京发布[EB/OL]. 中国政府网:http://www. gov. cn/xinwen/2016 – 05/20/content_5075236. htm,2016 – 05 – 20.

在优化结构过程中,要注意坚持创新发展路径。习近平总书记曾明确指出,要全面增强自主创新能力,掌握新一轮全球科技竞争的战略主动。掌握战略主动,必须坚持创新发展主题。解决这些问题的过程,是我国经济向形态更高级、分工更优化、结构更合理阶段演进的过程,也是制造业向高端、智能、绿色、服务发展的过程。[①]

国家发展和改革委员会副主任连维良谈"双创"

大众创业、万众创新已经成为中国经济发展新的双引擎之一,要充分发挥创业投资对创业创新的支撑作用,更加有效地支持实体经济发展。[②]

国家发展和改革委员会副主任林念修谈"双创"

今年以来我国创业创新环境不断优化,创客群体不断壮大,"双创"氛围不断向好。总体来看,我国正处在创业创新的黄金期,呈现出"六增长"的发展态势。"双创"已成为实施创新驱动发展战略的重要载体,推进供给侧结构性改革的重要举措,也是培育新动能、壮大新经济的重要动力。[③]

---

① 苗圩接受《瞭望》新闻周刊专访:2025 推进一年情况如何[EB/OL].中华人民共和国工业信息化网站:http://www. miit. gov. cn/n1146285/n1146347/n1147601/n1147604/c5163594/content. html,2016 – 07 – 22.

② 连维良:充分发挥创业投资对创业创新的支撑作用[DB/OL].新华网:http://news. xinhua-net. com/fortune/2015 – 10/23/c_128350314. htm,2015 – 10 – 23.

③ 新闻办召开发布会介绍"双创"发展形势[EB/OL].中国政府网:http://www. gov. cn/xin-wen/2016 – 08/25/content_5102251. htm,2016 – 08 – 25.

第十章

国内外"双创"领袖及观点

36　中国"双创"领袖

马云(阿里巴巴创始人):创业者最优秀的素质是永远乐观

右五:阿里巴巴创始人　马云
左四:泰康人寿董事长　亚布力中国企业家论坛理事长　陈东升
左三:小灵通之父　中泽嘉盟投资基金董事长　吴鹰
左二:神州数码集团董事局主席　郭为
右三:金沙江创业投资董事长　丁健

　　等到在创业的路上越走越远的时候,我发现自己的梦想越来越大,也越来越现实。每个人都有梦想,梦想未必很大,但一定要真实。

　　很多创业者或者做企业的人,上来就把自己放在一个很高的高度,张嘴就谈什么文化啊,民族啊,说自己不是为了赚钱而创业。其实大家别把钱看得太轻,如果没有钱你创什么业,创业不为了赚钱你干什么?

　　在创业之路上,每个人都会有很多的老师,但我其实不是大家的老师。我经常说,我很多年以前把比尔·盖茨当成榜样,当成自己的老师。后来我发现比尔·盖茨做不了我的榜样,因为我不知道该怎么向他学习。但是隔壁开店的老张、老王却可以做我的榜样。每个创业者要学会学习身边的人，欣赏身边的人。每个创业者都要通过欣赏别人，学习别人来升级自己。一个优秀的创业者看别人的眼光应该是欣赏的眼光，怀有的是羡慕、谦卑的态度。

一个创业者身上最优秀的素质，那就是永远乐观。乐观不仅是自己安慰自己，左手温暖右手，还要会把自己的快乐分享给别人，唯有这样，人生的路才会走得长远。

我永远相信只要永不放弃，我们还是有机会的。最后，我们还是坚信一点，这世界上只要有梦想，只要不断努力，只要不断学习，不管你长得如何，不管是这样还是那样，男人的长相往往和他的才华成反比。今天很残酷，明天更残酷，后天很美好，但绝大部分是死在明天晚上，所以每个人不要轻言放弃。

创业要找最合适的人，不一定要找最成功的人。永远不要跟别人比幸运，我从来没想过我比别人幸运，我也许比他们更有毅力，在最困难的时候，他们熬不住了，我可以多熬一秒钟、两秒钟。

创业首先是去做，想多了没用，光想不做那是乌托邦。很多时候创业者因为自己搞不清楚而不去创业，实际上等你搞清楚以后就更不会去创业了。书读得不多没有关系，就怕不在社会上读书。

对所有创业者来说，永远告诉自己一句话：从创业的第一天起，你每天要面对的是困难和失败，而不是成功。我最困难的时候还没有到，但有一天一定会到。困难不能躲避，不能让别人替你去扛。九年创业的经验告诉我，任何困难都必须你自己去面对。创业者就是面对困难。

每一代人都有自己的机会，年轻人要善于把握机会。年轻人不要老抱怨社会，而应该想着怎么反省自己，找到创业机会；年轻人不要老想着改变世界，而应该从改变自己做起。未来的商机青睐更懂得分享、透明、担当等有价值的人。①

马化腾(腾讯创始人):创业能解决一个痛点就能成功

左:腾讯创始人 马化腾

不要一开始就设定宏伟目标,而是把目标放到最低,事情是一点点细致做出来的。只要埋头过完自己的坎,自然会有人分心落后。

要看做的事情有没有用户价值,只要事情做对了成本就不会太高。有价值、不放弃就肯定有回报。

产品打磨得好用一点,用户自然会体会到你的心意。以产品吸引用户,通过竞争得到自然结论,一切最终看用户的选择。②

在"互联网+"时代,腾讯只做连接器和内容产业,创业者不用担心腾讯来抢饭碗。现在的互联网创业环境非常好,很多细分领域有大量的创业机会,只要抓到一个很细节的地方,用信息技术提高人们的效率、改善人们的生活;能够解决一个痛点,就能成功,特别是O2O跟传统生活结合这方面。

腾讯把过去的很多业务重新梳理,改变了原来什么都做的业务战略,把搜索卖掉、把电子商务卖掉,很多O2O和小的业务我们纷纷砍掉。创新是互联网发展的生命线,如以微信为代表的"快速迭代式"创新模式,迅速满足用户需求、解决用户痛点,同时通

---

① 马云谈创业[DB/OL].阅来网:http://www.mindhave.com/jingdianyulu/9509.html,2016 – 01 – 02.

② 马化腾谈创业:开始要把目标放到最低[DB/OL].中国经营网:http://www.cb.com.cn/person/2014_0704/1070076.html,2014 – 07 – 04.

过开放接口和开放平台,推动了"生态协同式"的产业创新,带来了新产品、新模式与新生态,促进了大众创新创业。①

俞敏洪(新东方集团创始人、洪泰基金创始合伙人):创业者切忌急功近利

大力发展天使投资纾解"双创"融资难

右:新东方集团创始人
　　洪泰基金创始合伙人　俞敏洪
左:洪泰基金创始合伙人　盛希泰

一、政府应加大税收优惠等扶持政策。政府应出台积极的天使投资扶持政策,对天使基金按比例进行管理费补贴,鼓励更多资本进入天使投资领域;根据投向种子期、初创期等创新项目的投资数额,适度减免天使投资企业的企业所得税。

二、鼓励和引导天使投资机构在投资获利时进行再次投资。降低有限合伙人、天使投资机构高管、从业人员的个人所得税,鼓励他们将税负减免部分再次投资。

三、加快完善我国天使投资行业的法律、政策环境,适当放松对天使基金的监管和备案制度,完善天使投资退出机制,对实现天使投资退出的企业并购行为给予适当的税收减免。

四、鼓励国家主导的创投基金以股权合作的方式吸引民间资本加入天使创投,完善尽职免责机制,充分发挥国家创投引导资金

---

① 腾讯创始人马化腾谈创业:解决一个痛点就能成功 [DB/OL]. 前瞻网:http://www. qianzhan. com/investment/detail/317/150622 –913a7ee3. html,2015 – 06 – 22.

的种子基金作用。[①]

"双创"变成了一场运动,创业者别太急功近利

在大众创业、万众创新的号召下,创业变成了一场运动,这样会造成资源和人才的浪费。政府鼓励创新创业的时候我觉得这是一件好事,但是当"大众创业、万众创新"这句口号喊出来的时候有点变成了一个运动,我最怕在中国什么东西都变成一个运动。创新创业这两件事情毫无疑问是伟大的,因为任何国家任何企业任何团体要是离开了创新和创业这两种精神,毫无疑问将没有活力没有进步没有突破没有颠覆没有成长。

在创业过程中,不少创业者因压力过大,导致身心俱疲,还有的创业者急功近利,恨不能一天就成功。这种状态非常不对,创业能否成功,跟很多因素相关,并不是一天工作24小时就能成功。因此,创业者一定要给自己充分的休息时间和加油时间。

创业这件事情是否成功,跟国家的政策形势相关,也跟整个世界的经济形势相关。同时,更加跟个人的能力相关。而个人的能力的储备是非常重要的,创业这件事情我认为不管你是急功近利的心态,还是每天24小时拼了命地干,最后把自己干没了,也不一定管用。所谓过程可以加快,但是过程不能越过,这件事情大家应该是能够明白的。

创业其实就是循着正道,循着你的目标,充满耐心地、补充好能量地、组建好团队地、防范好意外地一路前行,不要放弃,也许最后你就做成了,时间可长可短。创业绝对不只是创业,而是功夫在事外,或者说功夫在学外,我相信我们这些人创业成功跟我们年轻

---

① 俞敏洪:大力发展天使投资纾解"双创"融资难[DB/OL].中国网:http://www.china.com.cn/education/2016-03/08/content_37964903.html,2016-03-08.

的时候大量地读书,大量地交友,大量地游历,大量地学习,大量地成为一线员工很长时间都有关系。现在的创业者想的就是创业,干的就是创业,所有后面这些东西不少都是缺失的。所以我希望在座的创业者认真地想一想,什么叫作功夫在学外,或者功夫在事外。①

李开复(创新工场创始人):创新与创业不能画等号

右:创新工场创始人　李开复

国家号召"双创",很多人想当然地把创新和创业画上等号。而在我看来,两者有很大的区别。就像一个金字塔,具备超凡创新能力,有望成为1000亿市值的公司,只是塔尖顶端小小的一角;塔尖下面的一小段,是那些100亿市值的"独角兽"公司;其余更多的部分,属于创业公司。

"双创"在本质上应该首先对创业公司进行分类,根据它们的特点,有针对性地提供服务。对那些万里挑一甚至十万里挑一的、有独特创新思维的科学家,应该帮助他们补足短板,找到商业方向,让其价值实现最大化;对潜在的独角兽公司,要有很好的投资机制,为其提供适宜的方法论,帮助他们梳理商业模式,搭建系统架构,完成融资;其余的是占比更大,也是更常见的创业模式,如开设网店、成立工作室等,这些创业者需要的是场地、税务、法务等更为直接的帮助。

---

① 俞敏洪:"双创"变成了一场运动,创业者别太急功近利[DB/OL]. 股融易:http://www.guronge.com/p/8573.html,2016-10-10.

未来肯定是大公司越来越少,中小公司和个人创业者越来越多。现在孵化器不是太少,而是太多。除独角兽企业外,还应该为那些基层创业者提供支持和服务。①

秦朔(秦朔朋友圈创始人):"双创"是中国经济活力之源和转型升级之道

我也是个"互联网+"时代的创业者。对这些质疑,一开始我觉得没必要回应,因为指责大众创业的人本身基本不是创业者,不是敢担风险者,更多属于"风险中性者"或"风险厌恶者"。但作为一个老媒体人和新媒体创业者,我

左:秦朔朋友圈创始人 秦朔

觉得还是有必要坦率说出自己的看法,也是和那些大众创业的质疑者再商榷。

大众创业,就是把每个人改变命运的自由选择权交给自己。它是一个新提法,但并不是一个新现象,而是贯穿于整个过去30多年的经济主旋律。

如果说改革开放始于放开、下放这"双放",那么今天的"双创"可以说是新的历史起点上,对"双放"的继承与再发展。中国要创出新红利,靠创业;要超越"模仿的陷阱",靠创新。"双创"既是经济活力之源,也是转型升级之道。

创业的本质,是发现那些能够更好地满足消费者需求的机会,

---

① 回归科技"初心" 李开复再谈创新破局[DB/OL]. 投资中国:http://www.chinaventure. com. cn/cmsmodel/news/detail/300000. shtml,2016 – 08 – 04.

并付诸实践。在实践中,创业者会"生成"书本上学不到的知识。越多人创业,新生成的知识越多,并逐渐形成连锁反应和网络效应。创业机会不会随着创业者的利用而枯竭,相反,每个机会都会碰撞和创造出另外的机会。从深层次看,经济增长的引擎不是投资与消费,而是有助于将创业者、企业家的机会进行"资本化"的制度环境和文化环境;是创新创业精神,而非任何种类的资本,才能为经济增长提供最为根本的驱动力。

中国已经提出,必须把创新摆在国家发展全局的核心位置,优化劳动力、资本、土地、技术、管理等要素配置,激发创新创业活力,推动大众创业、万众创新,释放新需求,创造新供给,推动新技术、新产业、新业态蓬勃发展。

从经济学角度看,今天中国的思路不是不断做大资产负债表,从而继续被传统发展模式锁定;而是做大做强人力资本,通过发挥每个人的积极性创造性,创造鲜活的、有效的新供给,适应新需求,引领新需求。在这个过程中,经济资源将更多向新兴力量配置、向创造者配置、向未来配置。只要资源配置处于不断优化之中,就一定能走出除旧布新的时间隧道,迎来新的海阔天空。作为创业者,我们可能失败,可能遇挫,但当我们遇到"双创"的历史性机遇时,我们很骄傲做出了这样的选择——宁可倒在迈向未来的路上,也不愿寄生在对过去的路径依赖里。

这是一个有5000年历史的民族,而我们今天的使命在于,通过创业创新创造,许中国一个更美的未来。①

---

① 秦朔."双创"经济学与中国的未来[DB/OL].中国政府网:http://www.gov.cn/xinwen/2015-11/02/content_2958539.htm,2015-11-02.

秦朔：将"双创"进行到底

2015 年 8 月底，我注册的上海那拉提网络科技有限公司拿到"三证"，10 月 16 日第一个产品微信公号"秦朔朋友圈"上线。我在 47 岁离开工作了 25 年的传统媒体和国有体制，告别事业编制，成为一个不折不扣的创业者，自此生存发展完全要靠自己。

因此，和创业创新有关的讨论，我会毫不犹豫站在创业创新一边。我非常惊奇，为何直到今天，对于"双创"还有那么多人说三道四？比如说"双创"是"运动式创新"、"新大跃进"、"政府解决不了就业，就让大学生创业"、"助长浮躁"等等，不一而足，甚至有经济学家也在质疑。

指责大众创业的人基本不是创业者，不是敢担风险者，所以原本不想多说，各走各路就是了。但作为一个老媒体人，我觉得对如何发展中国经济，存在着两种道路，一条是继续依赖政府的力量做大资产负债表，一条是依靠"双创"做强人力资本。中国经济往何处去？这是一个大是大非问题，不能不说几句。

首先，我们可以做一个简单模型，将整个社会分为两个部门，一个是挣钱的部门，比如经商办企业，一个是花钱的部门，比如教育卫生科研。其次，我们再把挣钱、花钱的方式分为两种，一种是高效率，一种是低效率，通常来说，市场化手段是高效率的，官僚行政化手段是低效率的。这样我们可以把中国的部门分为四类：在挣钱端，一是高效挣钱的部门，二是低效挣钱的部门。在花钱端，一是高效花钱的部门，二是低效花钱的部门。

中国今天的情况是怎样的？

在挣钱端，改革开放和市场经济激发了亿万人民群众的积极性、主动性、创造性，中国经济的增量主要靠非公有制经济部门创造。公有制经济部门有太多的政策优势、行政性优势、资金成本优势等等，也有一些公有制企业通过切实提高治理和管理水平，成为国民经济中的亮点。但总体上、趋势上,国有部门的活力和盈利能力不断下滑。第一财经研究院等机构最近发布的《中国金融风险与稳定报告2016》指出,2015年中国的银行贷款、影子银行、净公司债券融资和非金融企业股权等社会融资总额占GDP的比重进一步上升到204%。央行货币政策委员会委员白重恩的计算表明,计算了调整价格之后的税后投资回报率,2012年中国已经降低到2.7%的新低水平,再这样下去,将无法偿还维持增长的资金成本。

显然,在挣钱端,中国今天的问题在于,国有企业和政府投融资平台没有"借钱负责"的机制,资源要素的配置受制于行政力量而不是市场机制,由此埋藏着巨大的不良资产风险。为了维持增长速度,不断放水和补贴,其结果是资产负债率越做越大,债是真实的,资产却是有巨大水分的。

怎么解决这一问题?很显然,应该让更多微观企业自主负责起来。历史证明,在具体产业选择、项目选择上,政府并不比某个市场中的企业更聪明,谁都无法提前知晓消费者需求的变化,而只能通过市场机制,在千万个买家和卖家的交易互动中摸索和把握。人的需求越来越复杂,越来越个性化。就像"彭麻麻"在国际舞台上每一次优美亮相,一个小时后淘宝上就会出现同款服装,几十、一百件小批量试水,这需要多么灵敏的反应速度!怎么可能由某个层层都要汇报批示的"官僚体系"安排好呢?

经济越往前走,模仿空间越小,越需要自己创新。而创业、创新往往都是在一次次尝试中包括对错误的调整中实现的,有时甚至是误打误撞找到了一条路,这扇门被关掉别的地方又开了一扇窗。因为是分散决策,有输有赢有起有落很正常,每个"经济人"也会及时改变。谁也不会傻到明明碰到南墙,头还硬往上撞。失败和调整不是什么浪费,而是必须支付的创业创新成本。不走市场配置资源的道路,指望政府有个超级大脑洞悉一切,不仅不可能,也是给政府过高期望和过大压力。历史上由于政府的某些不合理产业政策,明知南墙也要撞、撞得头破血流的例子还少吗?政府应有的职能不在这里。

大众创业,就是把每个人改变命运的自由选择权交给自己。它是一个新提法,但并不是一个新现象,而是贯穿于整个过去30多年的经济主旋律。如果说,改革开放始于放开、下放这"双放",那么今天的"双创",可以说是新的历史起点上,对"双放"的继承与再发展。中国要创出新红利,靠创业;要超越"模仿的陷阱",靠创新。"双创"既是经济活力之源,也是转型升级之道。

因此,在挣钱端,今天中国的思路不是不断做大资产负债表,从而继续被传统发展模式锁定;而是做大做强人力资本,通过发挥每个人的积极性创造性,创造鲜活的、有效的新供给,适应新需求,引领新需求。在这个过程中,经济资源将更多向新兴力量配置、向创造者配置、向未来配置。只要资源配置处于不断优化之中,就一定能走出除旧布新的时间隧道,迎来新的海阔天空。

创业创新千条路,可以先学再创,边学边创,合作众创,每个人都有参与路径,不等于都去辍学开公司。但创业创新的精神,应该得到全社会尊重,在全社会弘扬。

不仅在挣钱端要鼓励"双创",在花钱端,也要鼓励"双创",也就是充分利用民间、社会、企业家的力量,创办更多基金会和民间组织,更高效地花钱,提供更好的服务。像现在这样,政府大一统,该花钱的地方不够,不该花的地方错花,只能导致越来越不够钱花,企业的税负自然难以降低。

把"双创"进行到底,才能使中国高效挣钱,高效花钱,走出过去的路径依赖,通过供给侧机构性改革,赢得真正可持续的发展。

徐小平(真格基金创始人):创业者永远不是失败者

创业是你人生资源总和的爆发

整个创业氛围,创业环境前所未有地好,所以大家一定要抓住机遇,要破除戒律,要打碎恐惧,勇敢地跳入创业的大潮里面去,这真是一个前所未有的创业的黄金时期。

右:真格基金创始人　徐小平

创业者永远不是失败者,为什么? 因为你只有转型,没有失败。

创业万丈高楼平地起,创业做什么,做你最擅长的事。你看见了市场机会,那个市场就属于你。你一定要看到只有你能看到的东西,当然只有你这样的人才能看到的东西。

创业你要怎么做,有三个东西,第一个问一下你会什么,第二你爱什么,第三就是你有什么资源。

在今日创业,任何一个草根,任何一个平民,任何一个普通人,没有任何资源的人,你创业的机会,你登上纳斯达克的机会,你实现梦想的机会,真的不亚于任何一个高帅富、任何一个有资源的人,这是我们这个时代最最激动人心的一个昭示。①

创始人心不死,创业公司就不会死

创业的本质实际上是创业者实现自己的产品想法的过程,在这个过程中,让别人也得到价值。这个过程的本质不在钱和物,而在人,也就是所谓的创业者共享。对于创业者而言,最大的成长是

① 徐小平:创业是你人生资源总和的爆发[DB/OL].搜狐网:http://it.sohu.com/20140925/n404645788.shtml,2014-09-25.

实现的过程,无论实现了多少都是人生的一段旅程。所以从这个意义上讲,每一个创业者都能得到创业所能够给予的最重要的价值。

创业不悲壮。创业只是找一件自己真正喜欢的事情去做,并从中找到克服种种困难并实现目标的乐趣。

创业者是永远不会失败的,除非他放弃或消失。一次性成功当然最好,但即使乔布斯,也曾经被他自己创建的苹果开除过。①

创业者需要成为超级销售

创业将改变历史,创造未来的一股热浪! 它将决定中国经济最后的转型,实现个人梦想到完成国家民族梦想的最后的搏击,并最终实现中国崛起和民族的伟大复兴。

创新创业这个事不能太冷静,要有信念,有激情,死而不悔!

创业者需要成为超级销售,每一个创业者都应该成为企业的代言人。②

柳传志(联想集团董事局主席):初创公司最重要的任务是活下去

中国"双创"时代下科学家如何创业

不要既在科研机构工作,又要出来创办公司。创始人给自己留有太多退路,创业决心会受影响。更重要的是,科研思路与公司运营极为不同。曾有科学家告诉柳传志,他的科研成果可以制成不同行业的不同产品,公司前景大好。柳传志却给他泼冷水,创业公司有资金存量、人员招聘的现实困难,集中力量发展关键业务才

---

① 徐小平:创始人心不死创业公司就不会死[DB/OL]. 新浪网:http://tech. sina. com. cn/2015－05－05/doc－icczmvup1091669. shtml,2015－05－05.

② 徐小平:创业者需要成为超级销售[DB/OL]. 网易新闻:http://news. 163. com/16/0919/10/C1AOPUOL00014SEH. html,2016－09－19.

右：联想集团董事局主席　柳传志

有可能实现突破，多线出击反而会一事无成。

不要光有决心，还要学会放权。有些科学家自称不懂企业，于是外聘人员管理公司，自己做 CTO。而实际是，科学家对公司事务依旧巨细皆顾，多头管理让企业陷入混乱。

不要"蒙着打"，而要"瞄着打"。初创公司最重要的任务是如何让自己"活下去"。吴文忠有 50 万创业启动资金，第一个月工资发下去后，账户上几乎不再有余额。钱从哪里来？他有点蒙。2003 年底，医诺生物开始给国外医药企业代做研发，以解决生存问题。但这种收入终归不稳定，企业发展瓶颈明显。次年，他才理清思路，决心要做出自己的产品。从摸索到定向发展，这是很多企业都会经历的阶段。

科学家创业，不要"项目思维"，而要"产品思维"，必须将市场因素考虑在内。联想投资的前 3 个企业全部失败，其中两家的创始人皆在美国大的软件研究所工作过，但他们并不了解中国市场，而且总在抱怨：我的产品这么好，为什么大家都没看见？！他们没明白的是，很多时候创业公司要去填补市场空白，而非创造市场空白。

要有理想，但非理想化，无论产品研发还是公司运营皆如此。人情世故，则是对科学家创业的另一个挑战。在科研机构，科学家们可以书生意气，遇到不爽的事情大发脾气，但做公司办企业，却要学会适度"低头"。做科学家时，吴文忠从不求人，但创业者吴文忠为解决生产供电问题去找过电力局局长。1987 年，物价局认为联想汉卡定价过高，要罚联想 100 万，比联想 1986 年的全年利润还高。有人提议召开新闻发布会,让媒体来报道此事,柳传志回了一句话:"把这事捅给媒体,我们过瘾了,但企业就死了,咱们是接着活,还是捅出去过干瘾?"[1]

创业"秘诀"在于反复切磋、交流、沟通

现在正是一个开始,人工智能、生物工程以及其他方面硬件的变化和互联网的结合将会使世界变成什么样子,谁是领先者,谁是落后者,一切都不确定。经济的强弱比的是企业的强弱,企业的强弱实际上比的是创新能力和创业能力,因此创新创业是强国富民"一条必须走的康庄大道"。[2]

毛大庆(优客工场创始人):创业者需要伟大的情怀和信仰

创业不是一种形式,而是一种态度

创新是一小部分人才能做的事。创新需要能力、技巧以及不断的资源投入和长期的积累,所以不是每个人都能去创新的。然而创业则不同,它是一种文化、是一种态度,每个人只要愿意去尝试,都有创业的可能。

左:优客工场创始人　毛大庆

中国以前没有形成这样的创业文化,人们缺乏创业的态度和精神,从2015年国家开始鼓励和推动创新创业。因此,我们要从现在开始提倡这种文

---

① 柳传志告诉你,中国"双创"时代下科学家如何创业[DB/OL].今日头条:http://www.toutiao.com/i6256190801395581442/,2016−02−28.

② 柳传志谈创业"秘诀":最需要反复的切磋交流沟通[DB/OL].中国新闻网:http://www.chinanews.com/cj/2016/07−09/7933533.shtml,2016−07−09.

化,弘扬创业的精神,打造适合创业的环境和体系。

如今,全球经济下行,经济增长乏力,小企业成为挽救经济下行的重要依靠,从而创新创业在全球已经成为一种潮流。可以说,中国如果想将来在全球经济中争得一席之地,就必然要在现在的全球创新创业大潮中取得先机。

创业的路当然是充满了困难的,特别是创业精神创业文化在我们国家还处于一个萌芽的时期,人们缺乏创业的精神,政策支持有待丰富,经验积累也不够,失败率是非常高的,成功率甚至只有千分之几。那么,难我们就不去做了吗? 困难多,意味着需求多,所以机会多。等创业简单了,先机就已经没有了,所以现在我们要迎难而上。①

创业者需要伟大的情怀和信仰

伟大的创业者需要伟大的情怀跟伟大的信仰,伟大的创业者留给后人、留给世界、留给时代的,应该是生生不息的灵魂。在中国经济发展方式转型、变革,以及创造一个美好的中国人的未来的过程之中,创客将贡献重要的力量。我想这才是能留给未来的属于这个时代的真正的 IP(知识产权)。

当我们醉心于中国的大众创业、万众创新的大潮和美丽图景的时候,全世界都在大众创业、万众创新,都在向着新的经济奔跑,如果不加入到里面,我们将又一次落后于时代。

创业最需要学习的,除了商业模式,除了网红,除了分红,除了投资人、BT 以外,伟大的创业者留给后人、留给世界和留给时代的应该是那些生生不息的灵魂。这就是中国最伟大的创业精神。

第二条要学习的是,对创业的态度和那种执着,那种拿命去换

---

① 毛大庆:创业不是一种形式,而是一种态度[DB/OL].华尔街见闻.http://wallstreetcn.com/node/264809,2016 – 09 – 26.

创业成果的态度。今天的中国创业更需要对技术、对科技、对这些能够改变人类生活的影响世界的东西,有更多的投入。我不反对当网红,我也不反对当粉丝,我也认为我可能是徐小平之后第三个最大的网红。但是我觉得我并不羡慕,觉得网红能怎么样。我觉得真正改变世界的是这些伟大的精神、技术和崇高的信仰。①

盛希泰(洪泰基金创始合伙人):大众创业才是最大市场力量

拥抱创业是历史的必然选择

从存量的角度来看,中国经济已然很悲观,现在只能依靠增量。我认为增量的最大动力源自新企业的发展,而新企业无疑来自创业。从这个逻辑来讲,我不认为"大众创

业、万众创新"是一种运动,因为拥抱创业是当下历史发展阶段所面临的必然选择。

创业是一个异常艰难的事情,可谓千军万马过独木桥,考验的是创业者的综合能力。创业究竟要满足哪些指标?我认为很难量化,也很难直接描述,更多是靠意会。能够用语言描述的那些特征,往往流于事物的表面。如果一定要做一个界定的话,我认为创业最重要的一个能力就是选择。选择不仅仅意味着判断正确,还意味着能够把所有不利的因素转变为有利。

我喜欢有决心的创业者。我会更关注那些靠自有资金创业的

---

① 毛大庆:创业者需要伟大的情怀和信仰[DB/OL]. 凤凰财经:http://finance.ifeng.com/a/20160416/14326809_0.shtml,2016 – 04 – 16.

人,因为这更能表明创业者的决心。电影《霸王别姬》里有一句话叫"不疯魔,不成活"。在这个竞争激烈的社会舞台上,想要成"角"就必须肯坚持。如果天使投资更像是一场赌博,我们喜欢豪赌那些全力以赴的人。

尽管我认为大众创业是历史的必然选择,但绝不意味着人人都适合创业。一个人在决定创业之前,应该先想想自己能吃几碗干饭,眼睛大肚子小的人注定会失败。①

创业已成为国策,大众创业才是最大市场力量

大众创业就是进一步挖掘中国这一世界最大的市场力量,中国拥有13亿人口,模式创新很受用。尽管经过30多年的改革开放,国内的各类保障体制不是很健全,变革的需求催生通过模式创新寻找到支点撬动传统行业的巨大机会。

当前创业者对创业的认识仍存在一些误区:第一个误区就是创业者认为只要是创业,起步就应该拿投资。他坦言投资人其实更看重自己真金白银投入的创业者,给予的项目估值也更高,因为这表明创业者有信心和诚意。第二个误区是有些所谓的"连续创业"其实是伪创业。投资人虽然对连续创业者偏爱有加,但连续创业的过程需要有完整说法,如何起步,做了什么,如何成功,乃至卖给别人或者失败的过程。第三个误区则是认为创业是精英创业。精英创业的成功率未必更高,创业并非精英创业,并非贵族创业,而是大众创业,当然也不是全民创业。

创业者需要具备的四"道":第一道,心力。第二道,思想力。第三道,领导力。第四道,学习能力。创业还需要具备四"术":清醒的自我认知、专注、坚持以及合理分配时间。

---

① 盛希泰:拥抱创业是历史的必然选择[DB/OL].经济观察网:http://www.eeo.com.cn/2016/0524/287652.shtml,2016-05-24.

创业者要有清醒的自我认知,懂得清空自己,不要盲目攀附。创业者要永远有草根的心态,现在有很多创业者觉得拿到了天使投资就很厉害了,于是开始招摇于各种圈子,而现实情况是拿到天使投资的创业者90%最后都失败了,这种情况在创业者中比比皆是。拿到天使投资仅仅是创业者多了一次试错机会而已。①

刘东华(正和岛创始人、《中国企业家》原社长):理想的创业是追寻自己的内心

创业是用心看到金矿

中国创业者的共性是什么? 就是用心看到一个金矿,而眼睛是看不到的。那个金矿有很多东西挡着,路上有很多死亡陷阱,创业者要去说服那些有武器的、有钱的、有劲的人,说服各种他需要的人跟着他一起走。一开始,创业者

右:正和岛创始人
《中国企业家》原社长 刘东华

是负债者,他要用承诺把大家绑在一起,他为什么敢于承诺,是因为他用心看到一个金矿,只有把金矿挖出来,才能让他的坚定追随者都变成富翁。真正的创业者都是被梦想驱动,但梦想不一样,不同的梦想驱动力不一样,这决定你到底能走多远,能做多大。

真正的创业者几乎都是天生的,创业确实也不是一般人干的事,但有更多的人去创业我觉得是好事,这可以让更多的人了解创业者、尊敬创业者。有一种说法"人人都是创业者",说好听点是

---

① 盛希泰:创业已成为国策,大众创业才是最大市场力量[DB/OL].创业邦:http://www.cy-zone.cn/a/20150624/276543.html,2015 - 06 - 24.

假设，难听点是忽悠。创业成功的概率比车祸还要低，为什么？大部分创业者都想要享受那些成功者成功之后的状态，却不知道"要想成功，先要自宫"的道理。所以，最理想的创业是为了追寻自己的内心。你是追寻自己的内心，你是倾听自己内心的呼唤，你找到自己内心的呼唤，和社会、市场的需求的对接点，这个对接点是金矿，你用全部生命把这个金矿挖出来，挖出来你的价值就兑现了，这个世界就会给你掌声和尊敬，这样的创业是最幸福的。①

创业要用对的方式成功

在创业的过程中最难的事是什么？天使投资人看一个创业者，除了看你的商业模式，还要看很多东西，他们看得最重要的一点是什么？每个创业者都充满激情。对创业者最难的不是自己的创业激情，而是能够让自己的同伴、创业伙伴，乃至于越来越多的追随者、越来越多的同事，像自己一样充满创业的激情。因为真正能够走出去，在市场的汪洋大海里面独自创业当船长的永远是少数。所以特别希望今天的创业者，在我们天使的帮助下，不但自己燃烧创业激情，而且让越来越多的追随者越来越旺地燃烧创业激情。②

贾跃亭（乐视控股集团创始人）：互联网生态核心理念是跨界创新

未来十年中国互联网企业将反超欧美。

互联网生态模式不仅仅是对乐视在产生价值，同时它也会对中国的经济甚至全球的经济产生一定的对未来探索的意义。在过

---

① 刘东华：创业是用心看到金矿［DB/OL］．新华网：http://news. xinhuanet. com/fortune/2013－07/28/c_125067010. html,2013－07－28.

② 刘东华：创业要用对的方式成功［DB/OL］．新华网：http://news. xinhuanet. com/fortune/2013－07/28/c_125067010. html,2014－11－25.

左:乐视控股集团创始人 贾跃亭

去一段时间里,全球经济的发展增速已经是日渐衰落,而其中一个非常重要的原因,我们认为是创新不足。什么导致创新不足呢?我们认为在过去的工业时代下的专业化分工,和第一代PC(个人计算机)互联网、移动互联网下的专业化的分工所产生的非常大的创新的瓶颈!

未来到底如何才能真正让创新再次爆发呢?

第一,创新。我们认为需要真正的跨界创新,才能源源不断产生新元素、新物种和新价值。所以,我们对互联网生态的模式有一些自己的理解,接下来就会看到我们认为的生态的核心理念就是跨界创新。

第二,开放。通过真正的共享,包括资源共享、能力共享甚至是资本共享,以及真正到最后的价值共享,能够实现整个生态经济的全球化。在这种情况下,未来全球的经济到底会是什么趋势呢?一是未来十年将会是真正的中国互联网生态企业在全球范围内战胜欧、美、日、韩企业的巨大历史机遇。二是未来互联网生态模式将会取代专业化分工的模式,全球的经济进入一个新的时代。

生态经济具有三大特点:第一,价值重构。第二,共享。第三,全球化。价值重构非常简单,原来工业时代下所有的创新都是在环节内创新、领域内创新和自己延长线上的创新,而在未来的生态下更大的创新潜力是打破生态边界。所以,通过产业链的垂直整合和跨产业链的价值重构,有可能会创造出全新的价值,释放出更大的经济活力和更大的用户价值。

第三,共享。大家知道现在互联网最热的是共享,但是共享难道仅仅是局限于专车吗？仅仅局限于这种房屋租赁吗？我们认为远远不是，共享其实应该是适合于所有的行业，共享会成为未来非常重要的一种经济发展趋势。

第四，全球化。过去的 20 年是中国经济被全球化，但是接下来的 10 年甚至 20 年，有可能将会真正进入到世界经济被中国化。因为只有中国同时拥有两个非常重要的能力：通过 30 年的努力，中国拥有了世界上最强大的制造能力和一定的基础科技的研发能力。同时中国又是世界上最大的互联网应用大国，拥有足够多的互联网人口。当这两者结合的时候，恰恰是欧洲的企业、日本的企业、韩国的企业这些没有本土互联网的国家不具备的优势。那么中国企业如果能够非常好地利用真正的中国得天独厚的这些优势，能够合起来的话，相信就能创造出其他国家很难创造出来的新的体验、新的价值。我们希望通过乐视的全球化的一些尝试，真正地去打破欧美日韩所带来的目前经济上的不平衡。目前整个产业竞争格局当中，欧美日韩企业几乎攫取了产业当中 80% 甚至 90% 的利润，而中国只能拿到微乎其微的一些剩余价值。为什么会是这种现象？本身还是由于我们自身创造价值的能力不足。

我们希望通过真正的跨界创新，提高中国企业的创造价值和能力，甚至能够引领全球企业进入一个更好的模式，这样只有通过我们大家共同的努力，通过我们自身的努力，才能够真正地进入到互联网生态时代。所以，接下来 2016 年、2017 年、2018 年，乐视将会全面把这种生态模式在全球复制，希望能够加速生态经济，来重塑全球经济的速度，希望能够和大家一起共建、共享生态世界。①

① 贾跃亭：未来十年中国互联网企业将反超欧美［DB/OL］．搜狐：http://mt.sohu.com/20160425/n446018266.shtml，2016 - 04 - 23.

程维（滴滴出行创始人）：分享经济改变中国

中国，正站在一个新的历史节点。这个节点，人们将见证工业时代向信息时代的加速过渡；这个节点，移动互联网、"互联网＋"对经济和社会的推动不可阻挡；这个节点，中国的深层次结构改革才真正面临严峻的挑战。

十年后往回看，会发现在这个重要节点上，"分享经济"的大潮扑面而来，就如同1999年的电子商务发轫一样。而此时，中国该做怎样的抉择、调适和监管？中国的分享经济平台如何对本土化与国际化做出恰如其分的超前安排？这两个问题是关系到在分享经济浪潮中，中国究竟能否引领世界的关键。

互联网对人类社会一个非常重要的改变就是催生了分享经济，"分享"主要是指对个人闲置资源的分享，分享经济通过技术把资源的拥有者和使用者进行重新匹配，进而大大提升了社会资源的利用水平和整体效能。

左：滴滴出行创始人　程维

2015年是分享经济的元年，分享经济是人类社会发展到一定阶段之后一个必然的趋势。早期的中国互联网缺乏活力、缺乏资本、缺乏成熟的互联网人才，因此更多是在借鉴美国的互联网模式、技术。而经过脱胎换骨十几年发展的今天，中国互联网已成长为世界互联网创业的"第二极"，进入了一个"大众创业、万众创新"的时代；在这个时代，中国互联网公司要比美国更多、更有活力，在一些新模式、新业态上的摸索和创新上已完全不输于美国，甚至领先于美国。这得益于中国巨大的市场，得益于中国的制度创新、监管创新，得益于充裕的国内外资本，也得益于业已形成的成熟的互联网人才体系。

中国要迈向网络强国,首先应该让互联网回归本质,跟传统企业结合,让互联网推动信息革命,给传统商业注入全新的动能和活力,形成"互联网+"传统企业的全新模式,这才能达到真正的万物互联,形成网络与实体的融合,最终促进产业变革。这应该就是李克强总理所倡导的"互联网+"和新经济。

这些优势给了新一代移动互联网企业加速发展的机会,互联与共享的发展趋势为企业之间的合作提供了新空间。我们应该感谢移动互联网,没有互联网特别是移动互联网就不可能有分享经济的加速发展,没有有效链接、智能计算、精准匹配就不能把人"拼"在一起。

如果说前20年互联网的发展是用互联网连接一切的时代,未来30年是云端的大数据、深度学习、人工智能驱动一切的时代,那么,未来5年,以云计算、大数据为基础的移动出行、智能驾驶汽车等领域一定是互联网技术发展的重要领域,并将对城市整体建设规划产生重大影响,进而深刻地改变城市居民的生活方式。①

李彦宏(百度创始人):创业创新可谓无信不立

观点一:创业创新无信不立

百度在大力支持金融创新的同时,也十分注重对相关企业资质的把关,一些P2P金融领域客户想要通过搜索引擎进行推广,我们会审核其资质。即便如此,仍不能做到万无一失。

百度遭遇的"跑路"事件如今在P2P领域屡见不鲜,成为这种金融创新业态面临的最大顽疾,仅2015年就有600多家"跑路",极大损害了行业声誉和投资者利益,也让很多参与"双创"的小企

---

① 程维,柳青.分享经济 改变中国[M].北京:人民邮电出版社,2016.

业生存环境不断恶化。

"创业创新可谓无信不立,信用体系不健全不仅会大大增加创新创业成本,还会导致企业的运营风险增加。"李彦宏介绍,在"旺旺贷"的深刻教训下,后来百度公司和中国支付清算协会合作,利用对方提供的数据信息,确定了首份P2P金融企业白名单,最大力度地降低网民遭受网络金融欺诈的风险。

右:百度创始人　李彦宏

"从这个例子可以看出,建立统一的社会信用体系迫在眉睫。"李彦宏建议政府部门继续加大数据开放和共享力度,采取政企优势互补的方式,共同建设服务全社会的信用体系,为推进"大众创业、万众创新"建立起更强有力的保障。①

观点二:大众创业背景下,万众如何创新?

"大众创业、万众创新"是我们现在的国策,在过去很多年,我们听了很多创业故事,也分享了很多创业经验,创业者在讲,VC(风险投资)在讲,各种各样的投资人都在讲,讲创新的人却不是很多。但我们都知道,在这样一个快速变化的环境当中,一个企业如果没有创新,很快就会死了。所以我更关注的是创新。②

---

① 李彦宏委员:创业创新 无信不立[DB/OL]人民政协网:http://www.rmzxb.com.cn/c/2016-06-01/844360.shtml,2016-06-01.

② 李彦宏对话柳传志:大众创业背景下万众如何创新[DB/OL].搜狐网:http://mt.sohu.com/20151206/n429972830.shtml,2015-12-06.

观点三:创新,中国是有优势的

在过去 30 多年改革开放中,中国经济高速发展的原因是保持"先行先试"的理念。对试错的包容让中国出现创新萌芽。与国外相比,国内对创新的约束规则相对较少。此外,中国互联网网民超过 7 亿,从人口基数上来看国内市场很大。[①]

陈天桥(盛大网络董事会主席兼首席执行官):创业企业要有核心竞争力

创业者不能"为创业而创业"

全国政协委员、盛大网络董事会主席和首席执行官陈天桥 3 月 7 日在参加政协经济组的小组讨论时表示,正如政府工作报告所指出的,大众创业、万众创新的根本目的是"稳就业、促升级"。到了现阶段,需要回头看创新创业的来时路,创业者不能"为了创业而创业"。

陈天桥 1999 年开始创业,盛大于 2004 年上市,2014 年退市。陈天桥戏称:"我当时创业的年纪与现在所提倡的创业年纪倒是很类似的。从 2004 年起,我们就转型为投资早期的企业,到现在为止投资了 120 家公司,所以收到了一些创业者的反馈。"

陈天桥回忆说:"2011 年,我就提交了关于支持草根创业的提案,因为当时流行草根一词。我很高兴政府号召大众创业、万众创新,我也完全支持这项政策。但发展到现在,我觉得我们需要重新审视一下创新创业的目的是什么。我觉得政府工作报告中的六个字一语道破:稳就业、促升级。"

稳就业,代表着创业创新能雇佣劳动力,但陈天桥指出这种雇

---

① 李彦宏:中国互联网创新创业具有独到优势[DB/OL].新华网:http://www.hlj.xinhuanet.com/zt/2016－04/26/c_135312718.htm,2016－04－26.

佣应该是可持续的,而不是昙花一现。如果今天创业,明天解散,这些人又面临找工作的压力,甚至因为创业失败的压力,导致其失去创业的信心,对找工作又很浮躁,实际上对于稳就业未必有帮助。

促升级,在陈天桥看来,就是任何一个创业企业都要有核心竞争力,要真正对社会有贡献,而不是为创业而创业。他表示:"我见了很多创业者,包括原来我的老部下,有些已经创业很多年了。我问他们现在情况如何,他们说我们企业本来发展挺好,但好多业务骨干创业去了。照理说我们也给了期权,应该满意了吧,但现在社会心态很浮躁。一些中型企业团队的员工,没有以前踏实。"

目前的创业企业中,究竟有多少家是有独特的技术和商业模式呢?陈天桥指出,目前存在大量低水平竞争、目光短视、互相挖墙角、不重视知识产权等问题,甚至有的企业研发了一项技术,企业的技术骨干就离职重新做一个一模一样的,这就加剧了恶性竞争。

他还表示,资本市场对创业创新的追捧,本来应该是好事,但有时过于放大了所谓创业创新带来的概念。他质问说:"有的企业股价连拉10个、20个涨停板,真那么有价值吗?我从创业者的角度看,资本市场加剧了浮躁的心态,对原先稳定发展的企业,影响可能是负面的。"

陈天桥表示:"我完全赞成大众创业、万众创新的政策,但我的想法是,我们要重创业,更要重视创新。重视全年新登记注册企业的数量,更要看重质量。我建议,政策要加大对中型企业的关注和扶持。中国的中型企业,目前很困难。它既没有大型企业的资源、品牌和政府关系,下边的小企业又随时可能来挖墙角,而且小企业的财务和税收上也不是那么规范。但是,中型企业是有一定的核心竞争力的,对稳就业、促升级是能发挥作用的。"①

张朝阳(搜狐公司董事局主席兼首席执行官):中国经济的希望在于创业

不是所有的行业都需要转型

左:搜狐公司董事局主席　张朝阳

互联网是关于沟通、资讯、传播以及对这些方面的一场革命。所以,不是所有的行业都需要转型。在互联网这种工具的发展过程中,每个行业可能觉得这个工具某些方面对它的产业有所改变,那就用一用。可能有些行业的改变特别大,而有些行业根本就没有必要用,或者是很缓慢地用。所以说,我们经常要以一种批判性的态度来对待很多事情,盲目地去谈论"互联网 + ",或者什么都要在互联网的大潮下转型或者要变成互联网企业,这种想法本身就是不对的。

更具体地说,首先受互联网影响最大的行业还是在传媒业,在娱乐业,在资讯的传播和人们的交流这种行业。同时,在电子商务方面,可能是小额高频的这种交易容易给互联网带来更大的价值,而那种大宗商品的低频度的购买可能不太适合互联网的转型。比如说,在淘宝买几块钱、几十块钱、几百块的东西,这样的小额高频交易是成功的。但是这样的小额高频也是经过了很多年的发展,所以要等待时机。比如说,房地产行业就不太引入互联网。因为它是大宗的、低频的。当然,租房可能会更适合互联网。所以要以

① 陈天桥:创业者不能"为创业而创业"[DB/OL]. 中国证券网:http://news.cnstock.com/event/2016lh/2016lhzb/201603/3727705.htm,2016 – 03 – 07.

批判性的眼光来看待互联网这样一个新的东西,看什么行业适合互联网,同时适合的行业也要等待时机。[1]

创业成功在于看到别人看不到的东西

中国经济的希望不在于基础建设的投资,或者是大规模的刺激计划,而在于千千万万的或者说上亿人的创业热情,因为中华民族是很勤奋的一个民族,中华民族也是特别爱学习的一个民族。这种勤奋精神和学习能力,如果能够靠创业把每个人的能动性发挥出来的话,那么这种威力是一种,相当于一种原子弹裂变式的威力。[2]

37 世界"双创"领袖

史蒂夫·乔布斯
苹果公司联合创始人

活着就是为了改变世界

史蒂夫·乔布斯(美国苹果公司联合创始人):创新决定了你是领袖还是跟随者

创新决定了你是领袖还是跟随者

创新是无极限的,有限的是想象力。如果是一个成长性行业,创新就是要让产品使人更有效率,更容易使用,更容易用来工作。如果是一个萎缩的行业,创新就是要快速地从原有模式退出来,在产品及服务变得过时、不好用之前迅速改变自己。

① 听冯仑张朝阳崔永元等大咖谈创新创业[DB/OL]. 中国网:http://jiangsu. china. com. cn/html/2016/sxnews_0629/6213027. html,2016 - 06 - 29.

② 张朝阳:创业成功在于看到别人看不到的东西[DB/OL]. 央视网:http://jingji. cntv. cn/2015/02/06/ARTI1423222695496195. shtml. 2015 - 02 - 06.

和最优秀的人一起工作

一个创业公司的前十个员工决定了这个公司的水平，因为每个人都要能负担公司十分之一的工作。没有一项主要工作可以由单独的一个，或者两个、三个、四个人来完成。为了把事请办好，工作不能仅仅由一个人完成，必须找到能力非凡的人来合作。最终把个体互动产生的力量汇总，这样整体的力量就会远远大于个体的力量的总和。

注重质量

完美的质量没有捷径，必须将优秀的质量定位给自己的承诺，并坚定不移地坚持下去。当对自己要求更高，并关注所有的细节后，产品就会和别人不一样。

在产品中置入美学因素

乔布斯深知美学的重要性。1998 年，乔布斯意识到苹果产品看上去已经过时，乔布斯召开了苹果的一个会议，并提出了这样的问题——苹果产品的问题就是出在没有美学因素上。

了解消费者需求而不掌握消费者反馈意见

乔布斯没有使用关注焦点人群的方案，相反，他告诉消费者，让消费者说出他们的需求。对此，市场研究机构 Yankee Group 的消费者研究部门负责人卡尔·霍威（Carl Howe）表示：苹果在了解用户需求方面表现很好。

连接关联事物

苹果发布了自主创新的产品，但也整合了自己的理念。iPod 与 iTune 进行了完美的融合，iPad 和 iPhone 也与应用商店进行很好的融合。乔布斯表示：创造力就是把所有相关的事物连接起来。

不招聘俗套的员工

常春藤联盟的毕业生并非能够运营公司的唯一人选。乔布斯曾经宣称：能够让 Macintosh 成为伟大产品的部分因素就得益于从事与此产品相关的工作人员都是音乐家、诗人以及艺术家等,甚至还有动物学家和历史学家,巧合的是,他们又是世界上最优秀的电脑科学家。

鼓励其他人另类思考

苹果"另类思考"广告活动开始于 20 世纪 90 年代末,此活动也一直是最有效的活动之一。而且这一活动还拉动了创新与创造,而这正是苹果的一切所在。

不追求复杂

简单就是快乐。苹果的设计师乔纳森·艾维(Jonathan Ives)对此战略证实称:苹果绝对是努力研发简单的应用方案,因为人们喜欢简单明了。

出售梦想而非产品

乔布斯让人们对苹果公司产生了这样的印象,即苹果打动消费者的不是其生产的产品本身,而是这些产品所代表的具体含义。[①]

马克·扎克伯格(Facebook 创始人兼首席执行官):创业最大的风险就是不冒风险

马克·扎克伯格
Facebook创始人

凡是了不起的事情
都需要大量的努力

年轻人创业首先要解决问题,而不是开办公司去赚钱。很多年轻人并不理解自己要解决什么问题,实现什么理想,只是想要建立一所公司,这样的创业是不会成功的。年轻人要先想好自己要做什么

---

① 史蒂夫·乔布斯[DB/OL]. 百度百科:http://baike. so. com/doc/4591967 – 4803526. htm-lJHJ4591967 – 4803526 – 4,2016.

产品,有了想法再成立公司。①

创业最大的风险就是不冒风险

我觉得很多人,当面临重大机遇选择的时候,都会想到很多负面的结果,虽然他们很多时候是对的,但任何选择都有好的一面和坏的一面。如果你不做这些改变,我相信你注定会落后和失败。所以在一定程度上,我相信最大的风险就是不冒风险。

对于真正创过业的人来说,他们知道创业本身是件非常难的事情,而真正让你能够坚持下去的是相信你在做的事情并且知道你在做的事情是在创造价值。而这,就是我认为的伟大公司的由来。②

解决五到十年后的问题就是创新

我们再看五到十年后到底有什么样的问题呢? 我觉得这就是创新所要解决的问题,更多的是一种长期的而不是短期的挑战。③

创新强国的正确打开方式是什么

创新就是思考下一个提升人们生活水平的工具是什么,并有做成这件事的信心和信念,无论承担多大的风险,为实现它付出一切。④

中国有很多最创新的公司

最好的公司并不是因为创始人想要成立公司,而是因为创始人想要改变世界。⑤

① 马云对话扎克伯格:从创新到创业 八方面精彩观点[DB/OL]. 新浪网:http://finance. sina. com. cn/roll/2016－03－19/doc－ifxqnnkr9589473. shtml,2016－03－19.
② 扎克伯格:创业最大的风险就是不冒风险[DB/OL]. 南阳新闻网:http://www. 01ny. cn/gupiao/detail/9dq3YU. html,2016－09－19.
③ 扎克伯格:解决五到十年后的问题就是创新[DB/OL]. 搜狐财经:http://business. sohu. com/20160319/n441097677. shtml,2016－03－19.
④ 创新强国的正确打开方式是什么?扎克伯格这样说[DB/OL]. 搜狐网:http://mt. sohu. com/20160530/n452060056. shtml,2016－05－30.
⑤ 扎克伯格:中国有很多最创新的公司[DB/OL]. 凤凰网:http://cq. ifeng. com/economy/people/detail－1_2014_10/27/3064425_0. shtml,2014－10－27.

成功不能靠一时的灵感

不能靠一时的灵感或才华,而是需要一年又一年的实践和努力。凡是了不起的事情都需要大量的努力。①

比尔·盖茨(美国微软公司联合创始人):没有创新进步企业将无法存在

创业要先有一个小目标,向它挑战,把它解决之后,再集中全力向大一点的目标前进,把它完全征服之后再进一步建立更大的目标,然后再向它展开激烈的攻击。②

比尔·盖茨
微软创始人

世界不会在意你的自尊
人们看的只是你的成就

中国将为世界创新作更多贡献

第四次工业革命在许多领域带来了快速和颠覆性变化。许多科技领域的创新正快速推进,数字领域的创新可能继续领跑。电脑认知能力、机器人智能化、物联网以及大数据分析模式,可成为众多行业发展的基础工具。

中国培养了大量的科技人才,这对世界来说是巨大的贡献。如你我所见,中国在IT(信息技术)领域非常强大。像微软这样的企业,中国有阿里巴巴、有腾讯、有百度,它们在计算机科学方面做得非常优秀。

我希望中国企业家能学到的是年轻人也能创业的理念,并且愿意承担当中的风险等等,但是我认为很多年轻人已经有了这个

---

① 马克·扎克伯格语录:成功不能靠一时的灵感[DB/OL].中国企业家网:http://www.iceo.com.cn/renwu/35/2011/1011/231823.shtml,2011-10-11.

② 比尔·盖茨给创业者的9个建议[DB/OL].励志网:http://www.201980.com/juzi/yulu/5044.html,2014-09-24.

理念。中国现在的创业环境也好了很多。

中国为技术创新营造了良好创业氛围，许多专业人士在信息技术、生物、机器人等领域创办了自己的企业。中国在全球第四次工业革命中必将占据重要席位。中国有一个光明的前景，中国将为世界创新作出更多贡献。①

创新是做至公司唯一之路

科学技术的进步将会给人们的生活带来巨大的影响，而人们要不断适应这种时代的变化，而不要坐等未来，失去自我发展的良好机会。②

创办一个公司就像建立一座大厦，没有蓝图，就不可能顺利地施工，谁都不能在没有蓝图的情况下施工。建立事业的蓝图，就是订一份企业计划。

没有悟性的创业者，反应就不够灵敏，很难把自己的公司办得火起来。

如果企业无法不断地创新进步，也许一年后就不复存在了。企业如此，人亦如此。③

杰夫·贝索斯(亚马逊创始人)：企业家和创新精神相辅相成

失败是发明与创造的必备成分。如果在做实验时，你已经知道这个成分会起作用，那这就不是一个真正意义的实验了。所以

———————————

① 专访盖茨：中国将为世界创新作更多贡献[DB/OL]．新浪科技：http://tech.sina.com.cn/it/2016 - 01 - 25/doc - ifxnuwfc9477054.shtml, 2016 - 01 - 25.

② 全球首富比尔·盖茨名言：创新是做至公司唯一之路[DB/OL]．光明社区：http://blog.gmw.cn/home.php? mod = space&uid = 3172752&do = blog&id = 823017, 2016 - 05 - 21.

③ 比尔·盖茨名言[DB/OL]．三联网：http://www.3lian.com/zl/2014/07 - 02/224730.html, 2014 - 07 - 02.

如果想要发明、想要创造，失败是不可或缺的、不可避免的。

最开始我们就是以客户为出发点，现今只是回到起点，为了服务好客户，我们学习所有需要的技巧，开发和建造所有需要的技术。

在我的经验中，创新的方式，创新以及发生改变都是通过团队努力实现的。绝对没有一个自己能搞定一切的全能天才。你需要学习，讨论，头脑风暴，然后答案才会慢慢浮现而出。创新不可能快速发生，它需要花时间，你要发展理论和假设，但是你无法确定读者是否会回应。你需要尽可能快速地做大量试验。但是，在我眼中，所谓的"快速"，应该至少是几年时间。

领导永远不要寄希望于一个单独的"创新天才"某天把一个伟大的创意放到自己的面前。创新是一个集体工作。这就是为什么领导需要围绕创新日程构建一个团队的意义所在，能够在一起工作的人越多，最终的结果就会越好。

企业领导不应该尝试强迫创新，也不要让创新快速出现。创新是一个缓慢、自然的过程，它需要时间的沉淀，从萌芽，成长，最后成熟。①

享受试验，即使失败也要给予奖励

我认为企业家精神和创新精神是相辅相成的。发明家总是走遍全世界并且思考：这个世界让我觉得有安全感，但我习惯了这个世界并不表示它没有改善的空间。这种用清醒的头脑、开拓者的头脑看待事物的能力，对企业家来说很重要。

愿意接受失败，勇于尝试的精神也能让企业家获益匪浅。一个成功的企业家往往在大方向上非常固执，但在细节上很灵活。他们坚持想要实现目标，但他们在学习和受挫的过程中愿意对细

---

① 杰夫·贝索斯的创新准则：团队、头脑风暴、耐心［DB/OL］. 创业邦：http://www.cyzone.cn/article/5538. html，2013－10－18.

节做出一些必要的改变。

在创业阶段,好运气和好时机对于取得巨大成就来说是不可或缺的条件。许多事情必须要朝着正确的方向发展,行星必须要在自己的轨道上运转,亚马逊的故事恰好可以证明这一点。我们遇到了一个非常好的时机。

我们身处一个充满活力的时代,变革和创新的速度是如此之快。当然,在经济生活的不同领域情况会有所不同,但我们的确在某些领域看到了许多创新,并且我希望它们能够持续。想法的伟大之处在于每一个新的想法会产生出两个甚至更多的想法。①

沃伦·巴菲特(伯克希尔－哈撒韦公司创始人):创业者目标是让客户愉快

中国政府对于处理经济转型与改革,经验和知识肯定比我多,我对中国的长远发展有信心,中国的发展随着时间推移会越来越好,我对中国经济的正面预期从未改变,索罗斯认为中国债务可能重蹈 2008 年美国经济危机的覆辙是担心过多。②

巴菲特在高盛赞助的"万家小企业"项目第 20 届毕业典礼上,对小企业创业者说:"明天早晨起床以前,你看着镜子,用口红或者别的什么东西在镜子上写下来:让我的客户愉快。""不是'让我的客户满意',是'让我的客户愉快'。"巴菲特强调口碑可以树立声誉,"任何一家让客户愉快的企业都有一支销售队伍在外,你不必出钱,也看不到他们,但他们会一直和别人交谈。"

① 杰夫·贝索斯:享受试验,即使失败也要给予奖励[DB/OL]. 网易新闻:http://news. 163. com/15/0105/11/AF6N8VKL00014SEH. html,2015 - 01 - 05.
② 亲历巴菲特股东大会:伟大是触手可及的真实[DB/OL]. 创业邦:http://www. cyzone. cn/a/ 20160504/295492. html,2016 - 05 - 04.

拉里·佩奇(谷歌联合创始人):科技创新应为快乐服务

不希望太快,我们只是完成了可能性的 1%

技术的采用速度已越来越快,技术应该完成一些繁重的工作,以让人们可以做一些生命中最快乐的事情。

拉里·佩奇
谷歌创始人

当一个伟大的梦想出现的时候
别让它溜走

我们应该去创建一些从未存在的东西。

在阅读媒体报道时,我发现人们总是在谈论我们与某家公司,或是某个愚蠢的东西作斗争。我觉得这很没意思。"零和博弈"并不是最重要的事情。前方有大量机会。科技行业把精力放在了消极的零和博弈上,真是悲哀。对甲骨文而言,钱比合作更重要。

创新与法律法规之间存在冲突。法律往往难以很快适应技术变革,而科技产业不应被几十年前互联网尚未起飞时制定的法律监管。

我相信未来的人们会认为今天我们的生活如此不可思议,犹如我们今天回望过去一样。

我相信今天我们只是抓到了可能性的皮毛,这就是我为什么如此兴奋于谷歌是一个支持你们所有创新的平台。①

---

① 拉里·佩奇:不希望太快 我们只是完成了可能性的 1%[DB/OL].凤凰网:http://tech.ifeng.com/internet/detail_2013_05/16/25357228_0.shtml,2013-05-16.

第十一章

各界评价和反响

38　专家学者谈"双创"

赵德润："双创"旨在激发亿万人民的热情和活力

"双创"在保持经济增长中起了重要支撑作用,有力促进了结构调整,推动发展从过度依赖自然资源转向更多依靠人力资源,促进经济中高速增长、迈向中高端水平。

"双创"精神是一种奋发向上的坚守,是一种登高望远的情怀,它与改革创新为特征的时代精神一脉相承,推动着中国经济社会新变革。双创精神正在塑造当代中国人的新品格。

(赵德润:国务院参事室新闻顾问、中央文史研究馆馆员、《光明日报》原总编辑)

辜胜阻:打造"三创""铁三角"

要营造良好创新创业生态,形成"双创"栖息地,让草根与精英的创业热情竞相迸发,让初创企业快速成长。鼓励更多资本进入实体经济,探索发展股权众筹,完善多层次资本市场,打造创业、创新和创投的"铁三角",实现"三创"联动。[1]

(辜胜阻:第十二届全国人民代表大会财政经济委员会副主任委员)

谢伏瞻:以改革开放创新为根本动力,奋力建设中西部地区科技创新高地

当今之河南,正处于蓄势崛起、跨越发展的关键时期,比任何时候都更需要创新创业,比任何时候都更需要汇众智、聚众力。积

---

[1]　大众创业、万众创新 共享改革发展大蛋糕[DB/OL]. 中国政府网:http://www.gov.cn/zhengce/2016-03/04/content_5048891.htm,2016-03-04.

极推进大众创业、万众创新工作,有利于培育新的经济增长引擎,对于稳定经济增长、加快转型升级、带动扩大就业具有重要意义。坚持以改革开放创新为根本动力,奋力建设中西部地区科技创新高地。[1]

(谢伏瞻:河南省委书记)

陈润儿:创造良好发展环境,激发创业创新动力

为各类创业者创造良好发展环境,激发创业创新动力,实现"大众创业"与"能人创业"相统一,"初次创业"与"二次创业"相统一,"扶持创业"与"主体创业"相统一。[2]

(陈润儿:河南省人民政府省长)

郭树清:企业家作为"双创"主体,作用无可替代

企业家是创新创业的主体,是推动经济社会发展的中坚力量,在社会主义市场经济中发挥着无可替代的关键作用。

习近平总书记早就指出,市场活力来自于人,特别是来自于企业家,来自于企业家精神。激发市场活力,就是把该放的权放到位,该营造的环境营造好,该制定的规则制定好,让企业家有用武之地。我们需要一大批具有国际视野、站位高远、立足当下、推进现代管理、勇于承担社会责任的企业家。要从战略和全局的高度认识这个问题的重要性和紧迫性,下大气力做好这方面的工作,让企业家有更高的学习能力、更强的法治意识、更多的创新机会、更广阔的发展空间。

① 谢伏瞻召开会议研究发展众创空间推进大众创新创业[DB/OL].人民网:http://news.hnr.cn/snxw/201505/t20150515_1975806.html,2015-05-15.
② 陈润儿:创造良好发展环境 激发创业创新动力[DB/OL].新华网:http://news.xinhuanet.com/city/2016-05/06/c_128963480.htm,2016-05-06.

经济发展新常态是一个关键时期,也是一个阵痛时期。落实创新、协调、绿色、开放、共享发展理念,保持经济中高速增长,推动产业迈向中高端水平,最主要的条件之一还要靠企业家来保障,要靠企业家的辛勤劳动、创造性劳动来实现。面对新的形势,企业家是敢于担当还是畏缩不前,是大胆创新还是因循守旧,是鼎新革故还是固步自封,这都需要我们每个人认真思考。

广大企业家要增强危机感使命感,主动应对形势变化,在工作方式、管理方法、商业模式方面大胆革新,积极适应和引领经济发展新常态。各级党委政府要努力为企业家成长创造良好环境,构建"亲""清"新型政商关系,主动热情为企业家搞好服务。要加强对企业家队伍建设工作的谋划和领导,建立起常态化的政府与企业双向沟通机制,健全职业经理人市场,搞好企业家培训与引进,营造更加尊重企业家、崇尚企业家精神的社会氛围①。

（郭树清：山东省人民政府省长）

黄奇帆：众创空间重要的是打造生态链
建众创空间不能盲目跟风　生态链亟待形成

政府打造众创空间出发点无可非议,但不能盲目跟风,应以产学研完备的龙头企业为核心,推动众创空间健康发展。众创空间不是写字楼出租,重要的是生态链打造。首先要确定众创主题,设置进入门槛,吸引同类型的创业群体集聚发展,形成技术同盟,并打造开放式的企业学习体系。其次,众创空间还需要有好的创业培训体系。培训不仅仅是会计培训等基础培训,还包括市场组织、市场沟通等内容。实践证明,有好的培训体系,创新企业成功率可由 10% 提高到 30% 。

---

① 郭树清：企业家作用无可替代[N]．人民日报,2016－10－11(5)．

初创企业小有成功就会面临产业化发展,或者被大公司收购或上市,这都需要相关支持。好的众创空间不是有多少政府部门授予的牌子,而是各种跨国公司或专业公司成为其战略合作伙伴。①

(黄奇帆:重庆市人民政府市长)

马懿:把"双创"摆在更加突出的位置

推进"大众创业、万众创新"是郑州抢占新一轮发展制高点的战略突破口,是适应经济新常态、实现郑州未来可持续发展的根本动力。全市上下要把"双创"工作摆在更加突出的位置,把握方向,抓住关键,持续推进。②

(马懿:河南省委常委、郑州市委书记)

徐济超:全面提升"双创"理念,营造"双创"生态

创新成就创业,创业实现价值,创客撑起创新发展的蓝天。大众创业、万众创新需要政府的大力推动,需要创新创业者的艰苦努力,需要全面提升"双创"理念,营造"双创"生态,为发展新经济、培育新动能创造良好条件。

(徐济超:河南省人民政府副省长)

程志明:营造符合科技发展规律的良好环境

推进科技创新工作,要围绕主导产业技术升级和产业化发展,超前部署组织实施一批重大科技项目。加强科技平台建设。大力

---

① 黄奇帆:建众创空间不能盲目跟风 生态链亟待形成[DB/OL]. 中国新闻网:http://www.chinanews.com/cj/2016/03−06/7786087. shtml,2016−03−06.
② 马懿:加强谋划打造自主创新的高地 开放创新的载体创新发展的示范[DB/OL]. 豫都网:http://zhengzhou. yuduxx. com/jinri/412226. html,2016−06−03.

推进大众创业、万众创新。大力营造符合科技发展规律的良好环境,为科研人员开展创新创业提供支撑,保驾护航。[1]

（程志明：郑州市人民政府市长）

张延明：借助优质资源和平台,大力推进大众创业万众创新

借助优质资源和平台,加大对外宣传推广实验区的力度,在更大范围、更高层次、更深程度上推进大众创业万众创新,助力航空港实验区经济社会发展。[2]

（张延明：郑州市委常委、航空港实验区党工委书记）

许小年：供给侧改革重点在于创新

三大机会：重组、升级、创业

除了上课以外,我就在各地看企业。为什么现在企业看得比较多？因为宏观经济没得看了。我去看基层,发现机会起码有这几个方面：

一个是行业重组,行业重组的机会非常之多。经济就像自然界,生老病死是自然现象。死的时候你要让它死,它不死,那些活着的也活不好。因为这些濒临死亡的企业是不惜一切代价获取现金流,把价格压得非常低,以至于那些好企业也活不下去。政府和经济学家的考虑不一样,由于地方政府的干预,好企业不敢去收购,因为收购的前提条件是不许裁员。这怎么可能呢？我去购并

---

① 穆为民在全市科技创新大会上强调 以科技创新为核心带动全面创新 奋力建设中原创新创业活力城 程志明主持［DB/OL］.南阳老家网：http://www.nyljw.com/2016/nyyw_0518/17219.html,2016－05－18.

② 张延明书记会见 KAB 全国推广办公室秘书长魏和平一行［DB/OL］.郑州航空港经济实验综合区：http://www.zzhkgq.gov.cn/zwyw/248002.jhtml,2016－06－20.

一个低效的企业,当然要裁减冗员。地方政府说不许裁员,这就阻碍了行业重组的进行。如果不是地方政府阻碍的话,现在购并有很多机会。优秀的企业通过购并提高它的市场集中度,获得一定的定价的能力来改进它的利润率,实现经营状况的好转。谁是真正的优秀企业家,在今后两三年才能表现出来。哪些是好企业,哪些是平庸的企业,哪些是低效的企业,要在下行中才能看出来。

第二个机会是传统企业的更新换代。我们要做的,就是用新的技术去提高效率,不必硬把自己套进互联网思维,而是要思考如何运用这些新技术来提高企业的效率。不需要追求那些高大上的东西,一点一点地改进产品,一点一点地改进技术,这方面的空间是非常大的。经济下行并不可怕,要倒逼企业研发,改进产品和技术,提高传统行业的效率。

第三个机会就是创业。创业不是人人都能做的,不是大众之事,而是小众之事。互联网在中国之所以轰轰烈烈,以至于大市值互联网公司有一半在中国,有两个原因。第一是中国的传统行业效率低,给互联网公司留出了很大的空间。第二是政府管制少,进入相对自由。我不否认互联网是一个很有效的工具,但是互联网的作用是什么?必须要有自己的思考。互联网的应用主要是在交易环节而不是在生产环节。至于生产环节效率的提高,我们仍然要靠传统的研发,在这个领域中,互联网帮不了你什么忙,能帮忙的是在交易环节上。目前我们所看到的,互联网用得最多的就是营销,减少交易中介,缩短交易链条,降低交易成本。新产品和新技术的开发和研究,还得走传统的老路子。

有人说,现在有大数据了,可以改变生产,可以改变研发,可以改变传统的设计。我看到的大数据,离真正能够产生效益还远着呢!对于现在很流行的网上金融,也不要寄予过高希望。例如用众筹的方式做股权融资,可以大胆尝试,但预期不能太高,因为股权投资是小众的事情,风险太高,大众无法承担。①

供给侧改革便是搞活企业,重点在于创新

一个国家的经济增长,它的可持续的经济增长并不能够依靠需求来实现。一个国家可持续经济增长的关键在供给侧,因此中央提出这个转变,我是非常拥护的,这在过去十几年间,各位如果注意,我的讲话比较少见拥护政府提出来的主张,但是这一点我必须要说我是赞成的。

当前更为紧迫的是中小企业,中小企业各方面,现在说供给侧的政策,其实供给侧不需要太多的政策,供给侧最需要的一个政策,就是政府放开,政府少管点事,让企业能够在市场上放开膀子干,不要企业搞一点事情政府就冲过去说这个违规那个违法。

互联网可以帮助你降低信息不对称,但是互联网不可能消除信息不对称的问题。互联网可以帮助你降低获取信息的成本,但是它不可能改变整个金融业的性质,金融业的难点就是在信息不对称的情况下,风险识别和风险控制的困难,这就是金融业的实质。

希望政府能够以一种积极主动的态度,来对待民间创新。从民间的角度来讲,我们要和政府,要和监管当局积极地进行沟通。

要解决供给侧,要把企业搞活,一定要做创新,创新中很重要的一条就是金融创新,而金融创新是要依靠民间自发现创新的这些制度和产品,加上政府积极地支持这件事情,才能一步一步地推下去。②

---

① 许小年:A 股只是经济的小问题　大问题是政府负债,银行坏账[DB/OL].和讯网:http://news.hexun.com/2016－06－28/184635775.html,2016－06－28.

② 许小年:供给侧改革便是搞活企业,重点在于创新[DB/OL].亿欧金融:http://fin.iyiou.com/p/24182,2016－02－02.

（许小年：著名经济学家、中欧国际工商学院经济学和金融学教授）

张维迎：真正的创新需要自由的心

"企业家4.0"要从套利转向创新

企业家的基本功能有两个：第一个是发现不均衡，第二个是创造不均衡。打破均衡就是创新。经济达到均衡之后无利可赚了，所以一定要打破均衡。最早对创新进行研究的就是熊彼特，他在1911年出版的《经济发展理论》提出的创新理论包括引入新产品、引进新技术、开辟新市场、发现新的原材料、实现新的组织形式等。我将其归结为技术创新、管理创新、市场创新这三个方面。套利活动使得经济走向生产可行性边界，或者在生产可行性边界从不合理的点转向一个更为合理的均衡点。创新就是不断地把生产可行性边界往外移。

创新再简单来讲，就两个方面，一是试图给别人创造价值，二是降低成本。如果一个创新既不能给客户带来价值，也不能降低成本，这本身就没有意义。要做到创新，前提就是理解人性，凡是伟大的企业家都对人性有透彻的理解。国外最典型的例子就是乔布斯。他不做市场调研，但是对于他生产的东西，市场非常喜欢。国内的例子是马化腾。微信这样的产品就是完全凭借想象和对人性的理解而成功。很多企业家喜欢利用人性的弱点（比如色情或上瘾）赚钱，这是我不赞成的。把梳子卖给和尚就比较糟糕，要把梳子卖给需要梳子的人，一定要创造真正的价值。

要促进创新型企业家的出现，非常重要的一个因素是环境。自由和法治，对创新非常重要。套利和创新对于制度的敏感性是完全不一样的。如果产权保护很弱，法制很不健全，仍然会有套利的企业家，但是在这种环境下出现创新的企业家几乎不可能。套利型企业家在一开始就赚钱，然后赚得越来越少；创新型企业家在一开始肯定亏损,可能需要三年五年,甚至十年八年,才能盈利。如果没有对未来有很好的预期,不可能有人真正去创新。此外,因为必须过了亏损期才可能赚钱,创新对金融市场非常敏感,别人的投资变得非常重要。

企业家可能会被政府的产业政策所诱惑。实际上,产业政策是注定失败的,因为产业政策假设政府官员比企业家还企业家。企业家在创业的时候,应该要有独立的判断,不应该看政府是否支持。因为能不能成功,不在于政府支不支持,而在于能否给消费者带来价值。[①]

真正的创新需要自由的心

中国今天出现普遍产能过剩现象,是因为中国的企业家没有很好地利用新的市场,还在重复过去的生产。当然这是有原因的:第一,中国企业家本身的问题;第二,社会制度的影响。

创新型企业家对制度更为敏感,如果一个国家没有很好的法制的时候,仍然会有很多套利型企业家,但创新型企业家就没有办法花时间进行创新,因为创新需要很长时间,需要权利的确切保护。

创新需要长时间的不断尝试,要使中国真正从靠资源配置改进的增长转向以创新推动的增长,就必须依赖企业家从套利型企业家转为创新型企业家,而这又需要中国目前的经济体制、政治体制的根本变革。我们需要建立一个法治的社会,使政府权力受到限制,企业家才会投入持续的时间和精力进行可能面临多次失败的创新,包括教育体制的改革。

我不相信一个国家的国民在没有自由的心(free mind)的时候,能够有真正的创新。只有到了那个时候,中国的未来发展才能

---

① 张维迎:"企业家4.0"要从套利转向创新[DB/OL].新华网:http://sike. news. cn/statics/sike/posts/2015/05/219272663. html,2015－05－31.

真正维持比较高的增长。我在这点上也很乐观,我认为美国体制仍然能不断创造出创新型企业家,不断栽树,我也希望中国的企业家在摘果子的时候能更多种树,甚至让美国人也能吃到我们树上的果子,到了那个时候,世界将会变得更好。

(张维迎:知名经济学家、北京大学教授)

厉以宁:金融要适应新常态下的"双创"

去年以来,"大众创业、万众创新"成为潮流。而这将成为经济增长新的动力。经济发展的新常态实际上包含了三个内容:第一,增长速度从过去的高速增长到现在逐步走向中高速增长。第二,结构要调整。新常态是一个调整结构以后的经济,很多产业要不断升级。第三,要寻找新的动力。

今后经济增长靠什么?要靠广大人民的创新精神、创业活动。也就是说,过去我们所习惯的靠数量规模的扩大、靠投资的驱动,这些都不能适应新的情况了。所以今后的动力来自人民的创造力。"双创"也是新常态中的经济增长新动力,金融应该大力支持新的产品和产业,为他们提供必要的融资支持。[①]

(厉以宁:中国民生研究院学术委员会主任、中国企业发展研究中心名誉主任)

吴敬琏:"双创"驱动激活中国经济新动能

新常态下,"双创"成为驱动中国经济转型发展的新引擎,创新创业汇成浪潮澎湃。加快改革步伐,简政放权,给市场主体留出"双创"空间。通过放权让利的"减法",调动社会创新创造热情的

---

① 厉以宁. 金融要适应新常态下的"双创"[DB/OL]. 新华网. http://news. xinhuanet. com/fortune/2015 – 11/18/c_128440594. htm,2015 – 11 – 18.

"乘法"。纵观许多发达国家的市场经济繁荣,无论是美国的硅谷模式、德国或日本模式,都不是完全依赖技术和资本,而是由创业为第一要素驱动,现在基本上走上由"大众创业"到"万众创新"的发展阶段。而中国经历改革开放黄金三十年的发展,进入新经济时代的"万事"已经具备,又恰迎国家改革之"东风"。①

(吴敬琏:当代中国杰出经济学家、北京天则经济研究所理事)

林毅夫:"大众创业、万众创新"让中国经济继续腾飞

经济发展本身就是一个技术不断创新、产业不断升级的过程,对我们国家来讲,要打破中等收入陷阱,实现中华民族伟大复兴的梦想,当然要发挥每个人的创造力来推动技术创新和产业升级。我们国家在目前在这个发展阶段,原来的一些劳动力密集型的产业要向技术、资本比较密集的产业去创新和创业,中国在这方面的创业和创新有很多优势。

创新是经过个人创新的努力让个人发展起来,同时带动了社会的进步,这样的创新才能有利于个人、有利于国家,也有利于社会。②

(林毅夫:知名经济学家、世界银行原副总裁)

李稻葵:"双创"发展应遵循自身规律

"双创"本身有自己发展的规律,很多年轻人恐怕很难一下子大学毕业就创业,还要经验积累。咱们讲一个案例,扎克伯格大学没读完就创业了,但是大家忘记了,扎克伯格在读高中的时候就开

① 吴敬琏.“双创”驱动[M].北京:中信出版社,2015:19,21.
② 林毅夫.“大众创业、万众创新”让中国经济继续腾飞[DB/OL].人民网:http://finance. people. com. cn/n/2015/0602/c1004 - 27090298. html,2015 - 06 - 02.

始琢磨怎么写程序了,就开始发明了,就开始有创办企业的意识了。人家读的中学比哈佛还有名,扎克伯格的中学比哈佛有名多了,是美国最牛的中学,所以他是有基础的,别看他大学没读完。比尔·盖茨也是,比尔·盖茨读高中的时候就是小天才了,已经开始琢磨怎么创业挣钱了。我们这儿的大学生入学前还在高考呢,还在琢磨数理化呢,上大学后突然从数理化转向创业,这个弯大了一点。所以我觉得不能过分强调"双创"对年轻人就业导向的影响,还是要慢慢来。读了研究生,到大企业工作过了再来。①

(李稻葵:清华大学中国与世界经济研究中心主任)

胡鞍钢:完善"双创"体制,打造良好生态

随着我国经济发展稳步进入新常态,实施创新驱动发展战略将成为"十三五"时期经济结构实现战略性调整的关键驱动因素。到 2020 年,实施创新驱动发展战略要突出的任务包括:突出培养造就创新型科技人才,继续统筹人才队伍建设,科学谋划前沿创新领域以及进一步完善科技创新转化机制。应着力完善"双创"的体制机制,包括搭建新平台大力支持"众创空间"的发展,完善创业投融资机制,打造良好"双创"生态环境等。②

(胡鞍钢:清华大学国情研究院院长)

周其仁:以创新创业对冲经济下行压力

中国转型到今天,还是要注意体制运行的成本。由一个想法变成行动,麻烦是大还是小? 各种审批手续容易还是不容易? 行

① 李稻葵等众大咖在达沃斯喊你参加思客会[DB/OL]. 新华网:http://sike. news. cn/statics/sike/posts/2016/06/219500663. html,2016 – 06 – 27.
② "十三五"经济增长将以服务业为主导 高端制造将弯道超车[DB/OL]. 新华网:http://news. xinhuanet. com/fortune/2015 – 10/29/c_128369961. htm,2015 – 10 – 29.

政审批是不是减到最必需的部分？这也决定创新的命运。在中国讲创新创业，一定是跟改革、跟法治联系在一起的，没有这一方面的跟进，创新创业的规模很难对冲下行压力。①

（周其仁：北京大学中国经济中心主任）

汤敏：中国如何迎接悄然来临的新革命

相对发达国家来说，我国的创业环境还较差，从对青年人的普及创业教育，到国家政策对创业的支持，以及社会对创业失败的宽容度都很不够。而天使投资、风险投资、产业投资以及高科技企业上市这些支持创业的产业链，在我国只能说是刚刚形成，还远未成气候。创业板的开通给了创业者们很大的希望，可是运作几年后出现的大量问题，又使投资者与被投资者望而却步。鼓励更多的人去创新创业，打造一个宽松的创新创业环境，理顺创业板市场，是我们能够抓住第三次工业革命机遇的一个必要条件。②

（汤敏：中国发展研究基金会副秘书长、国务院参事）

王一鸣："双创"激活经济发展动能

在物联网、云计算、大数据、移动互联网等新一代信息技术推动下，我国服务业技术、管理、市场和商业模式创新层出不穷，新兴业态将不断涌现。"大众创业、万众创新"将激活经济发展动能。这一轮创业创新活动与"互联网+"深度融合，推动技术、人才和资金等高端生产要素的聚集，催生一大批需求导向和大众参与的

---

①　周其仁. 以创业和创新对冲经济下行［DB/OL］. 凤凰财经：http://finance. ifeng. com/a/20150420/13646567_0. shtml，2015－04－20.

②　汤敏. 中国如何迎接悄然来临的新革命［DB/OL］. 和讯读书：http://data. book. hexun. com/chapter－20981－1－3. shtml，2015.

创新型企业。①

（王一鸣：国家发改委宏观经济研究院副院长）

迟福林：企业只有变革商业模式才能抢占先机

"十三五"我国基本形成服务业主导的经济产业结构的客观基础。一是工业转型升级对现代服务业的依赖全面增强。全球化、信息化、服务化是高端制造业的突出特征。在制造业转型升级的新阶段，创新对生产性服务业的依赖性增强。二是制造业转型升级对互联网发展的依赖性增强。"互联网＋"时代，离开信息化，离开"互联网＋"，制造业转型升级就比较困难，形成现代服务业发展的重头戏和突出优势就比较困难。三是企业发展模式转型对服务型经济的依赖性增强。企业的产品创新很重要，更重要的是企业商业模式的创新。只有包括服务模式在内的商业模式变革能够适应新一轮科技革命、产业变革的趋势，企业才能在新阶段的市场竞争中抢占先机。②

［迟福林：中国（海南）改革发展研究院院长］

钱颖一：经济新常态与创新创业新常态

经济新常态可以从以下三个方面理解：一是中国经济新常态，二是世界经济新常态，三是创新创业新常态。中国这一轮的创业热潮与以往不同的是，中国的创新创业与全球特别是美国的创新创业正在直接地、快速地融合。现在越来越多的中国公司把研发的初级阶段放在美国，比如放在硅谷。美国的创业中心实际上是

---

① "十三五"经济增长将以服务业为主导　高端制造将弯道超车［DB/OL］. 新华网：http://news. xinhuanet. com/fortune/2015－10/29/c_128369961. htm，2015－10－29.
② "十三五"经济增长将以服务业为主导　高端制造将弯道超车［DB/OL］. 新华网：http://news. xinhuanet. com/fortune/2015－10/29/c_128369961. htm，2015－10－29.

一个全球人才的集中地。这就正在形成一种新的创新创业模式。①

（钱颖一：清华大学经济管理学院院长、教授）

张军扩：让"双创"成为发展新动能

"大众创业、万众创新"是国家基于转型发展需要和国内创新潜力提出的重大战略，旨在优化创新创业环境，激发蕴藏在人民群众之中的无穷智慧和创造力，让那些有能力、想创新创业的人有施展才华的机会，实现靠创业自立，凭创新出彩。

"大众创业、万众创新"并不是谋求让所有人放下本职工作都去创业，但却又与多数人相关，毕竟创新创业不是少数人的专利；创新创业既要政府支持，又必须让市场在其中发挥基础性作用，如何更好地发挥二者作用，创造一个更良性的创新创业环境，这是搞好"双创"工作的核心。为防止"双创"工作被片面化理解，防止昙花一现，防止行为扭曲，需要进一步明晰"双创"的内涵和战略意义，厘清工作思路，完善政策体系，加快构建"双创"生态系统。

"双创"有丰富的内涵，也有其自身规律性。须端正认识，尊重规律，既要主动作为，又要防止乱作为，关键是处理好政府与市场的关系，明晰二者边界。在调动和保护各方积极性的同时，也须及时纠正实践中一些违背规律的做法。②

（张军扩：国务院发展研究中心副主任）

---

① 钱颖一：中国经济面临一个转折点［DB/OL］. 搜狐财经：http://business. sohu. com/20151203/n429430533. shtml，2015 – 12 – 03.

② 张军扩，张永伟. 让"双创"成为发展新动能［DB/OL］. 中国政府网：http://www. gov. cn/guowuyuan/vom/2016 – 02/25/content_5046035. htm，2016 – 02 – 25.

39　企业家谈"双创"

任正非(华为技术有限公司创始人兼总裁):反对盲目创新　反对为创新而创新

　　我们反对盲目的创新,反对为创新而创新,我们倡导有价值的创新。没有技术创新与管理体系的"傻投入",就不会有真正的产品与市场的竞争力,就只能靠低价和打价格战,没有利润空间,产品品质不好是耻辱,企业没利润可挣也是一种耻辱,从企业活下去的根本来看,企业要有利润,但利润只能从客户那儿来,只能加大对客户价值创造能力的投入,而企业不赢利,对人才、技术和管理就不会有钱去投入。①

张瑞敏(海尔集团董事局主席兼首席执行官):员工创客化,人人都是创业创新者

　　"互联网+制造",这是全世界目前所有传统制造业都在努力去转型的一个议题——像德国提出的"工业4.0",美国随后提出的先进制造业,中国提出的"中国制造2025"。如果制造业不能互联网化,制造业就没有出路。我们自己把"互联网+制造"具体化,叫作互联工厂。而互联工厂不是一个工厂的转型,而是一个生

---

　　① 任正非:我只是个头脑愈发发达 四肢愈发萎缩的人[DB/OL].搜狐网:http://mt.sohu.com/20160104/n433403568.shtml,2016-01-04.

态系统,整个企业全系统全流程都要进行颠覆。①

田源(亚布力中国企业家论坛主席、元明资本创始合伙人):拥抱这个伟大的时代

当你想要创新创业时,你需要问自己,是不是因为你,这个社会有所不同? 要将整个社会的进步作为你持久前进的动力。

创客不再是孤独的创业者,创新创业在这个时代也有了不一样的含义和格局。拥抱这个伟大的时代,让我们一起推动中国"双创"走向一个新的高潮。

陈东升:(泰康人寿董事长):创业已经成为常态、习惯

中国经济处在一个新常态,从工业社会向服务型社会转型,服务业的兴起给我们创业展示了巨大的空间和发展的机会。今天创业已经成为一个常态,创业已经成为一个习惯,创业已经成为大家共同奋斗和共同去追求的一个目标。

---

① 张瑞敏:员工创客化　人人都是创业创新者[DB/OL].搜狐网:http://mt.sohu.com/20150914/n421108854.shtml,2015-08-21.

周鸿祎（360公司创始人）：没有制度创新的"双创"只能是口号

清障搭台、化繁为简、简政放权，都是为"大众创业、万众创新"创造良好制度环境。公司法、证券法也要与时俱进，根据今天技术发展和市场情况，及时修改完善，为互联网创新提供更好的制度支持。①

马蔚华（招商银行原行长）：高成长型创新企业最有力的支持是风险投资

融资问题是令创业者们头疼的突出矛盾，"双创"企业大多是小微企业、成长性企业和科技含量比较高的创新企业，与大企业相比，这些企业更加"分散"，情况也更复杂。从银行的角度来说，对这些企业进行融资支持的风险较大。对这些高成长性的创新企业最有力的支持是各种PE、VC和产业基金等风险投资。②

李东生（TCL集团董事长兼首席执行官）：推进"双创"要有一批具有创业创新精神的人才

中国要让"大众创业、万众创新"这项活动持续发展，得到效果，就要培养一批能具有创业创新精神的人，可以通过教育端的改

---

① 周鸿祎《人民日报》刊文 别捆住"双创"手脚[DB/OL].凤凰网：http://tech.ifeng.com/a/20151113/41506137_0.shtml,2015-11-13.
② 大咖云集两会沙龙 刘永好马蔚华董明珠李东生南存辉胡葆森力挺中国经济[DB/OL].中国经济网：http://www.ce.cn/cysc/newmain/pplm/czrw/xw/201603/07/t20160307_9324926.shtml,2016-03-06.

革来支持"双创"。①

杨元庆（联想集团董事长兼首席执行官）：发挥大企业在"双创"中资源和业务平台作用

要充分发挥大企业在"大众创业、万众创新"中的资源和业务平台的作用。大企业一方面可以通过自主创新，源源不断地产生创新成果；另一方面可以输出与自己的核心业务关系不那么密切的创新成果，让它们离开母体去开花结果。应该让互联网、IT技术和扶贫工作有机结合起来，"构建全国性的社会扶贫信息对接平台，实现精准扶贫"；政协提案应该"平时提案，随交随办"。②

红杉资本中国创始合伙人沈南鹏谈"双创"

创业创新往往推动了很多伟大公司的诞生，每个创客创业的原动力非常重要，其驱动来自于好奇心和使命感。无论是红杉中国，还是携程、如家，都来自于我们最初的梦想和纯真的愿望。今天中国的"双创"环境和氛围，给创业者提供了最好的机会，现在是创业最好的时代，美国硅谷已不再是创业者唯一的天堂！

① 大咖云集两会沙龙 刘永好马蔚华董明珠李东生南存辉胡葆森力挺中国经济［DB/OL］.中国经济网：http://www.ce.cn/cysc/newmain/pplm/czrw/xw/201603/07/t20160307_9324926.shtml，2016－03－06.

② 杨元庆：大企业要成为"双创"资源和业务平台［DB/OL］.光明网：http://it.gmw.cn/2016－03/05/content_19184315.htm，2016－03－05.

胡葆森(建业集团董事局主席):"双创"需专门金融体系和税收优惠政策

左三:建业集团董事局主席　胡葆森
右二:白象集团董事长　姚忠良
右一:海马集团董事长　景柱
左一:辅仁集团董事长　朱文臣

"大众创业、万众创新"需要专门的金融体系和税收优惠政策来支撑。创业者也好、企业家也好,对自我心态的调整和控制能力,是做事情非常重要的一种能力。还有就是方向感的问题,创业者往往在创业之前没有足够的研究和学习。提醒创业者要把握好方向、近期目标、终极目标,一定要在开始之前就做好认真的思考和研究,可以在这个过程中多征求一些意见。①

张磊(高瓴资本创始人兼首席执行官):思维和模式创新更重要

技术创新很重要,思维和模式的创新更加重要,技术和思维需要经营合作。乔布斯就是这个方面的代表,他将别人从未联系到的事情联系到了一起,解决问题、创造价值,

左二:高瓴资本创始人　张磊
右二:神州数码董事局主席　郭为
左三:商丘市委书记　王战营

---

① 两会沙龙　胡葆森:年轻人创业要把控好"方向感"[DB/OL].新浪网:http://hn.house.sina.com.cn/news/2016-03-07/10416112436750574212195.shtml? wt_source=newshp_news_08,2016-03-07.

这是思维创新的力量。①

彭志强(盛景网联集团创始人兼董事长):时代呼唤创新型创业

中国自改革开放以来,已经解决了"创业1.0"的问题,现在应该弘扬创新型创业,如果不能基于创新推动创业,创业失败率可能非常可怕,在"双创"的基本背景之下,如何弘扬创新型创业,应该是我们要特别关注的话题。②

景柱(海马集团董事长):建议制定《创新法》落实创新

"先法治、后创新",制定《创新法》,让中国的经济发展更持续、更绿色、更民生、更协调。制定《创新法》,改变唯GDP的绩效考核体系,探索建立法治化的容错机制,创新发展才能落到实处,中国经济才能健康前行。③

吴晓波(知名企业家、财经作家):"双创"与"互联网 +"互为支撑

如果不骑在新世界的背上,就会被新世界踩在脚下。在前互联网时代,传统的促进创业措施主要依靠政府建孵化园,提供租金优惠和政务服务;而伴随"互联网 +"的兴起,以市场力量和

---

① 张磊:从人到人 创新刚刚开始[DB/OL]. 人民网:http://society. people. com. cn/n1/2016/0118/c1008 - 28061521. html,2016 - 01 - 18.

② 盛景网联董事长彭志强:"双创"应进入2.0 创新型创业[DB/OL]. 腾讯网:http://henan. qq. com/a/20160627/039604. htm,2016 - 06 - 27.

③ 推进创新发展 建设富强河南[DB/OL]. 网易新闻:http://news. 163. com/16/0312/04/BHU9CVGC00014AED. html,2016 - 03 - 12.

互联网平台整合资源,开启了创业创新的新模式。新的时代,"双创"与"互联网+"的对接,构成了一个双向的互惠关系。"互联网+"为"双创"指点方向、提供条件、降低创业边际成本;而"双创"为推进"互联网+"向各个垂直领域的渗透提供了有力的支撑。①

叶檀(知名财经评论家、企业观察家):"双创"为年轻人提供转型创新机会

"双创"给中国经济带来了非常大的影响:首先是就业,传统的行业,很多情况都不太好,需要新的就业通道;其次就是创新,中国经济最需要的就是转型和创新,只有"双创",给这些年轻人提供了这种可能性。

第一,从投资角度来看,虽然出现资本寒冬,但并不意味着优秀公司的批量死去,而是会有更多的优质公司因为一些劣质公司的死去而显得更加突出,所以这个时候,真正优秀的投资机构反而会加大投资力度;第二,从创业角度来看,寒潮无法阻挡"双创"的大趋势,会有更多优秀创业者不断涌现,会成长出一批优秀的企业。②

朱民(国际货币基金组织副总裁):创新最终要转化为劳动生产率提高

中国政府鼓励创新的着力点在于把规模创新引导成为产业的集合产出和整体工业、行业的劳动生产率的提高,而这也将从根本

---

① 创业和创新都在互联网+ 这是中国经济的光荣与梦想[DB/OL].新华网:http://news.xinhuanet.com/tech/2015-12/28/c_128572518.htm,2015-12-28.
② "双创"的下一个风口[DB/OL].网易财经:http://money.163.com/16/0209/22/BFDQ3RQR00252G50.html,2016-02-09.

上改变中国经济增长结构。[1]

才让(中国钢研科技集团董事长):用股权分红激励创新创业

创新创业孕育着和传统文化不一样的地方,比如包容失败、挑战自我、放活体制机制,调动科技人员的积极性。[2]

赵晨(美国跨国创业公司中国区负责人):国内孵化器创业企业应开放国际视野

就创业项目而言,国内孵化器里的创业企业眼光还仅局限于国内市场,产品进入国际市场的能力相对较弱;从创业形式来讲,美国创业企业更多从技术、创业意识形态上做创新,国内更多是从应用入手。[3]

40　网友评价"双创"

大众创业中的谨慎与乐观

大众创业的初衷在于尽可能大地发挥整个社会的人力、物力、财力,动员、整合整个社会所有的能量参与到创新过程中,以此来促进社会经济变革,维护社会稳定。具体来说大众创业是具体到每一个人的创业。反过来讲这个政策执行下去如果收不到良好的效果,则会是对社会资源的浪费,也就是大众创业过程中可能出现

---

① IMF 副总裁朱民:我坚决不做"万金油"经济学家[DB/OL].新华网:http://news. xinhuanet. com/fortune/2016 – 03/29/c_128844011. htm,2015 – 10 – 29.

② 才让谈央企"双创" 用股权分红激励创新业[DB/OL].新华网:http://news. xinhuanet. com/politics/2016lh/2016 – 03/10/c_1118295516. htm,2016 – 03 – 10.

③ 实战:关于众创空间运营的十二金句[DB/OL].搜狐焦点网:http://www. focus. cn/news/chanye – 2015 – 04 – 10/6176668. html,2015 – 04 – 10.

风险,而这个风险带来的后果绝不是闹着玩的。

众创工作虽然是个人在创业,但是政府的引导十分重要。众创工作需要诚信作为整个过程中必须坚持的底线,为众创工作提供诸如基础设施、税收等政策的倾斜。实事求是,具体问题具体分析,抓住矛盾的主要方面,注意事物之间的联系,才能尽可能地让众创工作开花结果,减少损失和矛盾,真正让众创工作成为一项惠民政策。①

发力"互联网 + " 持续推进大众创业、万众创新

我国正在形成新一波创新创业浪潮,不断汇聚成为经济发展新动能,为稳增长、调结构、促就业发挥了重要作用。下一阶段,要把"互联网 + "和"大众创业、万众创新"更好结合起来,加强宽带网络建设,完善相关法规和监管体制,为创

业者进一步打开大门、降低门槛、搭建平台,打造经济发展新引擎。一、中国正迎来以"互联网 + "带动的创新创业浪潮。二、"互联网 + "正汇聚起经济社会发展新动能"互联网 + 创业创新"的蓬勃发展,在扩大消费、促进新经济发展、增加就业等方面发挥了重要作用。三、把"互联网 + "作为推进"大众创业、万众创新"的重要抓手,以移动互联网、云计算、大数据等为代表的新一代信息技术的迅猛发展和普及应用,正在深刻改变现有服务和生产格局,互联网已成为我们生产生活必不可少的组成部分,发挥着越来

① 大众创业中的谨慎与乐观[DB/OL]. 人民网强国论坛:http://bbs1. people. com. cn/post/1/1/1/158511720. html,2016 – 09 – 12.

越大的作用。①

大众创业、万众创新是改革开放中的"挑战与机遇"

人类业已进入又一次"创新活动",这就是世界发展的"大趋势""大潮流"。中国政府在自己国家的变革中觉察到了这个趋势和潮流,因此顺势而提出了"大众创业、万众创新"。这正是为这次"创新活动"的"画龙点睛"之笔。在改革与开放中,人们常常说到的"挑战与机遇",而所谓的"机遇",正是这次人类的"创新活动",无论是谁,顺之则昌,逆之则亡。②

大众创业、万众创新是实实在在的

"大众创业、万众创新",说明是全方位的,这个"业"应该是指个人的事业,而不特指商业,想出别人没想到的点子,带来收益帮到他人就是创新,创业的第一步就是养活自己,所以"大众创业、万众创新"是很实在的。③

大众创业、万众创新时代,企业家要认清楚自己的责任

在全面建成小康社会的决胜期,在大众创业、万众创新的机遇期,我们的企业家们是不是应该认真思考一下:我们的责任是什么,应该有怎样的担当、怎样的作为?④

---

① 发力"互联网+"持续推进大众创业、万众创新[DB/OL].人民网强国论坛:http://bbs1. people. com. cn/post/1/1/1/155236254. html,2016-04-01.

② 人类业已进入又一次创新活动[DB/OL].人民网强国论坛:http://bbs1. people. com. cn/post/1/1/1/154084930. html,2016-02-06.

③ 网友darklight[DB/OL].人民网强国论坛:http://bbs1. people. com. cn/post/1/1/1/153330817. html,2015-12-24

④ 网友6gll[DB/OL].人民网强国论坛:http://bbs1. people. com. cn/post/1/1/1/153236489. html,2015-12-19.

用互联网促进大众创业、万众创新的落实

互联网让世界各国的资源得以共享,在互联网的时代,让互联网渗透到各行各业,不仅能让人们享受到科技发展成果,而且能促进"大众创业、万众创新"局面的形成。对于推动社会发展起到了很好的作用。希望我们的互联网空间能够得到更好的治理,让网络时代成为一个便捷、高效、创新、共赢的时代。①

大众创业、万众创新要全民参与

"大众创业、万众创新"要全民参与,特别是要调动体制内人员的积极性,根据我们了解的情况,一些事业单位的工作人员很想到外面去闯一下,但政策又不允许,所以一定要制定政策,允许事业单位的人员保留公职,不发工资,到外面去创业,这样就能解决人浮如事的问题,也能减少国家财政负担,让事业单位在外创业的自食其力的人员没有后顾之忧。②

大众创业关键看创业环境

大众创业,一呼即应,因为无业者盼有业,有业者盼扩业。能否创业,关键是有没有适当的创业环境、条件、道路。而这个问题

---

① 网友环江香猪.互联网让世界各国的资源得以共享[DB/OL].人民网强国论坛:http://bbs1.people.com.cn/post/1/1/1/153209939.html,2015-12-18.

② 大众创业、万众创新要全民参与[DB/OL].人民网强国论坛:http://bbs1.people.com.cn/post/1/1/1/153087985.html,2015-12-11.

又取决于顶层设计。所以这个号召的落实在于自身。①

大众创业关键要公平

"大众创业、万众创新"既是小微企业的生存之路,又是大企业的繁荣兴盛之道,关键要有公平、优胜劣汰的市场竞争的环境!②

大众创业、万众创新有很广阔的前景

在全面深化改革的征途上,推进"大众创业、万众创新",是中国发展的动力之源,也是富民之道、公平之计、强国之策,广阔前景值得期待。③

更多人参与创业,推动大众创业、万众创新生动局面

互联网、创客、极客等词语让我们耳目一新。站在政策的"台风口",乘着"发现'双创'之星"之东风,有志于创新、创业的创客们,请讲好自己的"互联网""双创"好故事,让更多人的创业梦想飞扬,推动"大众创业、万众创新"的生动局面!④

大众创业、万众创新能够很好地解决就业问题

邓小平说,"中国要发展,离不开科学","引进技术改造企业,

---

①　网友关东大汉关中游. 大众创业 关键看创业环境[DB/OL]. 人民网强国论坛:http://bbs1. people. com. cn/post/1/1/1/152515863. html,2015 – 11 –07.

②　关键要有公平、优胜劣汰的市场竞争的环境[DB/OL]. 人民网强国论坛:http://bbs1. people. com. cn/post/1/1/1/151896743. html,2015 – 09 –25.

③　网友代言 ren. 解读李克强总理大众创业、万众创新:少不了一个"众"字[DB/OL]. 人民网强国论坛:http://bbs1. people. com. cn/post/1/1/1/150615587. html,2015 – 08 – 12.

④　网友飘雪 125 [DB/OL]. 人民网强国论坛: http://bbs1. people. com. cn/post/1/1/1/149572955. html,2015 – 07 – 02.

第一要学会,第二要提高创新",实现现代化"关键是科学技术"。提出万众创新,就是为了发展生产力,早日实现现代化。

从道理上说,凡有劳动能力的人都应能找到一份工作,但实际上,没有一个社会能够实现充分就业,总会有一定数量的失业人口存在。提出大众创业,就可以很好地解决就业问题,特别是大学生的就业问题,促进生产力发展。①

激发活力,鼓励创造,国家才有希望

简政放权,为社会松绑,为民众脱铐,让思想解放,为企业减负,为创业助力,为创新护航。激发社会活力,鼓励民间创造热情,这才是有希望的民族,有希望的国家。②

务实是创新和创业的基础

10年以前,再高明的预言者也难以料到,那些风尘仆仆的快递小哥,会在日后成为中国人生活里最不可或缺的人群之一。这个变化告诉我们:只要有适当的土壤,创新和创业可以爆发出无穷的力量!③

大众创业创新要突出抓好一个"众"字

政府鼓励倡导"大众创业、万众创新"应抓好一个"众"字。"众人拾柴火焰高,众人划桨才能开大船。""一花独放不是春,百花齐放春满园。"只有大众参与创新创业,市场经济才能活跃,经

---

① 网友扑鹿沙鸥 140239[DB/OL]. 人民网强国论坛:http://bbs1. people. com. cn/post/1/1/1/149097129. html,2015 – 07 – 02.

② 迅速兴起大众创业、万众创新热潮[DB/OL]. 人民网强国论坛:http://bbs1. people. com. cn/post/1/1/1/145649428. html,2015 – 03 – 04.

③ 董宏达. 大众创业、万众创新心动不如行动[DB/OL]. 人民网:http://opinion. people. com. cn/n/2015/0312/c1003 – 26683063. html,2015 – 03 – 12.

济增长才有更多的突破口,就业才会增加,民生才有保障。突出"众"字,让大众在创新创业的道路上,探索奥妙,发现希望,创造价值,实现理想。国家富强离不开人民富裕。大众创新创业是富民之道,也是强国之策。我们充满期待。①

大众创业、万众创新可以激发市场的活力

"大众创业、万众创新"可以激发市场的活力新一极,关键在如何有效引导。有实力的可以创建产业平台及综合"互联网 + "这个概念并辅以大数据将市场有效串联起来。线上线下是可以有效融合的,并相互通联。应以立体化的思维理解未来多维性的市场空间和所触发的需求。②

大众创业、万众创新将会健全体制机制

今日之中国,正处于全面建成小康社会、全面深化改革、全面推进依法治国、全面从严治党战略布局而构筑的新时代,这注定又是一段激情燃烧的岁月。"大众创业、万众创新"之蓬勃朝气将一扫体制机制障碍、固有利益藩篱以及虎蝇贪腐之患所导致的阵阵雾霾,为经济社会发展注入更多昂扬向上的正能量。让我们为创业创新者呐喊鼓呼,真诚地尊重每一份奋斗的价值、每一个创造的

① 大众创业、万众创新应落实好一个"众"字[DB/OL].文章吧:http://www.wenzhangba.com/yuanchuangwenzhang/201508/wanzhong－chuangye－75185.html,2015－08－18.

② 大众创业、万众创新有何不同[DB/OL].天涯论坛:http://bbs.tianya.cn/post－worldlook－1611241－1.shtml,2016－01－05.

梦想,共同建设更加繁荣美好的中国!①

大众创业、万众创新的意义不止于稳经济

自从《政府工作报告》正式提出,要将"大众创业、万众创新"打造成经济发展的新引擎,各地创新创业之火迅速呈现燎原之势。在经济下行压力持续加大的情况下,鼓励创新创业已成为稳增长、保就业、促转型的重要抓手,被认为是中央推进经济工作的"一招妙棋"。

"大众创业、万众创新"对经济发展的促进作用正被实践证明,这里不必赘言。需要指出的是,"双创"战略看似是个纯经济政策,其影响和意义却绝不止于经济领域。各地政府不应仅将其视作稳增长的短期政策工具,更要用长远的眼光,重视其在转变政府职能、提升社会治理、保障社会公平等方面的溢出效应。

例如,鼓励创新创业将倒逼一些地方政府转变发展观念。鼓励"大众创业、万众创新",则是要让群众唱主角,把大众请到经济发展的中心舞台。推进"大众创业、万众创新",还将有助于加快不同群体和阶层间的流动融合,形成更加良性和谐的社会互动。从这些意义上说,我们重视"大众创业、万众创新"稳经济作用的同时,还要密切跟踪其可能产生的其他积极效果。因此,我们为越来越多的大学生愿意赴基层实现梦想而喝彩,为大量城市"白领""金领"有勇气从头创业而叫好,为已经取得成功却再起航的二次创业者而鼓掌,更期待着政府部门能够与创新创业者良性互动,使我们的经济社会发展充满动力与活力。②

① 迅速兴起大众创业、万众创新热潮[DB/OL].天涯论坛:http://bbs.tianya.cn/post－free－4979162－1.shtml,2015－03－03.

② 大众创业、万众创新的意义不止于稳经济[DB/OL].天涯论坛:http://bbs.tianya.cn/post－free－5226682－1.shtml,2015－08－24.

大众创业、万众创新政策关键还是得看落实

鼓励创新和创业的政策本身没有问题,但我们偏偏是一个贫富差距比较大、地区发展不均衡的国家,贫穷的人大多疲于找生活,富裕的人大多乐于用钱生钱,普通老百姓在不断增大的房贷压力、子女教育压力和长辈医疗压力下,前进的阻力越来越大。因此个人认为该政策达到理想效果比较有挑战。

例如京津冀一体化也是个好政策,但目前能迁出的都是降低百姓生活成本的功能,该政策对扩大区域不平衡的影响反而比疏解北京大城市病的作用要大,好政策需要执行好才能造福大众。

回头再来看"双创",也许国家货币政策、税收政策、社会资本对"双创"本身有支撑,但政府一边说老百姓房贷比例不够高一边降准,最终将政策红利再次集中到了房地产。总之,好政策不易,好执行更难。①

创业创新不能盲目,适合自己才最重要

"大众创业、万众创新",虽然出发点是为了鼓励人们去创新创业,想发扬改革初温州人敢闯敢拼的精神,然而,今时不同往日,很多行业发展基本都已饱和,竞争很激烈,况且如今经济形势如此不景气,再去热血盲目地创新创业,成功的可能性更小了。

创业者应该是那种在某个行业里积淀了一段时间,有自己独特的优势,拥有资源的人,想要更近一步,做出更大的成绩的人。那些仅凭着一腔豪情和成功学的鸡血语录,就去盲目辞职创业,非要等到碰到头破血流后才会认识到创业并不适合自己。②

---

① 网友琼楼玉宇[DB/OL]. 知乎:http://www. zhihu. com/question/29035847,2015 – 10 – 15.
② 网友行远[DB/OL]. 知乎 ttps://www. zhihu. com/question/28743470/answer/103189907,2015 – 03 – 12.

创业和创新是相互支撑、相互促动的关系

"大众创业、万众创新"的目的是推动经济良性良好发展。李克强总理说:"打造大众创业、万众创新和增加公共产品、公共服务'双引擎',推动发展调速不减势、量增质更优,实现中国经济提质增效升级。"一方面,只有通过"万众创新",才能创造出更多的新技术、新产品和新市场,也就才能提高经发展的质量和效益;另一方面,只有通过"大众创业",才能增加更多的市场主体,才能增加市场的动力、活力和竞争力,从而成为经济发展的内在原动力引擎。

"大众创业"与"万众创新"是相互支撑和相互促动的关系。一方面,只有"大众"勇敢地创业才能激发、带动和促动"万众"关注创新、思考创新和实践创新,也只有"大众"创业的市场主体才能创造更多的创新欲求、创新投入和创新探索;另一方面,只有在"万众"创新的基础上才可能有"大众"愿意创业、能够创业、创得成业,从某种意义上讲,只有包含"创新"的创业才算真正的"创业",或者说这种创业才有潜力和希望。①

大众创业、万众创新的深层次含义

经济的不景气带来了大众失业的高峰,不仅是在中国有市场经济饱和现象,在全球都有这种现象。从国际上看,一方面国际经济情况不容乐观,世界经济发展放缓,国际经济形势不稳定,国际市场需求减弱,传统产品国际竞争压力进一步增大,因此,必须增加国内市场需求来促进经济稳定发展,由今年李克强在"两会"提

---

① 网友啊哦.如何理解大众创业、万众创新[DB/OL].知乎:https://www.zhihu.com/question/28743470/answer/52536009,2015－03－12.

出"大众创业、万众创新"时,同时还提出"互联网＋"的战略。

中国改革开放里面首次由邓小平提出"下海"做生意,到市场经济证券,再到城市化改革房地产再转到现在的信息化互联网,现在再次提出"互联网＋"的战略。每一次的改革都会有代表性的人物诞生,我相信这一次并不是说鼓励一些缺少经验的大学生或者是一些平均水平不高的群体来创业,一定有一批具有高瞻远瞩的人把握好这个风口,改变现有的生产规律、管理模式和服务质量来使中国经济腾飞。[①]

大众创业、万众创新的改革将为中国在全球资本竞赛中打下基础

如果说第一次生产力的释放带来了万元户、乡镇企业,第二次生产力的释放带来了十几年的中国经济奇迹,那么第三次生产力的释放,将使得中国出现一批世界性的企业、一批世界性的财富巨人、一个世界性的资本市场与资金大平台,更重要的是,使得中国在这场资本全球化的大竞赛中最终胜出,打下最基本也是最坚实的基础。

这是一场经济、文化、军事等方面的综合竞赛,但经济起着决定性的作用。面对世界形势的变化,中国的发展需要这场国家主导全员参与的社会总体升级,这也是大国崛起需要积蓄的力量,这股力量主要是积蓄给青年人,这波财富积蓄给成功的青年人,待这批拥有能力与财富的青年人成长起来时就离中华民族的伟大复兴不远了。[②]

---

① 网友 Zhanglihua. 如何理解大众创业、万众创新［DB/OL］. 知乎:http://www.zhihu.com/question/28743470/answer/73039073,2015－11－19.

② 网友满江红 2016. 如何理解大众创业、万众创新［DB/OL］. 知乎:http://www.zhihu.com/question/28743470/answer/73039073,2015－11－19.

创业创新的过程才是最重要

　　创业是一件成功率极低的事情,因此鼓励创业对于国家来讲很重要。首先,创业企业在这个社会上不停地进行各项商业活动,客观上讲,促进了经济的流通;其次,当前就业形势不景气,创业企业能提供很多就业岗位;再次,创业企业的氛围使得一旦企业失败,大家会再去投身下一家,而不是陷入无休止的扯皮当中;其四,我国正处于产业转型的关键时期,一些路子不适合成熟的大型企业去尝试,创业企业弥补了这一缺失,是经济转型时期必不可少的一个重要环节;最后,能存活到最后的创业企业会成为新的行业支柱,为我国未来的经济发展提供了有力的保障。

　　因此创业企业对于国家来讲,最主要的意义在于这个过程能推动经济的发展,维护社会的稳定,引导新的文化氛围,如果只瞄准结果的话,则实在是得不偿失。①

---

① 网友 Maple. 为什么提出大众创业、万众创新[DB/OL]. 知乎:http://www.zhihu.com/question/38297701/answer/98459795,2016－05－02.

附　录

一　国内外主要"双创"城市及众创空间

全国十大"双创"城市

北京

北京市作为传统底蕴丰厚的政治文化经济中心,目前80%的技术流向全国330多个城市,已实现对全国所有地级以上城市的全覆盖,创新源头辐射效应凸显,2015年全市技术合同突破7万项,成交额3452.6亿元,"十二五"期间占全国技术市场成交额的近40%。北京创业环境吸引了全国80%的天使投资人,投资管理机构超过1000家,2015年发生创业投资案例2413起,约占全国三分之一。[1]

上海

上海是一座国家历史文化名城,是中国重要的经济、交通、科技、工业、金融、会展和航运中心,是世界上规模和面积最大的都会区之一。[2] 作为2015全球创业周中国站的活动之一,在"双创"政策驱动下,上海市政府已陆续出台多项政策多方位支持和鼓励优质创业项目,未来将不断改善和优化上海的创业环境,帮助创业者

---

① 北京创业环境吸引全国80%的天使投资人[DB/OL].人民网:http://bj.people.com.cn/n2/2016/0714/c82839 - 28668507.html,2016 - 07 - 14.

② 上海市[DB/OL].360百科:http://baike.so.com/doc/24057350 - 24640606.html,2016.

更好地创业。①

杭州

已有 2000 多年历史，素有"天堂"美誉的杭州，也是近年来新崛起的经济城市之一。"大众创业、万众创新"政策提出以来，杭州市政府推出系列创业优惠政策，改善创业环境。其中作为 BAT 三皇之一，阿里巴巴凭借一己之力，把杭州这座城市拉到了中国创业四极之一的地位。迄今为止，百度、腾讯已经都在杭州设立了分支机构，再加上早就被吸引来的网易等泛互联网公司，皆是明证。②

深圳

深圳是改革开放先锋城市，国家赋予的历史使命以及历届市委市政府班子和民众的现实努力，决定了它的创新禀赋和耀眼成绩，并通过创新不断固化改革开放成果。③

深圳是全球创客之城，实施创新驱动战略，创造出众创、众包、众扶、众筹等"四众"新模式，汇聚新动能发展新经济。近几年，风靡全球的创客运动充分展示了"大众创业、万众创新"的活力，拥有丰厚产业链基础的深圳，一跃成为全球创客创新创业的"香饽饽"，加之对外来文化的开放包容、得天独厚的创投环境、强大的创新基因、政府的创业政策支持等优势，吸引了大批全球创客聚集于此，形成了浓厚的创新创业氛围，涌现出柴火创客空间、大疆创

① "双创"政策支持改善上海创业环境［DB/OL］.人民网：http://sh. people. cn/n/2015/1123/c134768－27161930. html，2015－11－23.

② 中国 O2O 城市实力排行榜，杭州排第二［DB/OL］.亿欧网：http://www. iyiou. com/p/22259，2015－11－13.

③ 深圳发布首份"双创"研究报告 为"双创"发展提供理论探索［DB/OL］.搜狐网：http://mt. sohu. com/20161011/n469946232. shtml，2016－10－11.

新、光峰光电、一电科技、优必选科技、深圳开放创新实验室、海峡两岸青年创业基地等享誉国内外的创新、创业机构,"双创"成果和实力领跑全国。①

广州

在推动"双创"基地发展方面,广州市有四大特色。第一,强化龙头企业的带动,广州科学城位于广州经济技术开发区,依托现有产业集聚的基础,也包括人才集聚、企业集聚、资源集聚的基础,特别是有一些龙头企业带动推动,通过龙头企业的带动、配套推动和链接互动来推动"双创"示范基地的建设。

第二,强化孵化体系的支撑。广州示范基地有 40 家孵化器,80% 是民营企业、社会资本建设和运营的。成为全国的示范基地以后,广州确定了一个目标,三年内要在示范基地建造 380 家以上的孵化器,实现在孵企业 3000 家以上。示范基地很重要的就是实施大孵化器战略。

第三,强化知识产权的保障。这是创新创业的一个重要工作。广州有非常好的条件和基础,现在国务院批准在这里开展国家知识产权运用和保护的综合改革试验,国家知识产权局在这个示范基地设立专利审查协作广东中心,把专利审查中心设立在示范基地里面。

第四,强化协同创新。着力优化创新创业环境,不断提升创新创业的含金量。积极搭建国际合作平台,比如说中新广州知识城、中欧合作政策试点区、中以生物产业基地、中英生物科技桥,这几个是落在示范基地的,在国际合作区域和国际合作机制方面的推

① 专利密度全国第一　硬件硅谷创客点赞　深圳"双创"缘何领跑全国[DB/OL]. 中国政府网:http://www.gov.cn/xinwen/2016-09/07/content_5105946.htm,2016-09-07.

动也支撑全国"双创"示范基地的建设。①

成都

生活与工作的平衡实现、浓厚的创新基因、良好的创业生态……在新一线城市的创新创业竞争中，成都已成为引领者，其创新创业的步伐正越来越快。2016 中国成都全球创新创业交易会落幕不久，其交易额突破 160 亿元，预计现场成交项目数量和金额比去年增长一倍以上。全球创新创业要素，正进一步聚合在成都，激发成都创新创业新动能。②

相较于北上广深，成都的创业成本较低，创业环境活跃，而成都高新区对创业者也给予了很大力度的支持，提供了包括启动资金和房租补贴等物质上的帮助，同时还有细致的创新创业指导以及贴心的专业化人才服务，这对于创业初期的企业来说，是极大的支持和帮助。③

苏州

大众创业、万众创新政策提出以来，苏州市紧跟国务院的号召，积极实施"双创"计划，以纳米技术、生物医药、医疗器械、机器人、新能源汽车、智能装备为代表的高端新兴产业蓬勃发展，高技能人才、创新创业精英纷至沓来。截至 2015 年年底，全市有效发明专利量达到 25115 件，名列全国大中城市第五位，发明专利授权量同比增长 84.7%；国家"千人计划"专家增至 187 人，其中创业

① 广州"四大特色"推动"双创"　注重依托行业龙头带动[DB/OL].网易财经：http://money.163.com/16/0825/12/BVAJON8M002580S6.html,2016-08-25.

② 成都"双创"盛宴：打造城市驱动发展转型新引擎[DB/OL].新浪财经：http://finance.sina.com.cn/roll/2016-07-02/doc-ifxtsatm1232660.shtml,2016-07-02.

③ 成都"双创"迈入 2.0 时代[DB/OL].网易新闻：http://news.163.com/16/0621/04/BQ2DP1EN00014AED.html,2016-06-21.

类专家数在全国大中城市名列第一。①

重庆

"互联网＋"时代,重庆的创业创新热情持续高涨。重庆市以深化创新创业教育改革作为推动高等教育综合改革的突破口,找准方向、精准施策,不断汇聚新动能,除了整合资本、资源,带动产业升级和企业转型,重庆还将继续定期开展项目路演活动,投融资对接活动,将全国的投资机构引进重庆,让重庆创业者受益,为创业融资牵线搭桥,为创业者服务,让重庆和全国的好项目不缺资金,更快发展!②

厦门

厦门是中国最早成立孵化创新平台的城市之一,厦门火炬高新区所辖的厦门高新技术创业中心在 1996 年就已成立。截至目前,仅厦门火炬高新区就已拥有在孵企业 745 家,就业人数 9000 多人,汇聚 20 多家众创空间,已引进和搭建包括国家 LED 应用产品质量监督检验中心、中国建材检验认证集团、厦门市科学仪器设备资源共享平台等在内的 10 个公共技术检测和服务平台,成功培育出 3 家上市公司、10 家"新三板"挂牌公司和清源科技、4399 网络等 22 家年产值超亿元企业和 120 家规模以上企业。③

---

① 苏州 8 家众创空间晋级"国字号" 人才超过 10 万人[DB/OL]. 腾讯网:http://js. qq. com/a/20151122/017627. htm,2015 – 11 – 22.

② 奏响"双创"时代"重庆好声音"[DB/OL]. 重庆日报网:http://www. cqrb. cn/content/2016 – 05/16/content_66456. htm,2016 – 05 – 16.

③ 厦门"双创"环境佳 成台湾创业青年登陆热土[DB/OL]. 腾讯网:http://fj. qq. com/a/20151111/051069. htm,2015 – 11 – 11.

郑州

古老的中原郑州,一直是创业创新的沃土,中国四大发明均在这里孕育而生,商人、商品、商业也都起源于这片充满生机与活力的大地。当今之河南,正处于蓄势崛起、跨越发展的关键时期,比任何时候都更需要创新创业,比任何时候都更需要汇众智、聚众力。我们正在大力实施创新驱动发展战略,积极开展"创新创业引领中原"活动,加快发展众创、众包、众扶、众筹,为创业创新搭建舞台、创造机遇。

得益于河南省委省政府历届领导带领全省干部群众坚持创新发展理念,河南不断创新:河南产业集聚区创新,航空港经济综合实验区创新,跨境贸易创新,得到习近平总书记的肯定,买全球、卖全球;米字形高铁创新,郑州机场、高铁、地铁、城铁、高速路零换乘创新,上合组织会议圆满成功举办的创新,提出建设郑州"国际商都"的创新。

全国十大众创空间

北京"三验"应用创新园区

城市管理"三验"应用创新园区(AIP)是国内首个应用创新园区实践,也是我国对开放众创空间建设的较早探索。早在2006年,北京就启动了"三验"应用创新园区(AIP)的探索,探索通过体验、试验、检验"三验"在城市管理领域打造覆盖整个城市的开放众创空间。应用创新园区(AIP)被北京市科委和北京市市政管委于2008年5月联合授牌,并与LivingLab、FabLab一起被称为三大典型的创新2.0模式。

北京创客空间

北京创客空间的前身是 FlamingoEDA 开放空间，成立于 2011 年 1 月。当时的空间位于北京宣武门附近的一个小屋内，只有 20 平方米左右。空间每周举办工作坊，通过豆瓣等社交网站发出活动邀请。3D 打印机、多点触摸桌这些在外人眼里看着特别"神秘"的新新技术产品，都能被这些 DIY 爱好者拆解并制作出样品。此后，北京创客空间在开源精神的指导下，对试图建立一个开源生态系统进行尝试，让空间兼备了社区与孵化的双重功能。他们想让更多的人加入到更多的项目中去，并且使得部分项目成果产品化，从而让科技真正改变人们的生活。

深圳柴火创客空间

柴火创客空间寓意"众人拾柴火焰高"，为创新制作者（Maker）提供自由开放的协作环境，鼓励跨界的交流，促进创意的实现以至产品化。空间提供基本的原型开发设备、电子开发设备、机械加工设备等，并组织创客聚会和各种级别的工作坊。柴火创客空间现在拥有开源硬件、Linux 及嵌入式开发、物联网、绿色能源、城市农场等多个主题，并在不断增加中，成立 4 年已经吸引 1 万多人参加活动。2015 年初，李克强总理的到访使这里人气大增。总理表示，愿意成为柴火创客的荣誉会员，"为你们添把柴"！

上海新车间

上海的新车间成立于 2010 年 10 月，是向硬件高手、电子艺术家、设计师、DIY 爱好者和所有喜欢自己动手捣鼓各种东西的人提供的一个开放式社区，当然同样具有实验空间和基础设备。在这里，大家不仅可以和兴趣相投的人一起拆装各种电子和物理产品，而且还可以共同实施一些好的设计和想法。新车间将工作空间提供给人们来实施自己脑海中的项目，举办包括电子、嵌入式系统、编程和机器人等不同主题的研讨会和培训班。此外，新车间也还将成为一个融资和管理平台，来支持人们实施自己的作品和项目。

杭州洋葱胶囊

洋葱胶囊（Onion Capsule）成立于 2011 年 11 月，是国内首个由艺术院校建立的创客空间，由几位来自中国美术学院跨媒体艺术学院的学生创建。洋葱胶囊在保留它的开放性、创造性以及友好交流环境的同时，还希望将创客空间逐渐发展成一个作品的发布平台（但不是产品）。工作坊的成熟作品，会定期放到洋葱胶囊的网站上。这样的发布方式，需要参与者用创作艺术品的态度去工作，而不同于以往的项目跟踪式发布方式。

北京洪泰创新空间

洪泰创新空间让你可以足不出户便可享受休闲时光，你可以喝着咖啡与其他创业者交流，让激烈的思想碰撞带给你创业新思路。主要为创业者提供办公空间和服务。与其他联合办公空间不同的是，创新空间以创业者为核心。

北京优客工场

由知名地产人士毛大庆先生发起，红杉资本、真格基金、创新工场、亿润投资、清创科控、诺亚财富等多个投资机构共同投资。优客工场将自己定义为"创业加速器""创业助推器"，致力于打造全要素、社区化的联合办公空间，为所有入驻企业提供创业指导委员会、"法务三人行"、投融资直通车等服务。

杭州贝壳社

贝壳社是一个以线上为主的 O2O 医疗健康行业创业社区,它聚集了医疗工作者、创业者、投资者、行业领导者和创业导师等高端人脉资源,通过微信公众号、官方门户和微信群等互联网手段,实现医健行业资源和人脉对接。贝壳社的目标是成为中国医疗健康产业的 YC(硅谷最成功的初创企业孵化器——YCombinator),将最新医学发现、医疗手段和移动互联、健康和数据采集以及健康知识宝库建立合为一体。

北京 3W 空间

3W 从一杯咖啡开始,演变出了包括空间、基金、传媒、鹰学院在内的完整生态体系,可以为创业团队提供全方位的技术支持、资源对接、培训辅导等服务。除了这些深层次服务外,入驻 3W 空间的创业公司的很多基础需求也将得到快速响应:比如印名片、打印、发邮件,可以有专人用最快的时间高质量地服务。因为所有的创业公司最稀缺的是时间和人力,我们的服务有助于他们集中精力创业创新。

郑州 UFO 众创空间

UFO 众创空间是由优埃富欧科技(北京)有限公司打造,天明"双创"战略投资的"双创"平台,是在国家深入实施创新驱动发展战略和适应经济发展新常态的大背景下组建的专注于全方位助推创新创业产业的孵化平台,其定位为全周期产业孵化平台,致力于通过"苗圃 + 孵化器 + 加速器"的运营模式,为创业者提供组合投资支持、全程创业辅导、关键合作对接、日常运营支持、多元办公空间、可选增值服务等多元化的服务支持,为具有创新力、成长力、有思想的新锐创业者,打造会员协作式创业社区,保姆式社交联合办公室,帮助新锐创业者从一个"不明飞行物"(UFO)成长为一颗耀眼的商业新星。

(本部分内容多数摘自360百科①)

全球十大"双创"城市

美国硅谷

硅谷拥有全球最好的创业环境。这里有完善的配套体系和无限的融资可能。最大的挑战是如何赶超这一地区众多星光熠熠的创业者,比如史蒂夫·乔布斯。

以色列特拉维夫

特拉维夫是全世界科技创业企业密度最高的地区。相比硅谷,特拉维夫的初创企业更倚重广告收入,往往也更专注于科技推动的小型市场,不瞄准大市场赢家。

美国加州洛杉矶

洛杉矶的初创公司一度处在好莱坞和娱乐产业巨大的阴影之下,起步比较困难,如今这种情况已经改观。洛杉矶在 Startup Genome 的榜单中排名"创业人才"第三,洛杉矶在美国西海岸的高知名度的确没有害处。

美国华盛顿州西雅图

多年来微软(Microsoft)曾一直被视为是西雅图皇冠上的明

---

① 众创空间[DB/OL].360百科:http://baike.so.com/doc/8375836-8692915.html,2016.

珠。西雅图强大的科技背景以及地理位置上与硅谷的接近性使得这里成为建立人脉和建立根基的好地方。

美国纽约

作为美国东海岸头号创业孕育地,近些年纽约出现了很多在全美获得认可的成功企业。有兴趣涉足商业的创业者们可能会发现纽约比硅谷更能产生成果,而且,很多女性科技创业者也在纽约如鱼得水,纽约初创企业家中女性占到了五分之一。

美国马萨诸塞州波士顿

波士顿有充沛的初创资金。这个地区在 Startup Genome 的研究中排名融资第一。波士顿地区的创业者当然也受过良好的教育,创业者中拥有博士学位的比例是硅谷的三倍多。

英国伦敦

伦敦堪称欧洲最佳创业地,也是美国初创企业走向海外最可能选的第一站。伦敦的初创企业数量明显少于硅谷(具体说是少63%),但这两个地区都拥有类似的配套支持体系。

加拿大多伦多

多伦多必须与邻近的纽约和波士顿等这些对初创企业具有很强吸引力的城市进行竞争,但这个加拿大城市还是站稳了脚跟。当地的初创企业数量比硅谷要少85%。多伦多的创业环境在加拿大首屈一指,但它也存在融资资金不足的问题,很多创业者只能自筹资金。

加拿大温哥华

温哥华在 Startup Genome 的每项分类排名中几乎都处于中下游,但是"人才"这一项是个例外。它是加拿大第二大创业地,它的整体创业素质排名第四,可以弥补其他方面的不足。

美国伊利诺伊州芝加哥

说起芝加哥的创业企业,人们最耳熟能详的或许就是团购网站 Groupon 了。如今,这个风城已悄然成为美国中西部地区的头号创业重镇。芝加哥创业者的平均年龄超过 37 岁,是 Startup Genome 的创业地名单中平均年龄最大的一个。

(本节内容主要摘自网易财经相关内容①)

世界十大创客空间

Ycombinator

2005 年创建于美国,创始人 Paul Graham 本身就是大神级的互联网创始人,凭借创始人个人魅力,以及孵化出的存储服务公司 Dropbox、开创共享经济模式的房屋短租界巨头 Airbnb,吸引了大量的关注度。6 年间,YC 孵化了 300 家创业公司。②

混沌电脑俱乐部

1981 年在德国柏林诞生,全球第一家真正意义上的创客空间。

---

① 全球 20 大创业胜地:中国无城市入选［DB/OL］. 网易财经:http://money. 163. com/12/1130/09/8HI2NPCN00253G87. htmlJHJp＝8HI5KD1T0AK00025,2012－11－30.

② 世界 10 大顶尖孵化器,你知道几个?［DB/OL］. 腾讯大苏网:http://js. qq. com/a/20150909/043413. htm,2015－09－09.

作为创客空间,它是一个开放的实验室平台,里面有激光切割机、3D 打印机等基础设备,创客们聚集在这里,分享思想、技术,最终把好的创意转化为新产品。①

Tech Shop

美国最大的连锁创客空间,创客或者手工爱好者们每月支付125 美元,就可以成为会员,获得各种软硬件资源的使用权。②

We Work

2011 年 4 月创立于纽约,其主要是为创业者提供共享办公空间和多种多样的福利设施,目前在纽约、波士顿、费城等美国城市,以及伦敦和阿姆斯特丹等世界其他城市建设了 54 处共享办公空间。③

500 Startups

创办于 2010 年,命名来源于孵化 500 家创业公司的雄心,其总部位于硅谷山景城市区,目前共有 26 家创业公司在这里办公,500 Startups 并不接受创业团队的项目申请,而是由 500 Startups遍布全球的合作伙伴直接推荐。④

① 全球创客巨头齐聚深圳 创建独一无二创客王国[DB/OL]. 搜狐网:http://mt.sohu.com/20151005/n422599233.shtml,2015-10-15.
② 全球知名的创客空间[DB/OL]. 中国经济网:http://www.ce.cn/culture/gd/201503/20/t20150320_4885249.shtml,2015-03-19.
③ 众创空间 WeWork 如何成纽约估值最高创业公司[DB/OL]. 腾讯科技:http://tech.qq.com/a/20151023/040689.htm,2015-10-23.
④ 硅谷孵化器 500 Startups:助人创业的创业故事[DB/OL]. 中国企业家网:http://www.iceo.com.cn/chuangye/61/2012/0511/247943.shtml,2012-05-11.

Plugand Play

成立于 2006 年,是硅谷著名的孵化加速器之一。筛选的创业者方向在物联网、互联网金融、健康医疗、零售等 8 个领域展开,目前已经为 2000 多家创业公司提供加速服务,已经为企业提供了超过 4 亿美元的资金。①

Massachusetts Biomedical Initiatives(简称 MBI)

MBI 专门帮助生物科技创新企业,1985 年至今,已经有三个分部。MBI 已经推出 50 家企业,共募资达 6 亿美元。MBI 孵化出的企业包括:致力于对遗传疾病治疗的 GenToros、开发用于治疗的核酸化合物的 ZATA 制药等。②

Houston Technology Center(简称 HTC)

HTC 一次孵化 60 家公司,集中在两个关键领域:能源和纳米技术。在过去的 10 年中,HTC 共孵化了 1000 家创新公司,募资达到 10 亿美元。其成功的孵化企业包括 NanoRidge 材料(NanoRidge Materials),可使用碳纳米管制造比钢的硬度强 10 倍的金属合金;水电绿色能源(Hydro Green Energy),该公司生产的水电不是靠水坝,而是靠河流或溪流的自然流动。

Metalab

在维也纳,Metalab 作为一个成功的 Hackerspace 名震一时。它成立于 2006 年,现在已经成为维也纳的一个高科技社区聚会场

---

① Plug and Play:硅谷"独角兽"孵化器什么样[DB/OL].凤凰科技:http://tech.ifeng.com/a/20160119/41541371_0.shtml,2016－01－19.
② 世界 10 大顶尖孵化器,你知道几个?［DB/OL].腾讯大苏网:http://js.qq.com/a/20150909/043413.htm,2015－09－09.

所。Metalab 的主要项目包括提供基础设施、提供 IT、新媒体、数字艺术、网络艺术和黑客文化等领域的物理空间,为技术创意的爱好者、创客、创始人和数字艺术家之间的合作提供服务。如今,Metalab 已经成为全球 Hackerspace 运动的催化剂,是多家互联网创业公司的发源地。

Makerspace

Makerspace 就是一个配备工具的社区中心。它为社区提供了制造设备,并为社区成员进行必要的培训,帮助他们利用现有资源进行设计、建模,并制作出那些无法靠个人力量完成制作的作品。Makerspace 可以是一群有相同兴趣的人们互相分享空间和工具的兴趣团体,也可以是商业公司或非营利公司,还可以是学校或图书馆等的附属组织。所有类型的 Makerspace 都是为了能整合制造设备资源,形成社区,进行相关培训,但其组织形式却迥然不同。

(本部分主要内容摘编自中国经济网相关资料①)

---

① 全球知名的创客空间［DB/OL］.中国经济网:http://www. ce. cn/culture/gd/201503/20/t20150320_4885249. shtml,2015－03－19.

二　中国双创主要政策选编

国务院主要"双创"政策目录①

---

①　大众创业、万众创新政策汇集发布解读平台 国务院文件［DB/OL］. 中国政府网：http://www. gov. cn/zhengce/zhuti/shuangchuang/gwy. htm，2012 – 2016.

36　国务院关于加快发展生产性服务业促进产业结构调整升级的指导意见　2014 – 08 – 06

37　国务院办公厅关于做好 2014 年全国普通高等学校毕业生就业创业工作的通知　2014 – 05 – 13

38　国务院关于印发《注册资本登记制度改革方案》的通知　2014 – 02 – 18

39　国务院关于全国中小企业股份转让系统有关问题的决定　2013 – 12 – 13

40　国务院关于开展优先股试点的指导意见　2013 – 11 – 30

41　国务院办公厅关于强化企业技术创新主体地位全面提升企业创新能力的意见　2013 – 02 – 04

42　国务院关于批转促进就业规划(2011—2015 年)的通知　2012 – 02 – 08

部分省区市主要"双创"政策目录

北京①

北京市关于大力推进大众创业、万众创新的实施意见　2015 – 10 – 19

工商总局关于促进中关村国家自主创新示范区创新发展的若干意见　2015 – 09 – 29

---

①　大众创业、万众创新政策汇集发布解读平台 地方文件 北京[DB/OL].中国政府网:http://www.gov.cn/zhengce/zhuti/shuangchuang/bj.htm,2016.

天津①

市科委市财政局关于印发《天津市创新创业大赛获奖项目实施细则》的通知 2015 – 10 – 21

天津市人民政府办公厅关于加快我市高新技术企业发展的实施意见 2015 – 07 – 02

市科委市教委关于印发《天津市众创空间认定管理办法(试行)》的通知 2015 – 05 – 28

天津市人民政府印发《关于发展众创空间推进大众创新创业政策措施》的通知 2015 – 05 – 20

河北②

河北省人力资源和社会保障厅关于做好事业单位专业技术人员离岗创业有关工作的通知 2016 – 01 – 14

河北省人民政府办公厅关于支持农民工等人员返乡创业的实施意见 2015 – 11 – 27

河北省人民政府办公厅关于深化高等学校创新创业教育改革的若干意见 2015 – 10 – 29

河北省人民政府关于大力推进大众创业、万众创新若干政策措施的实施意见 2015 – 10 – 26

关于印发《河北省中小企业公共技术服务平台管理办法》的通知 2015 – 09 – 24

关于印发《河北省工商行政管理局关于支持众创空间等新型市场主体发展的意见》的通知 2015 – 08 – 10

① 大众创业、万众创新政策汇集发布解读平台 地方文件 天津[DB/OL]. 中国政府网:http://www.gov.cn/zhengce/zhuti/shuangchuang/tj.htm,2016.
② 大众创业、万众创新政策汇集发布解读平台 地方文件 河北[DB/OL]. 中国政府网:http://www.gov.cn/zhengce/zhuti/shuangchuang/heb.htm,2016.

河北省人民政府关于进一步做好新形势下就业创业工作的实施意见　2015－06－29

河北省人民政府关于发展众创空间推进大众创新创业的实施意见　2015－05－28

河北省人民政府关于扶持小型微型企业健康发展的实施意见　2015－04－24

河北省人民政府办公厅关于印发河北省工业领域推进创新驱动发展实施方案（2015—2017年）的通知　2015－04－20

河北省人民政府办公厅关于印发《河北省"三证合一"登记制度改革实施办法》的通知　2015－04－16

河北省知识产权局关于印发《关于推进专利权作价出资入股的试行办法》的通知　2015－03－16

河北省知识产权局关于印发《2015年度专利申请资助办法》的通知　2015－01－29

山西①

山西省人民政府关于大力发展电子商务加快培育经济新动力的实施意见　2015－12－26

山西省人民政府关于积极推进"互联网＋"行动的实施意见　2015－12－25

山西省人民政府办公厅关于运用大数据加强对市场主体服务和监管的实施意见　2015－12－19

山西省人民政府关于印发《山西省大力推进大众创业、万众创新实施方案》的通知　2015－12－10

---

① 大众创业、万众创新政策汇集发布解读平台 地方文件 山西［DB/OL］.中国政府网:http://www.gov.cn/zhengce/zhuti/shuangchuang/sx.htm,2016.

山西省人民政府关于推进科技服务业发展的实施意见 2015－11－30

山西省人民政府办公厅关于支持农民工等人员返乡创业的实施意见 2015－11－20

关于加快民营经济发展的意见 2015－09－26

山西省人民政府关于进一步做好新形势下就业创业工作的实施意见 2015－09－10

山西省人民政府办公厅关于发展众创空间推进大众创新创业的实施意见 2015－09－01

中共山西省委山西省人民政府关于实施科技创新的若干意见 2015－08－17

山西省人民政府办公厅印发《关于进一步支持小型微型企业健康发展措施》的通知 2015－07－17

中共山西省委山西省人民政府关于促进山西金融振兴的意见 2015－06－08

辽宁①

辽宁省人民政府关于加快构建大众创业、万众创新支撑平台的实施意见 2016－01－20

辽宁省人民政府印发关于推进大众创业、万众创新若干政策措施的通知 2015－11－27

辽宁省人民政府关于进一步促进科技成果转化和技术转移的意见 2015－11－11

辽宁省人民政府办公厅关于支持农民工等人员返乡创业的实

---

① 大众创业、万众创新政策汇集发布解读平台 地方文件 辽宁［DB/OL］.中国政府网：http://www.gov.cn/zhengce/zhuti/shuangchuang/ln.htm,2016.

施意见 2015－11－11

辽宁省人民政府办公厅关于发展众创空间推进大众创新创业的实施意见 2015－11－11

辽宁省人民政府关于支持大中专学生和复员转业退伍军人创业创新的若干意见 2015－11－11

辽宁省人民政府关于大力推进中小微企业创业基地建设的指导意见 2015－09－29

辽宁省人民政府关于印发《辽宁省市场驱动发展战略实施方案》的通知 2015－08－03

辽宁省人民政府关于印发《辽宁省科技创新驱动发展实施方案》的通知 2015－08－03

辽宁省深化普通高等学校创新创业教育改革实施方案 2015－08－03

辽宁省人民政府关于进一步做好新形势下就业创业工作的实施意见 2015－06－19

吉林[①]

吉林省人民政府办公厅关于支持农民工等人员返乡创业的实施意见 2015－12－24

吉林省人民政府关于推进大众创业、万众创新若干政策措施的实施意见 2015－12－23

吉林省人民政府办公厅关于深化高等学校教育教学改革促进大学生创新创业的实施意见 2015－08－26

吉林省人民政府关于进一步做好为农民工服务工作的实施意

---

① 大众创业、万众创新政策汇集发布解读平台 地方文件 吉林省［DB/OL］. 中国政府网：ht-tp://www. gov. cn/zhengce/zhuti/shuangchuang/jl. htm,2016.

见　2015 - 07 - 23

　　吉林省人民政府关于进一步做好新形势下就业创业工作推动大众创业、万众创新的实施意见 2015 - 07 - 21

　　吉林省人民政府办公厅关于发展众创空间推进大众创新创业的实施意见　2015 - 06 - 08

黑龙江[①]

　　佳木斯市促进科技型企业发展若干政策　2016 - 02 - 29

　　伊春市人民政府关于进一步做好新形势下就业创业工作的实施意见　2015 - 12 - 31

　　伊春市大学生创业种子资金管理办法　2015 - 12 - 25

　　黑龙江省大型科研仪器和科研基础设施共享实施细则 2015 - 12 - 21

　　大庆市人民政府关于加快电子商务发展促进全民创业的指导意见　2015 - 11 - 30

　　黑龙江省科技成果使用、处置、收益管理改革的实施细则 2015 - 11 - 25

　　黑龙江省人民政府办公厅关于印发《黑龙江省加快构建大众创业、万众创新支撑平台工作方案》的通知　2015 - 11 - 20

　　黑龙江省人民政府办公厅关于支持农民工等人员返乡创业的实施意见　2015 - 11 - 16

　　哈尔滨市人民政府办公厅关于印发《哈尔滨市大学生创新创业工程实施方案》的通知　2015 - 11 - 10

　　关于印发《为人才创新创业优先提供创业投资和融资担保服

　　① 大众创业、万众创新政策汇集发布解读平台 地方文件 黑龙江省［DB/OL］. 中国政府网：ht-tp://www. gov. cn/zhengce/zhuti/shuangchuang/hlj. htm,2016.

务实施办法》的通知 2015 – 11 – 06

大兴安岭地区中小微企业发展专项资金管理办法 2015 – 10 – 30

黑龙江省人民政府关于深化体制机制改革加快实施创新驱动发展战略的实施意见 2015 – 10 – 23

大庆市人民政府关于进一步做好新形势下就业创业工作的实施意见 2015 – 10 – 18

黑河市人民政府关于进一步做好新形势下就业创业工作的实施意见 2015 – 09 – 29

黑龙江省人民政府办公厅关于印发《黑龙江省"互联网＋"科技创新行动计划》的通知 2015 – 09 – 29

佳木斯市大众创业三年行动计划(2015 – 2017 年) 2015 – 09 – 24

牡丹江市关于推进大众创业、万众创新的工作方案 2015 – 09 – 21

哈尔滨市人民政府关于印发《哈尔滨市科技创业三年行动计划(2015—2017 年)》的通知 2015 – 09 – 17

鸡西市人民政府关于进一步做好新形势下就业创业工作的实施意见 2015 – 09 – 15

鹤岗市人民政府关于促进大学生创新创业的实施意见 2015 – 09 – 06

黑龙江省留学回国人员择优资助管理办法 2015 – 09 – 02

关于对优秀专业技术人才实行破格晋升高级职称政策的通知 2015 – 08 – 28

黑龙江省专业技术人员离岗创业实施细则 2015 – 08 – 25

大兴安岭地区促进大学生创新创业工作的实施意见 2015 – 08 – 13

黑龙江省人民政府关于进一步做好新形势下就业创业工作的实施意见　2015－07－24

大庆市人民政府印发关于鼓励和支持全民创业的若干政策的通知　2015－07－08

大庆市推进全民创业工作实施方案　2015－07－08

大庆市人民政府关于印发《大庆市推进全民创业工作实施方案》的通知　2015－07－08

黑龙江省农业委员会中国邮政储蓄银行黑龙江省分行关于创新黑龙江现代渔业金融服务工作实施方案　2015－07－03

黑龙江省人民政府关于促进大学生创新创业的若干意见　2015－05－23

佳木斯市发展科技型企业三年行动计划实施方案（2015—2017年）　2015－05－14

中共鸡西市委鸡西市人民政府关于鼓励和支持全民创业的若干政策　2014－12－01

鸡西市大力推进全民创业工作实施方案　2014－11－30

黑龙江省财政厅黑龙江省国家税务局黑龙江地方税务局黑龙江省民政厅关于我省支持和促进重点群体创业就业减免税限额［定额］标准的通知　2014－08－19

黑龙江省财政厅黑龙江省国家税务局黑龙江地方税务局黑龙江省民政厅关于我省扶持自主就业退役士兵创业就业减免税限额［定额］标准的通知　2014－08－19

哈尔滨市人民政府印发《关于进一步扶持中小企业发展的若干政策》的通知　2014－05－22

关于印发《龙江青年创业助航计划》的通知　2013－11－07

黑龙江省工商局关于充分发挥工商行政管理职能作用鼓励和引导民间投资健康发展的实施意见　2012－08－05

安徽①

安徽省人民政府关于促进经济持续健康较快发展的意见 2016 – 01 – 18

安徽省人民政府办公厅关于规范省政府部门行政审批行为改进行政审批工作的通知 2016 – 01 – 12

安徽省地方税务局关于定期定额个体工商户生产经营所得个人所得税问题的公告 2015 – 12 – 31

安徽省人民政府关于贯彻落实国务院第一批取消中央指定地方实施行政审批事项的通知 2015 – 12 – 31

安徽省人民政府关于贯彻落实国务院第一批清理规范行政审批中介服务事项的通知 2015 – 12 – 31

安徽省地方税务局关于进一步加强股权转让所得个人所得税征收管理的通知 2015 – 12 – 31

安徽省人民政府办公厅关于加快融资租赁和典当行业发展的实施意见 2015 – 12 – 29

安徽省加快推进"互联网 +"行动实施方案 2015 – 12 – 24

安徽省人民政府办公厅关于印发《加快转变农业发展方式实施方案》的通知 2015 – 12 – 15

安徽省人民政府关于创新重点领域投融资机制鼓励社会投资的实施意见 2015 – 12 – 13

池州市人民政府办公室关于开展"创业池州"行动推进大众创业的实施意见 2015 – 12 – 07

安徽省人民政府办公厅关于深化高等学校创新创业教育改革

① 大众创业、万众创新政策汇集发布解读平台 地方文件 安徽省［DB/OL］. 中国政府网：ht-tp://www.gov.cn/zhengce/zhuti/shuangchuang/zh.htm,2016.

的实施意见 2015 - 12 - 01

安徽省人民政府关于印发《中国制造 2025 安徽篇》的通知 2015 - 11 - 18

安徽省人民政府办公厅关于大力发展电子商务加快培育经济新动力的实施意见 2015 - 10 - 24

安徽省国家税务局、安徽省地方税务局关于支持全省加快调结构转方式促升级政策措施的意见 2015 - 10 - 23

安徽省加快展览业改革发展实施方案 2015 - 10 - 22

中共蚌埠市委蚌埠市人民政府关于加快调结构转方式促升级的实施意见 2015 - 10 - 16

蚌埠市人民政府关于加快发展现代职业教育的实施意见 2015 - 10 - 14

淮南市人民政府办公室关于印发《"创业淮南"行动计划（2015—2017 年）》的通知 2015 - 10 - 12

安徽省人民政府办公厅关于支持农民工等人员返乡创业的实施意见 2015 - 10 - 10

安徽省人民政府办公厅转发《省工商局等部门加快推进"三证合一"登记制度改革工作方案》的通知 2015 - 09 - 30

关于印发《关于建设银川人才管理改革试验区的实施意见》的通知 2015 - 09 - 29

淮南市人民政府办公室关于发展众创空间推进大众创新创业的意见 2015 - 09 - 25

安徽省人民政府关于充分利用多层次资本市场着力调结构转方式促升级的意见 2015 - 09 - 23

安徽省人民政府关于金融支持服务实体经济发展的意见 2015 - 09 - 20

安徽省"大新专"项目四督四保协调推进办法 2015 - 09 - 18

加快调结构转方式促升级行动计划 2015 – 09 – 17

芜湖市人民政府关于发展众创空间推进大众创新创业的实施意见 2015 – 09 – 14

关于加强创业担保贷款工作大力促进大众创业的通知 2015 – 09 – 14

安徽省人民政府关于促进云计算创新发展培育信息产业新业态的实施意见 2015 – 09 – 02

黄山市人民政府办公厅关于印发《"创业黄山"行动计划（2015—2017 年)》的通知 2015 – 09 – 01

淮南市人民政府关于促进科技与金融结合的意见 2015 – 08 – 18

淮南市人民政府办公室关于印发《淮南市创新能力评价实施细则》的通知 2015 – 08 – 17

福建①

宁德市人民政府关于贯彻省政府进一步做好新形势下就业创业工作十五条措施的实施意见 2015 – 11 – 09

南平市人民政府关于大力推进大众创业、万众创新若干措施的通知 2015 – 11 – 02

福建省物价局关于涉及大众创业、万众创新有关收费减免事项的通知 2015 – 10 – 29

莆田市人民政府关于鼓励和支持台湾青年来莆创业就业的意见 2015 – 10 – 22

南平市人民政府关于进一步做好新形势下就业创业工作的意

---

① 大众创业、万众创新政策汇集发布解读平台 地方文件 福建省[DB/OL]. 中国政府网：ht-tp://www.gov.cn/zhengce/zhuti/shuangchuang/fj.htm,2016.

见　2015 – 10 – 16

福建省人力资源和社会保障厅等四部门关于支持国有企事业单位科研人员保留人事（劳动）关系离岗创业的实施意见 2015 – 10 – 16

泉州市人民政府关于推进大众创业、万众创新的若干意见（试行）　2015 – 10 – 13

福建省妇联关于开展创业创新巾帼行动的实施意见　2015 – 10 – 10

福建省教育厅关于开展大学生创新创业基地建设工作的通知　2015 – 09 – 30

厦门市人民政府关于印发《全面推进大众创业、万众创新创建小微企业创业创新基地示范城市实施意见》的通知　2015 – 09 – 28

福建省商务厅关于印发《进一步做好新形势下就业创业工作十五条措施的实施方案》的通知　2015 – 09 – 28

福建省发展和改革委员会福建省科技厅关于印发《〈福建省人民政府关于大力推进大众创业、万众创新十条措施的通知〉任务分工方案》的通知　2015 – 09 – 18

莆田市人民政府关于印发《莆田市大力推进大众创业、万众创新实施方案》的通知　2015 – 09 – 10

龙岩市人民政府关于大力推进大众创业、万众创新八条措施的通知　2015 – 09 – 09

宁德市人民政府关于鼓励和支持台湾青年来宁创业就业的实施意见　2015 – 09 – 07

福州市人民政府印发《关于贯彻落实省政府大力推进大众创业、万众创新十条措施的实施意见》的通知　2015 – 09 – 07

漳州市人民政府关于加快推进大众创业、万众创新的若干意

微企业加快发展七条措施的实施意见》的通知　2015 – 07 – 05

福州市人民政府印发《关于贯彻落实省政府加快互联网经济发展十条措施的实施意见》的通知　2015 – 06 – 15

福建省人民政府关于鼓励和支持台湾青年来闽创业就业的意见　2015 – 06 – 04

福建省人民政府关于印发《福建省企业科技创新股权和分红激励试行办法》的通知　2015 – 05 – 11

厦门市人民政府关于印发《进一步做好普通高等院校毕业生就业创业工作意见》的通知　2015 – 05 – 11

福建省人民政府办公厅关于进一步扶持小微企业加快发展七条措施的通知　2015 – 01 – 01

福建省人力资源和社会保障厅等十二部门关于印发《福建省大学生创业引领计划实施意见》的通知　2014 – 12 – 11

江西①

关于积极发挥创业担保贷款政策作用支持电子商务领域创业的通知　2015 – 11 – 30

江西省人力资源和社会保障厅关于推荐选拔具有发展潜力和带头示范作用的初创企业经营者参加培训有关问题的通知 2015 – 11 – 26

江西省工商局关于在我省试行企业集群注册登记的指导意见 2015 – 11 – 13

江西省人民政府印发《江西省贯彻落实国务院关于大力发展电子商务加快培育经济新动力意见若干措施》的通知　2015 –

① 大众创业、万众创新政策汇集发布解读平台 地方文件 江西省［DB/OL］. 中国政府网:ht-tp://www. gov. cn/zhengce/zhuti/shuangchuang/jx. htm,2016.

09 - 30

关于印发《江西省 2015—2018 年就业扶贫工作实施方案》的通知 2015 - 09 - 19

江西省人民政府办公厅关于深化高等学校创新创业教育改革的实施意见 2015 - 09 - 01

江西省人民政府关于加快推进"互联网 +"行动实施方案的通知 2015 - 08 - 28

江西省人民政府关于大力推进大众创业、万众创新若干政策措施的实施意见 2015 - 07 - 21

江西省工商局进一步放宽市场主体住所(经营场所)登记条件的意见 2015 - 06 - 30

中共江西省委办公厅江西省人民政府办公厅转发《省委农工部、省商务厅关于加快我省农村电子商务发展的意见》的通知 2015 - 05 - 20

江西省人民政府办公厅印发《关于鼓励省属独立科研院所科技人员创新创业试点办法》的通知 2015 - 04 - 01

江西省人力资源和社会保障厅关于做好 2015 年全省高校毕业生就业创业工作的通知 2015 - 03 - 30

山东①

山东省自然科学基金改革意见 2016 - 02 - 24

创业政策业务指南 2016 - 02 - 23

山东省科技型小微企业知识产权质押融资暂行办法 2016 - 02 - 23

---

① 大众创业、万众创新政策汇集发布解读平台 地方文件 山东省[DB/OL]. 中国政府网:http://www.gov.cn/zhengce/zhuti/shuangchuang/sd.htm,2016.

关于贯彻落实银发〔2014〕9号文件扎实做好科技金融服务的意见 2016－02－23

关于进一步加快全省专利代理服务业发展的意见 2016－02－23

关于加快推进大众创新创业的实施意见 2016－02－23

关于改进和加强山东省级重点实验室建设的意见 2016－02－23

关于印发《省级新兴产业创业投资引导基金管理实施细则》的通知 2015－09－25

山东省人民政府关于进一步做好新形势下就业创业工作的意见 2015－09－07

山东省人民政府办公厅关于印发《山东省实施就业优先战略行动方案》的通知 2015－09－02

中共山东省委山东省人民政府关于深入实施创新驱动发展战略的意见 2015－08－01

关于印发《山东省小微企业融资担保代偿补偿资金管理暂行办法》的通知 2015－07－28

关于印发《山东省小微企业贷款风险补偿资金管理暂行办法》的通知 2015－07－28

关于印发《山东省小微企业知识产权质押融资项目管理办法》的通知 2015－07－06

关于修订《山东省巾帼创业贴息资金管理办法》的通知 2015－07－06

关于贯彻落实鲁政发〔2015〕14号文件优化有关创业政策的通知 2015－06－30

关于印发《山东省小微企业创新券管理使用办法》的通知 2015－06－19

关于印发《山东省青年创业贴息资金管理办法》的通知 2015 – 06 – 17

山东省人民政府办公厅转发《关于加快全省技术市场发展的意见》的通知 2015 – 06 – 17

山东省人民政府关于贯彻国发〔2014〕49 号文件加快科技服务业发展的实施意见 2015 – 06 – 02

关于印发《山东省科技成果转化引导基金管理实施细则》的通知 2015 – 05 – 12

山东省人民政府办公厅转发《关于加快建立科技报告制度的实施意见》的通知 2015 – 03 – 17

关于印发《山东省省级天使投资引导基金管理实施细则》的通知 2015 – 03 – 11

山东省人民政府办公厅转发《省科技厅关于加快推动创新型产业集群发展的意见》的通知 2015 – 01 – 23

山东省人力资源和社会保障厅山东省财政厅关于在全省创建创业大学的指导意见 2014 – 10 – 23

关于实施大学生创业引领计划的通知 2014 – 09 – 30

关于印发《山东省省级工程技术研究中心提质升级的实施意见（试行）》 2014 – 07 – 28

山东省人民政府办公厅关于做好 2014 年全省普通高等学校毕业生就业创业工作的通知 2014 – 07 – 16

关于印发山东省实施创业孵化基地和创业园区项目管理办法的通知 2014 – 03 – 03

山东省人民政府办公厅转发《科技厅关于支持高新区科技型小微企业创新发展的若干意见》的通知 2014 – 02 – 27

关于印发《山东省创业带动就业扶持资金管理办法》的通知 2013 – 12 – 25

转发《财政部人力资源社会保障部中国人民银行关于加强小额担保贷款财政贴息资金管理的通知》的通知　2013－12－02

山东省人民政府办公厅关于促进创业带动就业的意见2013－09－18

关于印发《山东省实施大学生创业孵化基地和大学生创业园项目管理办法》的通知　2011－12－20

关于印发《山东省小额担保贷款财政补贴资金管理办法》的通知　2011－02－21

湖北①

湖北省科学技术厅关于深入推进科技创业的十条意见2016－02－29

湖北省人民政府关于武汉城市圈科技金融改革创新的实施意见　2015－12－03

湖北省人民政府关于推动高校院所科技人员服务企业研发活动的意见　2015－10－31

湖北省人民政府关于深入推进大众创业、万众创新打造经济发展新引擎的实施意见　2015－10－24

湖北省人民政府办公厅关于发展众创空间推进大众创新创业的实施意见　2015－08－26

湖北省人民政府关于做好新形势下就业创业工作的实施意见2015－07－26

---

①　大众创业、万众创新政策汇集发布解读平台 地方文件 湖北省［DB/OL］.中国政府网：http://www.gov.cn/zhengce/zhuti/shuangchuang/hub.htm,2016.

湖南[①]

湖南省人民政府办公厅关于印发《湖南省大众创业、万众创新行动计划(2015—2017年)》的通知 2015 – 10 – 20

湖南省人民政府办公厅关于印发《湖南省发展众创空间推进大众创新创业实施方案》的通知 2015 – 09 – 11

广西[②]

广西农信社创新举措助力大众创业、万众创新 2016 – 03 – 15

广西科技厅多措施强化广西企业技术创新主体地位 2016 – 03 – 15

广西开展商事制度改革支持大众创业鼓励万众创新 2016 – 03 – 15

广西国税五项措施支持大众创业、万众创新 2016 – 03 – 15

广西地税局四举措助推大中创业万众创新 2016 – 03 – 15

关于进一步扩大求职创业补贴范围的通知 2016 – 03 – 15

广西壮族自治区人民政府办公厅关于印发大力推进大众创业、万众创新实施方案的通知 2015 – 12 – 31

广西壮族自治区人民政府印发《关于深化自治区本级财政科技计划和科技项目管理改革实施方案》的通知 2015 – 11 – 16

广西壮族自治区人力资源和社会保障厅财政厅关于进一步完善创业孵化基地扶持政策促进大众创业的通知 2015 – 10 – 28

广西壮族自治区人民政府办公厅关于印发《广西大力促进众

---

① 大众创业、万众创新政策汇集发布解读平台 地方文件 湖南省［DB/OL］.中国政府网：ht-tp://www.gov.cn/zhengce/zhuti/shuangchuang/hun.htm,2016.

② 大众创业、万众创新政策汇集发布解读平台 地方文件 广西省［DB/OL］.中国政府网：ht-tp://www.gov.cn/zhengce/zhuti/shuangchuang/gx.htm,2016.

创空间发展工作方案》的通知　2015 - 08 - 25

广西壮族自治区人民政府关于进一步做好新形势下就业创业工作的通知　2015 - 06 - 10

海南①

海南省人民政府关于创新重点领域投融资机制鼓励社会投资的实施意见　2015 - 12 - 31

海南省人民政府办公厅关于支持农民工等人员返乡创业的实施意见　2015 - 12 - 31

海南省人民政府办公厅关于印发《海南省促进省属高等院校和科研院所科技成果转化的若干意见（试行）》的通知　2015 - 12 - 25

儋州市人民政府办公室关于印发《那大互联网产业城入驻暂行办法》的通知　2015 - 12 - 08

海口市人民政府关于印发《我市促进电子商务发展扶持若干措施（试行）》的通知　2015 - 12 - 07

儋州市人民政府办公室关于印发《儋州市扶持小微企业助保金管理办法》的通知　2015 - 11 - 19

海南省人民政府办公厅关于印发《海南省小微企业贷款风险保障资金管理暂行办法》的通知　2015 - 11 - 09

海南省人民政府关于加快发展现代金融服务业的若干意见2015 - 11 - 04

海口市人民政府关于印发《我市促进互联网产业发展若干措施的实施细则》的通知　2015 - 10 - 26

①　大众创业、万众创新政策汇集发布解读平台 地方文件 海南省［DB/OL］. 中国政府网：http://www.gov.cn/zhengce/zhuti/shuangchuang/hyn.htm,2016.

儋州市人民政府关于印发《儋州市扶持互联网产业发展实施意见》的通知　2015－09－02

海南省人民政府关于进一步做好新形势下就业创业工作的实施意见　2015－08－11

海口市人民政府关于印发《我市促进和服务金融业发展若干措施》的通知　2015－07－07

海南省人民政府办公厅关于印发《海南省引进海外高层次人才实施办法》的通知　2015－07－01

海南省人民政府办公厅关于印发《海南省引进科技创新团队实施办法》的通知　2015－07－01

海南省人民政府关于加快发展互联网产业的若干意见　2015－06－06

海南省人民政府关于进一步做好为农民工服务工作的实施意见　2015－06－05

海南省人民政府关于印发《海南省进一步增强小微企业融资能力构建政银保合作新机制方案（试行）》的通知　2015－06－05

海南省工商行政管理局关于印发《助力小微企业发展的十八条措施》的通知　2015－05－18

海南省人民政府办公厅关于印发《开展园区人才服务管理改革试点工作意见》的通知　2015－03－30

海南省人民政府办公厅关于印发《海南省高层次人才认定办法（试行）》的通知　2015－02－09

海口市人民政府办公厅关于印发《海口市政府扶持小微企业助保金管理办法》的通知　2014－11－18

儋州市人民政府办公室关于印发《儋州市农民小额贷款财政贴息工作实施细则》的通知　2014－11－10

关于对小微企业招用高校毕业生给予社会保险补贴和岗前培

海南省人民政府关于印发《海南省鼓励和支持战略性新兴产业和高新技术产业发展的若干政策（暂行）》的通知　2011 - 08 - 08

海南省人民政府关于加快培育和发展战略性新兴产业的实施意见　2011 - 05 - 06

关于印发屯昌县大中专毕业生创业扶持计划实施方案的通知　2011 - 01 - 21

重庆[①]

关于调整创业担保贷款相关政策的通知　2015 - 11 - 16

关于推动市属国有企业创新发展的实施意见　2015 - 11 - 11

关于进一步服务和支持大众创业、万众创新政策措施的实施意见　2015 - 11 - 11

关于进一步支持小型微型企业健康发展的意见　2015 - 09 - 29

关于鼓励企业加大研发投入推动产业转型升级发展的通知　2015 - 09 - 17

重庆市人民政府办公厅关于深化高等学校创新创业教育改革的通知　2015 - 09 - 02

关于建设高校众创空间促进师生创新创业的实施意见　2015 - 09 - 01

重庆市知识产权质押融资管理办法（试行）　2015 - 08 - 31

重庆市人民政府关于做好新形势下就业创业工作的实施意见　2015 - 08 - 24

重庆市发展众创空间推进大众创业、万众创新的实施意见

---

①　大众创业、万众创新政策汇集发布解读平台 地方文件 重庆市［DB/OL］. 中国政府网: http://www.gov.cn/zhengce/zhuti/shuangchuang/cq.htm, 2016.

2015－08－20

重庆市高等学校、科研机构众创空间建设与科技成果转化"双百示范行动"实施方案　2015－08－10

重庆市深化体制机制改革加快实施创新驱动发展战略行动计划（2015—2020年）　2015－06－15

关于完善小微企业政策性贷款流程的通知　2015－05－29

关于实施重庆市大学生创业引领计划的通知　2014－10－21

重庆市完善小微企业扶持机制实施方案　2014－07－31

四川①

四川省人民政府关于落实"先照后证"改革决定加强事中事后监管工作的实施意见　2016－03－17

四川省人民政府办公厅关于印发《四川省促进农村电子商务加快发展实施方案》的通知　2016－03－10

四川省人民政府办公厅关于印发《2016年全省电子商务工作要点》的通知　2016－03－04

四川省人民政府办公厅关于印发《四川省简化优化公共服务流程方便基层群众办事创业工作方案》的通知　2016－01－28

四川省人民政府关于加快电子商务产业发展的实施意见2016－01－06

四川省人民政府办公厅关于印发《"互联网＋四川制造"实施方案》的通知　2015－12－17

四川省人民政府办公厅关于鼓励川商返乡兴业回家发展的指导意见　2015－11－25

---

① 大众创业、万众创新政策汇集发布解读平台 地方文件 四川省［DB/OL］.中国政府网：ht-tp://www.gov.cn/zhengce/zhuti/shuangchuang/sc.htm.htm,2016.

四川省人民政府办公厅关于成立四川省"互联网＋"协调推进工作领导小组的通知 2015－09－06

四川省人民政府办公厅关于印发《进一步做好新形势下就业创业工作重点任务分工方案》的通知 2015－09－01

四川省人民政府办公厅关于印发《四川省创新投资管理方式建立协同监管机制工作方案》的通知 2015－08－17

四川省人民政府办公厅关于支持农民工和农民企业家返乡创业的实施意见 2015－08－02

四川省人民政府办公厅关于建立四川省支持农民工返乡创业工作联席会议制度的通知 2015－07－24

四川省人民政府关于进一步做好新形势下就业创业工作的意见 2015－07－09

四川省人民政府办公厅关于深化高等学校创新创业教育改革的实施意见 2015－06－26

四川省人民政府关于加快发展服务贸易的实施意见 2015－06－05

四川省人民政府关于全面推进大众创业、万众创新的意见 2015－05－05

四川省人民政府关于进一步做好为农民工服务工作的实施意见 2015－04－10

四川省人民政府办公厅关于加大力度促进高校毕业生就业创业的意见 2014－05－06

贵州①

贵州省人民政府关于进一步做好新形势下就业创业工作的实施意见　2015－08－29

贵州省人民政府办公厅关于印发《"雁归兴贵"促进农民工返乡创业就业行动计划》的通知　2015－08－25

云南②

云南省人民政府办公厅关于支持农民工等人员返乡创业的实施意见　2015－08－17

云南省人民政府办公厅关于发展众创空间推进大众创新创业的实施意见　2015－06－20

陕西③

陕西省人民政府办公厅关于支持农民工等人员返乡创业的实施意见　2015－09－15

关于印发2016年度支持小微企业创业创新基地县（市、区）和工业集中区建设项目申报指南的通知2015－08－13

陕西省人社厅省财政厅关于做好新形势下失业保险促进就业创业工作的通知　2015－08－11

陕西省人民政府办公厅关于印发《进一步做好新形势下就业创业工作重点任务分工方案》的通知2015－08－06

陕西省人民政府关于进一步做好新形势下就业创业工作的实

①　大众创业、万众创新政策汇集发布解读平台 地方文件 贵州省［DB/OL］. 中国政府网：http://www.gov.cn/zhengce/zhuti/shuangchuang/gz.htm,2016.

②　大众创业、万众创新政策汇集发布解读平台 地方文件 云南省［DB/OL］. 中国政府网：http://www.gov.cn/zhengce/zhuti/shuangchuang/yn.htm,2016.

③　大众创业、万众创新政策汇集发布解读平台 地方文件 陕西省［DB/OL］. 中国政府网：http://www.gov.cn/zhengce/zhuti/shuangchuang/shx.htm,2016.

施意见   2015 – 07 – 08

关于依托创业孵化示范基地加大创业担保贷款扶持力度有关问题的通知   2015 – 06 – 25

陕西省人社厅关于印发《陕西省就业基本公共服务规范化指导意见(试行)》的通知   2015 – 02 – 13

陕西省人社厅省财政厅关于实施农民创业示范工程的意见 2015 – 01 – 09

陕西省人社厅等13 部门关于印发《陕西省大学生创业引领计划实施方案(2014—2017)》的通知   2014 – 09 – 28

甘肃①

甘肃省人民政府关于印发甘肃省大力推进大众创业、万众创新实施方案的通知   2015 – 12 – 12

甘肃省人民政府办公厅关于印发《甘肃省加快科技服务业发展实施方案》的通知   2015 – 09 – 30

甘肃省人民政府办公厅关于支持农民工等人员返乡创业的实施意见   2015 – 09 – 13

中共甘肃省委甘肃省人民政府贯彻落实《中共中央、国务院关于深化体制机制改革加快实施创新驱动发展战略若干意见》的实施意见   2015 – 08 – 28

甘肃省人民政府关于支持服务业加快发展的若干意见 2015 – 07 – 29

甘肃省人民政府关于进一步促进非公有制经济发展的意见 2015 – 07 – 17

---

①   大众创业、万众创新政策汇集发布解读平台 地方文件 甘肃省［DB/OL］. 中国政府网:http://www. sousuo. gov. cn/co/umn/3132810. htm.

甘肃省人民政府关于进一步做好新形势下就业创业工作的实施意见　2015－07－16

甘肃省人民政府办公厅关于印发《甘肃省发展众创空间推进大众创新创业实施方案》的通知　2015－05－29

青海[①]

青海省人民政府办公厅关于印发《简化优化公共服务流程方便基层群众办事创业工作方案》的通知　2016－02－22

青海省人民政府办公厅关于做好农民工等人员返乡创业工作的实施意见　2015－12－31

青海省人民政府办公厅关于促进开发区（园区）转型升级创新发展的实施意见　2015－11－20

青海省人民政府办公厅关于印发《青海省深化高等学校创新创业教育改革实施方案》的通知　2015－10－26

青海省人民政府办公厅转发《省金融办等部门关于金融支持文化旅游产业加快发展意见》的通知　2015－10－23

青海省财政厅青海省人力资源和社会保障厅中国人民银行西宁中心支行关于印发《青海省创业贷款担保基金管理办法》的通知　2015－08－28

青海省财政厅青海省人力资源和社会保障厅关于印发《青海省省级创业促进就业扶持资金管理办法》的通知　2015－08－28

青海省大学生创新创业投资引导资金管理暂行办法　2015－08－01

青海省人民政府办公厅关于发展众创空间推进大众创新创业

① 大众创业、万众创新政策汇集发布解读平台 地方文件 青海省［DB/OL］. 中国政府网：http://www.gov.cn/zhengce/zhuti/shuangchuang/qh.htm,2016.

的实施意见 2015 – 07 – 31

青海省人民政府关于进一步做好新形势下就业创业工作的实施意见 2015 – 07 – 21

青海省人民政府办公厅转发省金融办青海保监局关于青海省创业创新小额贷款保证保险实施方案的通知 2015 – 06 – 24

河南省"双创"主要政策[①]

1. 河南省人民政府办公厅转发省科技厅省财政厅关于发展众创空间推进创新创业工作政策措施和关于推进金融资本与科技创新相结合政策措施的通知

豫政办〔2016〕15 号

各省辖市、省直管县(市)人民政府,省人民政府各部门:

省科技厅、省财政厅制定的《关于发展众创空间推进创新创业工作的政策措施》《关于推进金融资本与科技创新相结合的政策措施》已经省政府同意,现转发给你们,请认真贯彻执行。

河南省人民政府办公厅

2016 年 2 月 17 日

---

① 大众创业、万众创新政策汇集发布解读平台 地方文件 河南省［DB/OL］. 中国政府网:http://new. sousuo. gov. cn/column/31157/0. htm,2016.

关于发展众创空间推进创新创业工作的政策措施

省科技厅　省财政厅

（2016 年 2 月 4 日）

一、构建新型创新、创业综合平台。实施"创新创业引领中原"工程。"十三五"期间，在全省重点建设 50 个产业整合、金融协作、资源共享的新型创新、创业综合平台，省、省辖市联动，按照创新、创业综合平台的建设规模、孵化服务能力、平台创新能力和服务绩效给予配套资金支持。统筹科技型企业培育、支持众创空间等专项资金，支持各类创客、科技型中小企业及众创空间、科技企业孵化器等孵化载体发展。

二、建设多层次创新、创业孵化载体。鼓励省辖市、省直管县（市）围绕优势特色产业，建设科技企业孵化器、技术支撑型众创空间和公共技术服务平台，为创新、创业提供支撑。各高新技术产业开发区、省定产业聚集区要完善"众创空间—孵化器—加速器"创业孵化链条，把创业孵化链条建设作为省级高新技术产业开发区新建及升级考核标准、纳入省定产业集聚区星级考核评价指标体系。鼓励高等院校结合重点学科建设，充分整合校内外创新、创业资源，利用学校现有场所和条件，加强协同创新，每家至少建设一家众创空间、大学科技园或创业孵化基地，为创新、创业提供一站式服务，并向小微企业和创业者开放科研设施，实现成果转移转化和产业化。鼓励龙头企业建设专业化众创空间，搭建创新、创业服务平台，激发企业职工创新、创业热情。鼓励电子商务企业提供创业服务和开展创业合作。

三、落实支持众创空间发展措施。对国家自主创新示范区、开发区、新型工业化产业示范基地、科技企业孵化器、大学科技园、小企业创业基地、高等院校、科研院所等机构,利用存量房产兴办众创空间的,可实行继续按原用途和土地权利类型使用土地的过渡期政策。全面落实国家级科技企业孵化器、大学科技园房产税、土地使用税和营业税优惠政策。鼓励有条件的地方积极盘活闲置的商业用房、工业厂房、企业库房、物流设施和家庭住房、租赁房源等资源,为各类创客、科技型中小企业提供低成本办公场所和居住条件。对利用闲置场地改造建设众创空间,公共软件、公共服务、公共技术平台购置,新认定创新创业孵化载体、绩效评价考核、创业券试点等,给予奖补和配套支持;对科技企业孵化器、众创空间提供"零房租"创业服务,对电子商务企业提供培训、技术、信息、营销等创业服务的给予奖补。

四、鼓励科研人员创新创业。高等院校、科研院所的科技人员离岗创办科技型中小企业的,创业孵化期3年,保留编制、人事关系,职级、档案工资正常晋升,最长5年内可回原单位,工龄连续计算,保留原聘专业技术职务。在不涉及国防、国家安全、国家利益、重大社会公共利益的情况下,省内高等院校、科研院所可自主决定对其持有的科技成果采取转让、许可、作价入股等方式开展转移转化活动,单位主管部门和财政部门对其科技成果在境内的使用、处置不再审批或备案,科技成果转移转化所得收入全部留归单位,纳入单位预算,实行统一管理,处置收入不上缴国库。高等院校、科研院所可将职务发明成果转让收益的50%、最高可达100%用于奖励科研负责人、骨干技术人员等重要贡献人员和团队。研发团队将个人收益直接用于创办企业或投入受让企业所形成的股权收入,在形成现金收入后,按国家有关政策缴纳个人所得税。

五、激发各类创客主体活力。积极引进高层次人才创业,对引进的高层次科技人才来豫创业,及省外高层次创新团队带技术、成果、项目在我省创业的,省财政统筹相关专项资金给予科研资助;

对省内科技人员自有成果转化创办的科技型中小企业,符合条件的省财政给予一次性创业启动资助。深入实施"大学生创业引领计划",提升我省大学生创新、创业水平。鼓励众创空间等孵化载体引进专业化、高层次运营团队,对自有孵化资金投资在孵企业,财政按照不高于投资额的20%给予补贴或跟投。

六、加强政府对创新、创业的投入引导。支持重大关键共性技术研究、社会公益研究、基础研究和前沿技术研究;探索试点预孵化服务支持机制,对转化为新产品的新成果、新技术进行财政补贴和投资;对孵化载体内创客新创办的科技型小微企业,正常经营半年以上的给予创业补贴。推行普惠性研发奖励政策,对符合条件的初创期科技型小微企业上年度研发费用给予奖励性后补助。支持举办中国创新、创业大赛,对在国家和省委、省政府主办的创新、创业大赛中获奖的科技型小微企业和创业团队,省财政给予一次性创业资助和奖励。

七、发挥政府对资本市场的引导作用。积极发挥省科技创新风险投资基金作用,对获得创投机构风险投资的科技型小微企业给予投资保障,对省辖市设立风险投资基金给予一定比例配套。发挥河南省科技金融结合引导资金的引导作用,支持科技贷款及科技担保的风险和损失补偿。支持中小微科技型企业利用众创、P2P(个人对个人)等新型融资方式筹集资金。加大对科技型中小企业改制、上市和挂牌的辅导力度,积极引导和鼓励科技型中小企业在境内外多层次资本市场上市、挂牌融资。

八、搭建互联网+"四众"支撑平台。鼓励各类众创、众包、众服、众筹支撑平台建设,统筹创新、创业服务要素和资源,建设多类型的开源技术平台和虚拟众创空间社区。探索互联网+创新创业新模式,建设河南省互联网+科技型中小企业综合服务平台,搭建企业、载体、科技和金融互通互联的创新、创业服务平台。完善科研设施、仪器开放共享共用激励机制,加快推进国家重大科研基础设施、大型科研仪器和专利基础信息资源等向小微企业、创业者开放,实现资源共享,降低大众创新创业成本。支持互联网、电子商务企业申报国家高新技术企业,对符合条件的企业,减按15%税率征收企业所得税。

九、降低创新、创业门槛。全面清理、调整与创业、创新相关的审批、认证、收费、评奖事项,将保留事项向社会公布。实行"三证合一、一照一码",加快推行电子营业执照和企业全程电子化,允许"一址多照""一照多址"。允许科技人员、大学生等创业群体借助商务秘书公司地址挂靠等方式申办营业执照。

十、提升创新、创业孵化服务能力。鼓励众创空间、科技企业孵化器、大学科技园等各类孵化载体自建或与省内外高等院校、科研院所、大型企业共建公共技术服务平台,提升专业技术服务能力。开展孵化器从业人员培训,提升孵化器专业人员服务能力;建设科技创业导师队伍,探索建立创业导师服务绩效考评及激励机制。

关于推进金融资本与科技创新相结合的政策措施

省财政厅　省科技厅

(2016 年 2 月 4 日)

一、完善风险投资融资体系。充分发挥省科技创新风险投资基金作用,重点为省级以上众创空间、大学科技园、科技企业孵化器等在孵企业提供风险投资支持。鼓励省辖市整合有关资金设立风险投资基金,创造条件吸引省外优秀创投机构落户我省,省级给予适当补助。各省辖市要逐步建立风险补偿机制,鼓励各类创新载体设立投资基金,强化孵化服务,支持其范围内初创期科技型小微企业成长。

二、加快推动股权投资。省级整合有关涉企资金设立科技成果转化基金,通过省、省辖市联动,争取中央基金参股,引导创投机构对科技型中小企业开展股权投资,打造科技型企业全链条股权融资链。运用省中小企业发展基金,对成长类的科技型中小企业给予优先支持。积极发挥"互联网+"产业发展基金作用,培育发展"互联网+"领域创新领军企业。

三、支持科技企业债券融资。各省辖市要积极创新债券市场品种,推广股债结合品种,发展优先股试点、可交换债、可续期债等创新产品,加大对科技企业直接融资的支持力度,鼓励企业利用长期债券、高收益债券进行融资。对发行债务融资工具实现融资的企业,按照实际发行额给予发行费补贴。

四、鼓励科技企业上市融资。对科技企业在创业板、新三板、中原股权交易中心等挂牌并实现融资的,由市、县级给予一定奖励。支持已上市企业通过增发股份、兼并重组做大做强,上市、挂牌企业申报科技项目时,给予优先支持。

五、鼓励创新科技信贷业务。省、省辖市联动,鼓励金融机构创新信贷业务,加大对纳入科技中小企业库企业的贷款支持力度,形成政府引导、多方参与的科技信贷风险补偿机制。除小型微型企业信贷风险补偿资金外,对银行、担保机构开展的科技企业低比例实物资产抵押信贷业务,可给予一定比例的损失补偿。拓展省科技计划支持方式,对我省优势产业创新链的重大科技项目给予贷款贴息支持,促进战略性新兴产业加快发展。

六、鼓励知识产权质押贷款。对银行业金融机构面向小微企业提供知识产权质押贷款的,可按照其实际融资额给予金融机构一定比例的奖励,对中小微企业专利质押融资贷款的利息、评估、担保等费用给予资助。

七、鼓励担保机构支持创新。鼓励担保机构开发适合科技企业的担保新品种。省国有担保机构应加大对科技企业担保服务力度,适当降低保费标准。运用小微企业信用担保代偿补偿等资金支持科技型小微企业信贷担保业务。

八、鼓励开展科技保险业务。鼓励保险公司围绕科技企业风险特点和保障需要,积极发展科技企业专利保险、信贷保证保险、产品研发责任保险等各类科技保险,市、县级政府按险种可对科技保险给予一定比例的保费补贴。对认定的首台(套)重大技术装备生产企业,且投保综合险或选择国际通行保险条款投保,省财政给予保费补贴。

九、搭建科技投融资综合服务平台。省科技厅以科技型中小企业库为基础,建立完善科技型企业名录库,及时更新,动态调整,为金融机构提供明确的服务对象;成立省级投融资运营平台,为不同发展阶段的科技企业提供全过程、全方位的金融解决方案,为科技信贷政策落实打好基础。

十、积极落实税收优惠政策。按国家规定对金融机构与小微企业签订的借款合同免征印花税;对金融企业发放科技中小企业贷款按规定计提的贷款损失准备金,准予在计算应纳税所得额时扣除。

各级政府要出台引导金融资本支持科技创新实体的具体措施,鼓励金融工具创新。要发挥市场在资源配置中的决定作用,运用专业力量,提高金融市场活跃度,营造支持创新、创业的良好融资环境。各有关部门要强化责任落实。科技部门要积极开展不同类型和层次的科技与金融结合试点,探索科技创新、创业和金融资源对接的新机制和新模式。财政部门要创新财政科技投入方式与机制,引导和带动社会资本参与科技创新。金融监管部门要改革完善考核方式,鼓励金融机构进行业务创新。工商部门要为基金注册提供绿色通道,做好注册备案服务工作。

2. 河南省人民政府关于加快科技服务业发展的若干意见

豫政〔2016〕5 号

各省辖市、省直管县(市)人民政府,省人民政府各部门:

科技服务业是现代服务业的重要组成部分,具有人才智力密集、科技含量高、产业附加值大、辐射带动作用强等特点。加快科技服务业发展是推动科技创新和科技成果转化、促进科技经济深度融合的客观要求,是调整优化产业结构、培育新经济增长点的重要举措,是实现科技创新引领产业升级、推动经济向中高端水平迈进的关键一环,对我省深入实施创新驱动发展战略、建设高成长服务业大省、推动经济提质增效升级具有重要意义。为加快推动我省科技服务业发展,根据《国务院关于加快科技服务业发展的若干意见》(国发〔2014〕49 号)精神,现提出如下意见。

一、围绕产业集群完善科技服务产业链条

依托各类创新型产业集群,围绕技术创新链条各个环节引进和培育服务机构,形成科技服务协作网络,完善科技服务产业生态链条,实现创新型产业集群与科技服务业产业集群相互促进、共同发展。

大力推进科技服务业集聚区建设。开展科技服务业区域和行业试点示范,重点打造一批科技要素相对集聚、功能设置相对合理、产业定位相对清晰,集科技创新、成果转化、技术服务于一体的科技服务业集聚区,形成一批具有国际竞争力的科技服务业集群。

郑州、洛阳及其他有条件的省辖市要通过规划布局、政策引导和必要的财政支持等形式,积极发展科技服务业集聚区。

二、大力培育研发设计服务新业态

鼓励高等院校、科研院所、企业共建投资主体多元化、运行机制市场化、管理制度现代化,创新创业与孵化育成相结合、产学研相结合,具有独立法人资格的新型研发机构。

新型研发机构在政府项目承担、职称评审、人才引进、建设用地、投融资等方面可享受国有科研机构待遇。对于创办不超过5年(以注册时间为准)的省级新型研发机构,择优给予一次性经费支持。

对非营利性科研机构自用的房产、土地,按国家规定免征房产税、城镇土地使用税。按照《中华人民共和国房产税暂行条例》(国务院令第588号)、《中华人民共和国城镇土地使用税暂行条例》(国务院令第483号)及其实施细则等相关规定,属于省政府重点扶持且纳税确有困难的新型研发机构,可向税务机关申请,经批准可酌情减税或免税。省政府重点扶持的新型研发机构名单由省科技厅报省政府审定后,提供给省地税局按照规定办理。对符合国家规定条件的新型研发机构进口科研用品免征进口关税和进口环节增值税、消费税。

推动企业所属研发机构法人化、市场化运作。制定省级企业研发机构认定和绩效考核办法。对达到条件的企业研发机构直接认定为省级企业研发机构,享受同级国有研发机构的相关优惠政策。

三、努力提升技术转移服务水平

以国家技术转移郑州中心为载体,加快国家技术转移集聚区建设,打造辐射全国、链接全球的技术转移枢纽。引进境内外高水平科研机构、技术转移服务机构及科技成果,承接国内外科技成果在我省落地转化和熟化。

引导新建一批技术转移服务机构,提高技术转移和成果对接水平和成效。对经技术转移服务机构促成在我省转化的项目,省辖市、县(市、区)财政科技资金可根据技术交易额度给予技术转移服务机构一定奖补。对营改增试点纳税人提供技术转让、技术开发和与之相关的技术咨询、技术服务免征增值税。对入驻国家技术转移郑州中心的技术转移服务机构给予一定运行经费补助,并在办公用房和租金上予以优惠。

各省辖市特别是郑州、洛阳等经济基础较好的市,要在经费资助、土地使用、人才引进等方面制定专项优惠政策,支持国内外一流大学、科研院所和世界500强研发中心在豫设立分支机构和科技成果转化基地,所在省辖市、县(市、区)政府可根据其平台发挥效用及科研设备投入等情况给予一定补助。对在创新创业中做出突出成绩的,经省政府同意后省财政可按照一事一议原则给予奖励。

四、支持创新创业孵化服务向多元化发展

加快众创空间等新型孵化器建设。依托郑州航空港经济综合实验区、高新技术产业开发区、经济技术开发区、产业集聚区、高等院校、科技企业孵化器、大学科技园、服务外包示范园区、小企业创业基地等各类创新创业载体,加快建设市场化、专业化、集成化、网络化的众创空间,为小微企业成长和个人创业提供低成本、便利化、全要素的开放式综合服务平台。

设立众创空间发展专项资金。对各类投资主体利用闲置楼宇和厂房构建众创空间的,按其改造费用50%比例(最高不超过200万元)给予补贴。采用政府购买服务方式,对众创空间提供的宽带网络、公共软件服务、公共技术平台购置费用,按照50%比例给予补贴。符合条件的众创空间等新型孵化机构适用科技企业孵化器税收优惠政策。

优化创新创业孵化服务环境。落实国家大学科技园、科技企业孵化器相关税收优惠政策,对其自用以及提供给孵化企业使用的房产、土地,免征房产税和城镇土地使用税;对其向孵化企业出租场地、房屋以及提供孵化服务的收入,免征营业税。对新认定的国家级孵化器、省级及以上大学科技园,省财政给予一次性300万元奖补;对新认定的省级孵化器,给予一次性100万元奖补。对已认定的省级及以上孵化器、大学科技园、众创空间,经年度考核合格,按照其上年度服务数量、效果等量化考核结果,每年给予一定的运行成本补贴。对省级科技企业孵化器、众创空间投入的孵化资金按不高于20%给予配套支持。

五、大力发展科技金融服务

加快发展风险投资,支持和引导社会资金设立创投机构,在我省开展创业投资业务。充分发挥省中原科技创新风险投资基金作用,支持解决孵化载体在孵企业等初创期科技型小微企业融资问题。设立省科技成果转化引导基金,通过参股设立子基金等方式,支持科技成果转化和产业化。鼓励有条件的省辖市加快建立政府性创业投资引导基金,着重用于支持创业投资企业、创业投资管理企业和中小微型服务机构发展。鼓励国家高新区、郑州航空港经济综合实验区和有条件的各类集聚区设立种子基金,鼓励科技企业孵化器、大学科技园、众创空间等单独或联合设立种子基金,对区域内初创期科技型中小企业开展无偿或有偿股权投资业务。省市联动,可按照种子基金实际支出规模的一定比例给予风险补偿。充分运用科技金融引导专项资金,鼓励金融机构创新科技金融产品和服务,加大对科技企业的信贷支持力度,推广知识产权和股权质押贷款。引导科技型中小企业在中原股权交易中心挂牌,开展股权登记、托管、交易和融资服务。

推进科技投融资服务体系建设,建立和培育发展科技金融服务平台,对经省科技厅备案的科技金融服务平台,通过政府购买服务、绩效奖励等方式给予补助。

六、推动知识产权服务业发展

培育知识产权品牌服务机构。以建设郑州国家知识产权服务业集聚发展试验区为契机,引进和重点支持发展一批高水平、专业化的知识产权服务机构。

鼓励融资性担保机构为知识产权质押融资提供担保服务,引导金融机构开展知识产权质押贷款等新型信贷业务,对中小微企业专利权质押融资贷款利息、评估、担保、保险等费用给予不超过实际发生额50%、年贴息额不超过20万元的资助补贴。支持郑州高新区、洛阳高新区等国家高新区开展中小企业专利质押融资工作,发展专利质押融资服务机构。

七、加快发展检验检测、科技咨询、科学技术普及等其他科技服务

加快检验检测公共服务平台建设。大力培育国家级质检和技术中心,提升已建省级及以上质检中心及重点实验室检验检测技术水平和服务能力。研究制定《全省检验检测认证机构整合实施方案》,支持具备条件的检验检测认证机构跨部门、跨行业、跨层级整合与并购重组,推动省辖市、省直管县(市)检验检测机构试点整合,支持第三方检测服务机构发展,培育一批技术能力强、服务水平高、规模效益好的检验检测认证集团。

结合科技体制改革和事业单位分类改革,统筹科技咨询服务资源,大力发展科技战略研究、科技评估、科技招投标、管理咨询等科技咨询服务业,积极培育管理服务外包、项目管理外包等新业态。支持生产力促进中心等科技咨询机构应用大数据、云计算、移动互联网等现代信息技术,创新服务模式,开展网络化、集成化的科技咨询服务。建设科技文献共享与服务平台,加强科技信息资

源的市场化开发利用,发展竞争情报分析、科技查新和文献检索等科技信息服务。

加强科普能力建设,促进公共科普资源开放共享。支持有条件的科技馆、博物馆、图书馆等公共场所免费开放。引导科普服务机构采取市场运作方式,加强产品研发,拓展传播渠道,开展增值服务,带动模型、教具、展品等相关衍生产业发展。鼓励企业、社会组织和个人捐助或投资建设科普设施。

八、完善科技资源向全社会开放共享的运行管理体制

推动财政资金购置的大型科学仪器设备、科技文献、种质资源、科学数据等向社会开放共享,构建全省科技条件共享共用平台。建立以用为主、用户参与的评估监督体系,形成科研设施与仪器向社会服务的数量、质量与利益补偿、后续支持紧密挂钩的奖惩机制,鼓励高等院校、科研院所、检验检测机构、省级及以上研发平台的大型科学仪器设备对社会开放。

科技服务企业在 2014 年 1 月 1 日后购进并专门用于研发活动的仪器、设备,单位价值不超过 100 万元的,可一次性在计算应纳税所得额时扣除;单位价值超过 100 万的,允许按不低于企业所得税法规定折旧年限的 60% 缩短折旧年限,或选择采取双倍余额递减法或年数总和法进行加速折旧。

九、做大做强一批科技服务企业和机构

以科技创新创业需求为导向,以体制机制创新为动力,培育一批具有较强竞争力的科技服务企业和机构。实施河南省创新公共服务平台建设计划,重点支持一批集聚省内外创新资源、服务当地主导产业发展的技术创新公共服务平台。

鼓励转制科研院所加强专业技术研发与服务,成为科技服务行业龙头企业。鼓励符合条件的生产性科技服务机构、龙头企业中的研发设计部门注册成为具有独立法人资格的企业,或成为市

场化运作的行业研究中心、专业设计公司等,独立为行业内其他企业承担研发设计服务。

选择一批具有一定规模、创新性强、处于行业领军地位的科技服务企业开展示范工作,充分发挥示范企业在技术创新和模式创新中的带动作用。

实施科技服务机构备案制度,充分发挥科技服务示范机构的引领作用。

十、加强科技服务人才队伍建设

完善科技服务业人才评价体系,研究制订和逐步建立技术经纪人、科技咨询师、评估师、信息分析师、项目管理师等专业培训和职业资格证书制度,努力打造一支高素质、复合型科技服务人才队伍。

引进一批具有综合管理和专业技术服务能力的高层次人才,培育从事研发服务的科技创新团队。以业绩和能力为导向,推荐一批为我省经济建设和产业发展做出突出贡献的科技服务业人才参加省级科技计划项目评审。

高等院校、科研院所和国有企事业单位科技人员离岗创办科技服务企业的,3年内保留其原有身份和职称,档案工资正常晋升。

十一、进一步落实国家鼓励科技服务业发展的政策措施

积极落实高新技术企业认定政策,对认定为高新技术企业的科技服务企业,减按15%的税率征收企业所得税。

科技服务业企业为开发新技术、新产品、新工艺发生的研发费用,未形成无形资产计入当期损益的,在按照规定据实扣除的基础上,按照研发费用的50%加计扣除;形成无形资产的,按照无形资产成本的150%摊销。对在一个纳税年度内,从事科技服务业的居民企业符合条件的技术转让所得不超过500万元的部分,免征

企业所得税;超过500万元的部分,减半征收企业所得税。

加快推进营业税改征增值税试点工作,扩大科技服务企业增值税进项税额抵扣范围,消除重复征税。

落实国家有关价格政策规定,逐步实现科技服务企业用水、用电、用气与工业企业同价。对经依法批准的闲置划拨土地上的工业厂房、仓库等用于科技服务业创业发展的,在一定的时间内可继续以划拨方式使用土地,暂不变更土地使用性质。

十二、进一步创新省财政支持公共科技服务业发展的途径和方式

统筹现有资金,研究制定政府购买科技服务实施办法,支持公共科技服务业发展。鼓励各地根据实际情况开展创新券补助政策试点,引导中小微企业加强与高等院校、科研院所、科技中介服务机构及大型科学仪器设施共享服务平台的对接。以各省辖市、省直管县(市)科技、财政部门为政策制定和执行主体,面向中小微企业发放创新券和落实后补助。省科技、财政部门根据上一年度各省辖市、省直管县(市)的补助额度,给予各省辖市、省直管县(市)一定比例的补助额度,并将财政补助资金划拨至各省辖市、省直管县(市)财政部门,由各省辖市、省直管县(市)统筹用于创新券补助。具体实施办法由省科技厅会同省财政厅另行制定。

十三、健全科技服务业发展的市场体系

进一步完善科技服务业市场法规和监管体制,有序放开科技服务市场准入,规范市场秩序,加强科技服务企业信用体系建设,构建统一开放、竞争有序的市场体系。引导社会资本参与国有科技服务企业改制,促进股权多元化改造。鼓励科技人员创办科技服务企业,支持合伙制科技服务企业发展。加快推进具备条件的科技服务事业单位转制,参与科技服务业竞争。大力培育产业技术联盟、科技服务行业协会等社会组织,发挥中介组织在推动科技

服务业发展中的作用。

十四、加强组织协调和统筹管理

加强对科技服务业发展的协调和管理,发挥政府宏观调控和政策引导作用,细化政策措施,明确部门责任,抓好督促落实。各级科技部门要充分发挥统筹协调作用;各有关部门要从各自职能出发,加强协调配合。郑州、洛阳、新乡等有条件的省辖市要进行相关政策先行先试。各省辖市、县(市、区)政府要健全工作机制,细化政策措施,科学组织推进,确保各项任务措施落到实处。

加强科技服务业目标责任考核,科学分解科技服务业发展目标与任务,着力形成部门互动、省市联动,共同推进科技服务业发展的工作机制。

河南省人民政府

2016 年 1 月 26 日

3. 河南省财政厅　河南省科技厅关于印发《河南省科技创新风险投资基金实施方案》的通知

豫财科〔2015〕73 号

各省辖市、有关县市财政局、科技局:

为贯彻落实《河南省人民政府关于省级财政性涉企资金基金化改革的实施意见》(豫政〔2015〕17 号)、《河南省人民政府关于创新机制全方位加大科技创新投入的若干意见》(豫政〔2014〕64号)等文件精神,改革财政资金投入方式,引导社会资本投向科技创新创业,河南省财政厅、河南省科技厅与中原证券股份有限公司合作设立河南省科技创新风险投资基金。为规范基金运作,我们制定了《河南省科技创新风险投资基金实施方案》,经省政府批

准,现印发给你们,并提出如下要求:

一、提高认识,积极推动基金化改革。设立科技创新风险投资基金是推进大众创业、万众创新的迫切需要;是支持科技型小微企业加快发展的有效途径;是深化预算管理改革的客观要求。它对于孵化培育新兴产业、促进技术与市场融合、解决企业融资难题等具有重要作用。各市县要提高认识,认真研究,改进涉企资金支持方式,引导带动社会资本共同支持科技创新创业。

二、加强宣传,营造创新创业氛围。各市县要加强基金政策宣传,促进基金管理机构与科技孵化机构的对接工作,加强对国家"千人计划"、省"百人计划"等高层次人才领办企业的支持,并结合其他财政政策措施,促进科技成果转化落地,形成支持创新创业的良好氛围。

三、做好保障,推动基金顺利运作。省级以上众创空间、大学科技园、科技企业孵化器等孵化机构应据实及时提供在孵企业名单和基本信息,为基金管理团队提供办公场地等必要保障,做好在孵企业的培训辅导和融资服务,争取投资早日落地,促进企业做大做强。

附件:河南省科技创新风险投资基金实施方案(略)

2015 年 9 月 23 日

4.中共河南省委 河南省人民政府关于深化科技体制改革推进创新驱动发展若干实施意见

（2015 年 7 月 1 日）

豫发〔2015〕13 号

为深入贯彻党的十八大和十八届三中、四中全会精神,落实《中共中央、国务院关于深化体制机制改革加快实施创新驱动发展战略的若干意见》(中发〔2015〕8 号)精神,主动适应经济发展新常态,全面深化科技体制改革,加快实施创新驱动发展战略,现提出如下意见。

一、总体要求和主要目标

1.总体要求。把科技创新摆在经济社会发展全局的核心位置,深化体制机制改革,加快实施创新驱动发展战略,坚持需求和问题导向,破除束缚科技创新的体制机制障碍,进一步聚焦我省经济社会发展目标,促进科技与经济紧密结合,强化企业在创新中的主体地位,充分发挥市场在创新资源配置中的决定性作用和更好发挥政府作用,强化科技同经济对接、创新成果同产业对接、创新项目同现实生产力对接、研发人员创新劳动同其利益收入对接,增强科技进步对经济发展的贡献度,营造大众创业、万众创新的政策环境和制度环境,使创新驱动发展战略真正落地,打造促进经济增长和就业创业的新引擎,构筑提升产业核心竞争力的新优势,推动形成可持续发展的新格局,促进经济发展方式的转变,为建设创新型河南提供有力的科技支撑。

2.主要目标。到2020年,基本建成适应创新驱动发展要求的现代创新体系,科技创新的活力和动力显著增强,国家自主创新示范区成为创新型河南建设的核心载体,郑州航空港经济综合实验区和国家级高新区成为我省创新高地,国家级高新区力争达到10家,国家级研发平台达到300个,大中型企业省级以上研发机构基本实现全覆盖,省级以上产业技术创新战略联盟达到80家,实现主导产业和战略性新兴产业全覆盖。高新技术产业快速发展,技术转移机制更加完善,科技创新成为经济社会发展的主要驱动力,高新技术产业、战略性新兴产业产值实现翻番,力争占工业增加值的比重达到50%左右,科技进步对经济增长的贡献率达到60%左右,主要农作物基本实现良种全覆盖,大中型工业企业平均研发投入占主营业务收入的比例达到1.6%,全社会研发经费占生产总值的比例力争达到 2.0%，发明专利授权量进入全国前 10 名。

二、促进企业成为技术创新主体

发挥市场对技术研发方向、路线选择和各类创新资源配置的导向作用，调整创新决策和组织模式，强化普惠性政策支持，促进企业真正成为技术创新决策、研发投入、科研组织和成果转化的主体。

（一）积极培育创新龙头企业

3. 实施创新龙头企业培育工程，围绕我省着力发展的主导产业、支柱产业，选择一批对产业发展具有龙头带动作用、创新发展能力强的创新型骨干企业，从重大科技专项实施、产业创新联盟构建、高层次创新平台建设到人才、技术集聚，整合创新资源，协同社会创新力量，加快创新发展，形成一批主业突出、行业引领能力强、具有国际先进技术水平和国际竞争力的创新龙头企业。（由省科技厅、省发展改革委、省工业和信息化委负责落实）

（二）积极培育科技型中小企业和高新技术企业

4. 引导科技型中小企业围绕国家重大工程、我省重点产业和行业龙头企业集聚创新发展，提升我省重点产业和产业链配套能力。实施"科技小巨人"成长行动计划，通过财税金融政策、种子资金、天使基金等投融资支持等方式，加快培育一批年营销额超亿元的"科技小巨人"。加大对科技型中小企业技术创新的支持，对研发投入达到一定比例的科技型中小企业给予补贴。（由省科技厅、省发展改革委、省工业和信息化委、省财政厅、省地税局、省国税局负责落实）

5. 积极发展高新技术企业，加强高新技术企业认定工作，支持互联网、电子商务企业通过高新技术企业认定，对符合条件的高新技术企业，减按 15% 税率征收企业所得税。（由省科技厅、省财政厅、省地税局、省国税局负责落实）

6.把培育科技型中小企业和推动高新技术企业发展及上市情况作为考核省辖市、直管县(市)科技创新的重要指标,加强统计、考核,定期公布考核结果。(由省政府目标办、省科技厅负责落实)

(三)促进创新资源向企业聚集

7.牢固树立技术创新的市场和目标导向,围绕企业主体和产业发展组织实施创新驱动发展战略。改革政府应用性项目的形成机制和支持方式,面向企业技术需求编制项目指南,以企业为主牵头组织实施产业导向类科技项目。市场导向明确的科技项目由政府引导、企业牵头、联合高等学校和科研院所实施。(由省科技厅负责落实)

8.更多运用财政后补助、间接投入等方式,支持企业自主决策、先行投入,开展重大产业关键共性技术、装备和标准的研发攻关。(由省科技厅、省财政厅负责落实)

9.健全企业主导的产学研协同创新机制,发挥企业和企业家在创新决策中的重要作用,吸收更多企业参与研究制定技术创新规划、计划、政策和标准,引导创新资源向企业集聚,推动企业成为研发投入和成果转化的主体。(由省科技厅、省发展改革委、省工业和信息化委负责落实)

(四)加快企业研发机构建设

10.实施大中型企业省级研发机构全覆盖工程,优化重点实验室、工程实验室、工程(技术)研究中心、企业技术中心布局,按功能定位分类整合,构建向企业特别是中小企业有效开放的机制。(由省科技厅、省发展改革委、省工业和信息化委负责落实)

11.制定省级企业研发机构认定和绩效考核办法,对达到条件的直接认定为省级企业研发机构。对新认定的国家级重点(工程)实验室、工程(技术)研究中心、企业技术中心、工业设计中心,省财政给予奖补。(由省科技厅、省发展改革委、省工业和信息化

委、省财政厅、省统计局负责落实)

12.鼓励企业设立独立经营的产业技术研究院等新型科技研发机构,对达到一定条件的,可以认定为省级科研机构,在政府项目承担、职称评审、人才引进、建设用地、投融资方面可享受国有科研机构的相应政策。(由省科技厅、省发展改革委、省财政厅、省人力资源社会保障厅、省国土资源厅负责落实)

(五)大力发展科技企业孵化器

13.鼓励建设各类科技企业孵化器、众创空间等创业服务平台,在土地、资金、基础设施建设等方面积极支持。充分运用互联网和开源技术,打造"互联网+"创新平台,建设"互联网+"创业社区,促进互联网与各产业融合创新发展,提升众创空间服务能力。统筹省科技专项资金1亿元,对高等学校、科研院所利用闲置楼宇构建众创空间,按其改造费用50%的比例(最高不超过200万元)给予补贴。采用政府购买服务方式,对众创空间提供的宽带网络、公共软件服务费用,按50%的比例给予补贴。(由省科技厅、省发展改革委、省工业和信息化委、省财政厅、省国防科工局负责落实)

14.落实国家大学科技园、科技企业孵化器相关税收优惠政策。积极引导高等学校创办形式多样的孵化器,为大学师生创业提供服务。对新认定和引进的省级以上科技企业孵化器、大学科技园,省财政给予奖补。对省级以上科技企业孵化器、大学科技园,根据其新增孵化面积、新增在孵企业数量等因素给予运行费补助。对省级科技企业孵化器投入的种子基金按不高于20%的比例给予配套支持。对科技人员创办科技型企业、河南省创新创业大赛获奖团队创办企业给予10万元的创业资助。(由省科技厅、省发展改革委、省财政厅、省国土资源厅负责落实)

三、围绕产业链部署创新链

加强科技与经济在规划、政策等方面的相互衔接，围绕产业链部署创新链，围绕创新链完善资金链，促进科技与经济深度融合。

（六）强化产业需求导向

15. 围绕全面实施三大国家战略规划和建设先进制造业大省、高成长服务业大省和现代农业大省的战略需求，培育"百千万"亿级优势产业集群，编制科技创新发展规划。以高端装备、信息网络、生物与健康、新能源与节能环保、现代种业、农业物联网和装备智能化等为重点，强化科技创新的全链条设计，凝练 15—20 个重大产业技术创新专题和一批重点研发专项，集中统筹配置创新资源，一体化实施。（由省科技厅、省工业和信息化委、省发展改革委、省财政厅负责落实）

（七）促进产业协同创新

16. 实施产业技术创新战略联盟发展工程，以高成长性制造业、战略性新兴产业和传统支柱产业为重点，积极引导企业、高等学校和科研院所等建立机制灵活、互惠高效的产业技术创新战略联盟。（由省科技厅、省工业和信息化委、省发展改革委负责落实）

17. 围绕重大产业技术创新专题，以产业技术创新战略联盟和创新龙头企业为主体，实施 200 项重大科技专项，在智能装备、创新药物、生物育种、光电集成等领域，力争突破 300 项产业关键核心技术，构建 50 条创新链，实现补链、延链和强链，推动产业向中高端攀升。（由省科技厅、省工业和信息化委负责落实）

18. 围绕我省若干传统优势产业、高成长性产业和战略性新兴产业，依托国家重点实验室、国家工程技术研究中心（工程研究中心）、国家质检中心、国家 2011 协同创新中心、工业设计中心等骨干创新平台及大型骨干企业研究开发机构，联合省内外企业、高等学校、科研院所、检验检测机构，探索建立省级产业协同创新中心，加强公共科技服务平台建设,组织开展共性和关键技术研究,省财政统筹相关资金给予支持,推动产业结构转型升级。(由省科技厅、省发展改革委、省工业和信息化委、省教育厅、省财政厅、省质监局负责落实)

(八)支持开展产品创新、业态创新、商业模式创新

19.支持企业产品创新,培育新兴业态,实施商业模式创新培育工程,调整省级5000万元自主创新资金使用方向,在全省公开选拔推介一批商业模式(业态)创新示范项目并给予一定奖励,通过示范效应引导更多企业参与商业模式(业态)创新活动,打造新的产业增长点。在省科技进步奖中设立企业技术创新工程奖,定期评选一批商业模式(业态)创新示范企业,支持企业探索技术创新、管理创新、商业模式创新新机制。(由省科技厅、省发展改革委、省工业和信息化委、省商务厅、省财政厅、省国防科工局负责落实)

(九)落实优先使用创新产品的采购政策

20.积极推进政府采购和推广应用创新产品。落实支持采购创新产品和服务的政策体系,落实和完善政府采购促进中小企业创新发展的相关措施,加大创新产品和服务的采购力度。鼓励采用首购、订购等非招标采购方式,以及政府购买服务等方式予以支持,促进创新产品的研发和规模化应用。(由省财政厅、省科技厅负责落实)

21.研究完善使用首台(套)重大技术装备鼓励政策,健全研制、使用单位在产品创新、增值服务和示范应用等环节的激励和约束机制。启动我省首台(套)重大技术装备保险补偿试点,降低高端装备制造业科技成果转化中的风险,对经过认定的首台(套)重大技术装备投保企业,省财政按照综合投保费率3%的上限及实际投保年度保费给予一定比例补贴,推动我省现代装备制造业加快发展。(由省财政厅、省科技厅、省工业和信息化委、省发展改

革委负责落实)

四、强化金融服务创新的功能

发挥金融创新对技术创新的助推作用,培育壮大创业投资和资本市场,提高信贷支持创新的灵活性和便利性,形成各类金融工具协同支持创新发展的良好局面。

(十)壮大创业投资规模

22.结合国有企业改革,设立国有资本创业投资基金,完善国有创投机构激励约束机制。发挥国家新兴产业创业投资引导基金、国家科技成果转化引导基金、科技型中小企业创业投资引导基金和省股权投资引导基金等促进创新创业基金的作用,带动社会资本支持战略性新兴产业和高科技产业早中期、初创期新型企业发展。完善外商投资创业投资企业政策,鼓励境外资本投向创新领域。(由省财政厅、省发展改革委、省科技厅、省工业和信息化委、省商务厅、省证监局负责落实)

(十一)强化资本市场对技术创新的支持

23.实施"瞪羚企业"培育计划,支持符合条件的高新技术企业、科技型中小企业在境内主板、中小板、创业板、新三板及海外市场、区域性股权交易市场上市或挂牌,支持上市、挂牌企业开展多种形式的并购重组再融资。(由省科技厅、省工业和信息化委、省财政厅、省政府金融办、省证监局负责落实)

24.推进省内区域性股权交易市场建设,规范发展其他权益类交易场所,向符合条件的非上市科技型中小企业提供股权登记托管、产权交易、知识产权登记评估质押等服务。鼓励发展私募股权投资基金和风险投资基金,引导科技型中小企业通过发行公司债和中小企业私募债拓宽融资渠道。(由省政府金融办、省财政厅、省证监局、省工业和信息化委、省银监局、省科技厅、省知识产权局负责落实)

（十二）促进科技与金融结合

25.实施科技金融三年行动计划,设立科技创新创业投资引导基金,遵循引导性、间接性、非营利性和市场化原则,通过与社会资本合作设立子基金等方式,对科技成果转化和科技型小微企业开展股权投资。鼓励银行业金融机构实施产品和服务创新,开展知识产权质押贷款、股权质押贷款等贷款业务,为科技成果转化提供金融支持。支持政策性金融机构采取措施,加大对科技成果转化的金融支持。制定科技金融服务平台管理办法,采取政府购买服务等方式予以支持。（由省科技厅、省财政厅、省政府金融办负责落实）

五、完善技术转移转化机制

强化尊重知识、尊重创新、充分体现智力劳动价值的分配导向,让科技人员在创新活动中得到合理回报,通过技术转移转化体现创新价值。

（十三）改革科技成果使用、处置和收益权

26.健全知识、技术、管理等由要素市场决定的报酬机制,激发调动广大科技人员和全社会创新活力。在不涉及国防、国家安全、国家利益、重大社会公共利益的情况下,省管高等学校和科研院所等事业单位,可以自主决定对其持有的科技成果采取转让、许可、作价入股等方式开展转移转化活动。单位主管部门和财政部门对其科技成果在境内的使用、处置不再审批或备案,科技成果转移转化所得收入全部留归单位,纳入单位预算,实行统一管理,处置收入不上缴国库。（由省财政厅、省科技厅负责落实）

（十四）提高科研人员成果转化收益比例

27.落实相关法律和政策,完善科技成果、知识产权归属和利益分享机制,提高骨干团队、主要发明人受益比例,在利用财政资金设立的高等学校和科研院所中,将职务发明成果转让收益在重要贡献人员、所属单位之间合理分配,对用于奖励科研负责人、骨干技术人员等重要贡献人员和团队的收益比例,可以从现行不低于20%提高到不低于50%。(由省科技厅、省财政厅负责落实)

28.国有企业、事业单位对职务发明完成人、科技成果转化重要贡献人员和团队的奖励,计入当年单位工资总额,但不纳入工资总额基数。(由省人力资源社会保障厅负责落实)

(十五)加大科研人员股权激励力度

29.鼓励各类企业通过股权、期权、分红等激励方式,调动科研人员创新积极性。建立促进国有企业创新的激励制度,对在创新中做出重要贡献的技术人员实施股权和分红权激励。(由省财政厅、省科技厅、省政府国资委负责落实)

30.认真落实国家鼓励科技型中小企业发展的政策,高新技术企业和科技型中小企业科研人员通过科技成果转化取得股权奖励收入时,原则上在5年内分期缴纳个人所得税。(由省国税局、省地税局、省科技厅负责落实)

(十六)发展多层次的技术(产权)交易市场体系

31.以国家技术转移郑州中心、国家知识产权专利审查河南中心、河南技术产权交易所等国家级科技服务机构为依托,加快建立覆盖全省、服务企业的技术转移网络,积极创建国家技术转移集聚区。研究制定促进技术市场发展的政策。(由省科技厅、省财政厅、省知识产权局负责落实)

32.对经技术转移机构促成在我省转化的项目,财政科技资金按实际成交额的一定比例给予技术转移机构奖励。技术转让、技术开发和与之相关的技术咨询、技术服务的收入免征收增值税。(由省科技厅、省财政厅、省国税局、省地税局负责落实)

33.积极办好中国郑州先进技术交易会等各类技术交易活动。(由省科技厅负责落实)

六、增强高等学校、科研院所创新活力

发挥科学技术研究对创新驱动的引领和支撑作用,增强高等学校、科研院所创新活力和转制科研院所的共性技术研发能力。

(十七)改革高等学校和科研院所科研评价制度

34.强化对高等学校和科研院所研究活动的分类考核。对基础和前沿技术研究实行同行评价,突出中长期目标导向,评价重点从研究成果数量转向研究质量、原创价值和实际贡献。(由省科技厅、省教育厅、省人力资源社会保障厅、省统计局负责落实)

35.对公益性研究强化国家目标和社会责任评价,定期对公益性研究机构组织第三方评价,将评价结果作为财政支持的重要依据,引导建立公益性研究机构依托国家资源服务行业创新机制。(由省科技厅、省财政厅、省统计局负责落实)

(十八)深化转制科研院所改革

36.坚持技术开发类科研机构企业化转制方向,对于承担较多行业共性科研任务的转制科研院所,可组建成产业技术研发集团,对行业共性技术研究和市场经营活动分类管理、分类考核。(由省政府国资委、省科技厅、省科学院负责落实)

37.推动以生产经营活动为主的转制科研院所深化市场化改革,通过引入社会资本或整体上市,积极发展混合所有制,推进产业技术联盟建设。(由省政府国资委、省科技厅、省科学院负责落实)

38.对于部分转制科研院所中基础研究能力较强的团队,在明确定位和标准的基础上,引导其回归公益,参与重点实验室建设,支持其继续从事公益研究。(由省科技厅、省编办、省人力资源社会保障厅负责落实)

39.支持省科学院、省农科院通过不断深化改革提升综合创新能力。(由省发展改革委、省科技厅、省财政厅、省科学院、省农科院负责落实)

（十九）加大对科研工作的绩效激励力度

40. 完善事业单位绩效工资制度,健全鼓励创新创造的分配激励机制。完善科研项目间接费用管理制度,强化绩效激励,合理补偿项目承担单位间接成本和绩效支出。项目承担单位应结合一线科研人员实际贡献,公开公正安排绩效支出,充分体现科研人员的创新价值。(由省人力资源社会保障厅、省科技厅、省财政厅负责落实)

41. 改革高等学校和科研院所聘用制度,优化工资结构,保证科研人员合理工资待遇水平。完善内部分配机制,重点向关键岗位、业务骨干和做出突出成绩的人员倾斜。(由省人力资源社会保障厅、省教育厅、省科技厅负责落实)

七、创新人才队伍建设机制

围绕建设一支规模宏大、富有创新精神、敢于承担风险的创新型人才队伍,按照创新规律培养和吸引人才,按照市场规律让人才自由流动,实现人尽其才、才尽其用、用有所成。

（二十）构建创新型人才培养模式

42. 积极探索启发式、探究式、研究式教学方法,强化兴趣爱好和创造性思维培养,弘扬科学精神,营造鼓励创新、宽容失败的创新文化。(由省教育厅负责落实)

43. 以人才培养为中心,着力提高本科教育质量,加快部分普通本科高等学校向应用技术型转变,拓展校企合作育人的途径与方式。改革研究生培养模式,增进教学与实践的融合。(由省教育厅负责落实)

（二十一）建立健全科研人才双向流动机制

44. 改进科研人员薪酬和岗位管理制度,破除人才流动的体制机制障碍,促进科研人员在事业单位和企业间合理流动。在省级以上重点实验室、工程技术研究中心(工程实验室)、博士后科研流动站、博士后科研工作站、院士专家工作站、协同创新中心、工业设计中心等骨干创新平台,设立首席科学家、特聘研究员等特设岗位,按照人在岗在、人走岗销的方式管理。允许科研院所的科技人员经所在单位批准,在不影响本职工作和单位权益的条件下到企业兼职或在职创办企业进行成果转化。(由省人力资源社会保障厅、省编办、省科技厅、省科协负责落实)

45. 允许高等学校和科研院所设立一定比例流动岗位,吸引有创新实践经验的企业家和企业科技人才兼职。(由省人力资源社会保障厅负责落实)

46. 加快社会保障制度改革,完善科研人员在企业与事业单位之间流动时社保关系转移接续政策,促进人才双向自由流动。(由省人力资源社会保障厅负责落实)

(二十二)实行更具竞争力的人才吸引制度

47. 围绕我省重大战略需求,面向全球引进首席科学家等高层次科技创新人才。建立访问学者制度。广泛吸引海外高层次人才来豫从事创新研究。(由省委组织部、省人力资源社会保障厅、省教育厅、省科技厅负责落实)

48. 组织实施高层次科技人才引进工程,对引进的高层次科技人才,在省辖市、直管县(市)及引进单位政策支持的基础上,省财政统筹相关资金给予科研资助。符合省特设岗位的聘用人才,由政府提供津贴。(由省科技厅、省财政厅、省人力资源社会保障厅及各省辖市、直管县〔市〕政府负责落实)

49. 稳步推进人力资源市场对外开放,逐步放宽外商投资人才中介服务机构的外资持股比例和最低注册资本金要求。鼓励我省有条件的人力资源服务机构走出去与国外人力资源服务机构开展合作,在境外设立分支机构,积极参与国际人才竞争与合作。(由省人力资源社会保障厅负责落实)

50.加快郑州航空港人才管理改革试验区、中国郑州航空港引智试验区以及郑州高新区国家海外高层次人才创新创业基地建设,及时总结借鉴建设经验,在要素集聚的地方和单位择优布点建设人才管理改革试验区,开展国际人才交流政策机制创新试验,着力建立与国际接轨的人才管理制度,优化人才政策环境,吸引集聚高层次人才。(由省委组织部、省科技厅、省人力资源社会保障厅、郑州市政府负责落实)

(二十三)加快培养创新型企业家和高技能人才

51.完善创新型企业家、高技能人才培养模式和评价机制,实行积极的政策激励措施,将其纳入省优秀专家、享受省政府特殊津贴等评选推荐范围。把高技能人才纳入创新人才团队培养计划,鼓励其积极承担各类科技计划项目。(由省人力资源社会保障厅、省委组织部、省科技厅负责落实)

52.大力实施职业教育攻坚计划,提高城乡劳动者的职业素养和技能,夯实高技能人才队伍建设基础。通过国家职业教育改革试验区建设、河南全民技能振兴工程等省部共建项目,建设一批高水平职业院校和职业技能实训基地。(由省人力资源社会保障厅、省教育厅负责落实)

八、推进开放式创新

坚持引进来与走出去相结合,积极主动融入全球创新网络,吸纳全球创新资源,在更高层次上构建开放创新机制。

(二十四)积极推进开放合作

53.实施科技开放合作工程。积极建立省、省辖市、省直管县(市)政府与省外知名高等学校、科研院所、学会的紧密科技合作,积极落实我省与北京市的科技合作,重点推动企业与国内外同行、知名院所深度合作。组织我省企业与省外知名高等院校、科研院所、学会等各类创新主体开展创新合作对接,开展产学研合作或引

进技术成果在我省转化。（由省科技厅、省商务厅、省科协及各省辖市、直管县〔市〕政府负责落实）

54. 积极促进我省民间资本与省外技术实现有效对接,实施二次创业、转型创新发展。对我省引进转化省（境）外先进技术和成果以及合作开发的项目,财政采取后补助的方式,按技术成果实际交易额的一定比例对技术承接单位给予补助。（由省科技厅、省财政厅、省商务厅负责落实）

（二十五）扩大科技计划对外开放

55. 制定科技计划对外开放的管理办法,按照对等开放、保障安全的原则,积极鼓励和引导外资研发机构参与承担科技计划项目。（由省科技厅负责落实）

56. 鼓励有条件的单位积极参与大型国际科技合作计划。引导外资研发中心来豫开展原创性研发活动,吸引国际知名科研机构来豫联合组建国际科技中心。（由省科技厅负责落实）

57. 面向全球吸引科技领军人才和高水平创新创业团队,支持国内外一流大学、科研院所和世界500强研发中心在豫设立分支机构和科技成果转化基地,在创新创业中做出突出成绩的,经省政府同意后可按照省财政一事一议原则给予重奖。（由省科技厅、省财政厅、省商务厅负责落实）

（二十六）促进军民科技融合发展

58. 积极发挥在豫军工企事业单位、科研机构和军队院校服务地方经济发展的作用,建立军民创新规划、项目、成果转化对接机制,对在豫设立的研发机构和科技成果转化基地,根据其绩效情况给予奖补。制定解放军信息工程大学军民融合科技行动计划方案,支持其建设军民融合协同创新研究院,支持北斗导航、高分辨率对地观测等重大科技成果在豫转化。引导我省科技力量围绕国防建设需求组织开展研发活动,共建研发平台,促进军民融合。

（由省国防科工局、省财政厅、省科技厅负责落实）

九、推进创新改革试验区建设

遵循创新区域高度集聚的规律，谋划建设重要创新载体，积极开展创新改革试验，及时总结推广经验，发挥示范和带动作用。

（二十七）创建国家自主创新示范区

59.统筹创新空间布局，创建国家自主创新示范区，积极推广面向全国高新区的中关村先行先试政策。积极探索建立创新资源统筹协调发展、技术转移转化、科技创新与资本对接、人才服务工作等新机制，建设成为创新驱动发展引领示范区、体制机制创新先行区、战略性新兴产业与现代服务业发展核心区、科技金融推动创新创业发展实验区和国家区域性技术转移中心，提升郑州、洛阳作为丝绸之路经济带重要节点城市的经济地位，带动全省创新驱动发展。（由省科技厅、省发展改革委、省财政厅、郑州市政府负责落实）

（二十八）加快发展高新技术产业开发区和创新型产业集聚区

60.推进高新区体制机制创新，国家级高新区所在市要积极借鉴北京中关村等国家自主创新示范区发展经验，建立高新区及高新技术企业发展的市级统筹机制，加强创新资源的高效整合，完善区域创新布局。落实省级以上高新区省辖市经济管理权限。（由省科技厅、省发展改革委、有关省辖市政府负责落实）

61.培育创新型产业集聚区，积极引导省级产业集聚区走创新发展道路。依托省认定的产业集聚区建设一批省级高新区。支持条件成熟的省级高新区升级为国家级高新区。（由省科技厅、省发展改革委、有关省辖市政府负责落实）

（二十九）建设中原现代农业科技示范区

62.积极利用国内外科技和人才资源，运用现代农业技术、物流技术、物联网大数据等信息技术，结合金融创业投资，加强农业科技协同创新,推动一、二、三产业融合创新,推动技术创新、产业创新、组织创新、商业模式创新、业态创新,建成现代农业发展的先行先试区、传统农业的可持续发展区和四化同步发展先行区,引导带动全省现代农业发展。对示范区内新认定的国家农业科技园区、省级农业科技园区、创新型农业产业化集群,根据当地资金投入以及绩效情况给予奖补。(由省科技厅、省财政厅负责落实)

十、优化创新驱动发展环境

改革科技管理体制,加强创新政策评估督查与绩效评价,形成职责明晰、积极作为、协调有力、长效管用的创新治理体系,更好发挥政府推进创新的作用。

(三十)加强创新政策的统筹

63.加强科技、经济、社会等方面的政策、规划和改革举措的统筹协调和有效衔接,发挥好科技界和智库对创新决策的支撑作用。(由省发展改革委、省科技厅负责落实)

64.建立创新政策协调审查机制,组织开展创新政策清理,及时废止有违创新规律、阻碍新兴产业和新兴业态发展的政策条款,对新制定政策是否制约创新进行审查。(由省科技厅、省发展改革委负责落实)

65.建立创新政策调查和评价制度,广泛听取企业和社会公众意见,定期跟踪分析政策落实情况,及时调整完善。(由省科技厅负责落实)

66.加大对国家和省重大科技政策的宣传力度,引导企业广泛开展研究开发活动。建立科技、财税等部门定期会商和督查制度,推动国家各类支持自主创新财税政策落到实处。(由省科技厅、省财政厅、省国税局、省地税局负责落实)

67.健全知识产权侵权查处机制,强化行政执法与司法衔接,加强知识产权综合行政执法,健全知识产权维权援助体系,将侵权

行为信息纳入社会信用记录。(由省知识产权局、省工商局、省版权局负责落实)

(三十一)完善创新驱动导向评价体系

68.加强政府科技综合统计和部门科技统计,把全社会研发投入纳入统计指标,体现创新的经济价值。研究建立科技创新、知识产权与产业发展相结合的创新驱动发展评价指标,纳入经济社会发展规划。(由省发展改革委、省科技厅、省统计局负责落实)

69.健全国有企业技术创新经营业绩考核制度,加大技术创新在国有企业经营业绩考核中的比重。对国有企业研发投入和产出分类考核,形成鼓励创新、宽容失败的考核机制。(由省政府国资委、省统计局负责落实)

70.把创新驱动发展成效纳入对地方领导干部考核的范围,作为考核评价地方经济发展及领导班子和领导干部政绩的重要内容。(由省委组织部及各省辖市、直管县〔市〕政府负责落实)

(三十二)改革科技管理体制

71.强化科技计划的顶层设计,打破条块分割,构建总体布局合理、功能定位清晰、具有河南特色的科技计划体系。重大科技专项突出政府目标导向,技术创新引导专项突出企业主体,充分发挥市场在创新资源配置中的决定性作用和政府在创新中的引导示范作用。(由省科技厅负责落实)

72.加强科技与经济在规划、政策等方面的相互衔接,建立由省科技行政部门牵头,财政、发展改革等相关部门参加的科技计划和资金管理联席会议制度,统筹审议科技发展战略规划、科技计划的布局与设置、重点任务等事项。涉及国民经济、社会发展的重大科技事项,按程序报省政府决策。(由省科技厅、省财政厅、省发展改革委负责落实)

73.转变政府科技管理职能,建立依托专业机构管理科研项目

的机制,政府部门不再直接管理具体项目,主要负责科技发展战略、规划、政策、布局、评估和监管。(由省科技厅负责落实)

74.加大研发投入力度,根据经济社会发展需求,研究制定加大投入的发展规划。省市县三级政府都要增加财政投入,积极争取中央财政对我省科技的资金支持,优化投入方式,提高经费使用效能。(由省科技厅、省财政厅、省发展改革委及各省辖市、直管县〔市〕政府负责落实)

75.深化科技评价制度改革,完善分类评价标准,注重科技创新质量和实际贡献,应用研究和产业化开发主要由市场评价。鼓励支持学会等开展第三方创新评估,促进科技创新。(由省科技厅、省科协负责落实)

76.建立科研设施、仪器开放共享激励机制,加快推进科研设施与仪器向企业、社会研发组织等社会用户开放,实现资源共享,为科技创新和社会需求服务。(由省科技厅、省财政厅负责落实)

77.完善企业创新服务体系,加快推进创业孵化、知识产权服务、第三方检验检测认证等机构的专业化、市场化改革,壮大技术交易市场。(由省科技厅、省工业和信息化委、省知识产权局、省质监局负责落实)

78.支持科协所属学会有序承接政府转移职能扩大试点工作,积极围绕服务改革需要,承接适宜学会承担的科技类公共服务职能。(由省科协负责落实)

(三十三)加强组织领导

79.各级党委、政府要高度重视科技创新工作,强化党政一把手落实创新驱动发展的责任机制。建立由科技部门牵头,财政、发展改革、人力资源社会保障、工业和信息化等相关部门密切配合、协同推进的工作机制。(由省科技厅、省财政厅、省发展改革委、省人力资源社会保障厅、省工业和信息化委及各省辖市、直管县

〔市〕党委、政府负责落实)

80.各级党委、政府和相关部门要制定贯彻落实本意见的配套文件和具体实施方案,逐级明确任务和责任,确保落实到位。(由各省辖市、直管县〔市〕党委、政府负责落实)

5.河南省人民政府关于发展众创空间推进大众创新创业的实施意见

豫政〔2015〕31号

各市、县人民政府,省人民政府各部门:

为贯彻党中央、国务院关于进一步激励大众创业、万众创新的精神,落实《党中央国务院关于深化体制机制改革加快实施创新驱动发展战略的若干意见》《国务院办公厅关于发展众创空间推进大众创新创业的指导意见》(国办发〔2015〕9号)和《河南省全面建成小康社会加快现代化建设战略纲要》要求,加快发展我省众创空间等新型创业服务平台,激发全社会创新创业活力,营造良好的创新创业生态环境,打造经济发展新引擎,特提出以下意见,请认真贯彻落实。

一、加快构建众创空间

依托郑州航空港经济综合实验区、高新技术产业开发区、经济技术开发区、产业聚集区、高校、科技企业孵化器、大学科技园、小企业创业基地等各类创新创业载体,加快建设市场化、专业化、集成化、网络化的众创空间,为小微企业成长和个人创业提供低成本、便利化、全要素的开放式综合服务平台。(省科技厅、发展改革委、教育厅、工业和信息化委负责)

支持高校、科研机构、大企业等各类投资主体,充分利用闲置厂房或楼宇构建众创空间。鼓励依托创业投资机构,打造孵化与投资相结合的众创空间,为小微企业和创业人员提供融资支持。
(省科技厅、教育厅、工业和信息化委、河南证监局负责)

充分运用互联网和开源技术,打造"互联网+"创新平台,建设"互联网+"创业社区,促进互联网与各产业融合创新发展,提升众创空间服务能力。(省科技厅、发展改革委、工业和信息化委负责)

有条件的地方对众创空间的房租、宽带网络、公共软件、法律财务服务等要给予支持。科技、教育、人力资源社会保障等部门要加强对众创空间的分类指导,引导众创空间快速健康发展。(省科技厅、教育厅、人力资源社会保障厅和各省辖市、县〔市、区〕政府负责)

二、大力发展科技企业孵化器

鼓励和支持多元化主体投资建设科技企业孵化器、大学科技园等创业服务载体,在土地、资金、基础设施建设等方面积极支持。鼓励高校举办科技企业孵化器、大学科技园,各地工商部门要为科技企业孵化器、大学科技园等法人主体注册提供便利,及时快捷予以登记。鼓励行业骨干企业建立专业孵化机构,完善创新链,加快壮大小微企业群体。(省科技厅、教育厅、工业和信息化委、财政厅、国土资源厅、住房城乡建设厅、工商局负责)

鼓励各类孵化载体通过招投标程序确定专门的孵化运营团队(运营管理机构),实行市场化运营。完善"苗圃+孵化+加速"孵化服务链条,建设一批产业整合、金融协作、资源共享的创业孵化示范区,探索创业孵化新机制、新模式。(省科技厅、教育厅、工业和信息化委、人力资源社会保障厅负责)

鼓励孵化器设立孵化资金,支持利用孵化资金对在孵企业进行投资和资助。对新认定的省级以上科技企业孵化器、大学科技园,省财政给予一次性奖补,并根据其运行情况给予一定补贴。

（省科技厅、教育厅、财政厅负责）

三、降低创新创业门槛

深化商事制度改革工作，积极推进"三证"（工商营业执照、组织机构代码证、税务登记证）合一，认真实施"先证后照"改革，优化工作流程，强化服务效能，进一步推进工商登记便利化，为各类创业主体准入营造宽松便捷的环境。（省工商局负责）

众创空间、科技企业孵化器、大学科技园、小企业创业基地、大学生创业孵化基地等孵化载体要为创业者提供房租优惠、技术共享、创业辅导、免费高带宽互联网接入等服务。（省科技厅、教育厅、工业和信息化委、财政厅、人力资源社会保障厅负责）

四、鼓励大学生创新创业

推进实施大学生创业引领计划，鼓励各高校开设创新创业教育课程，开展大学生创业培训，重点建设一批大学生创业教育示范学校。整合国家和省级高校毕业生就业创业基金，为大学生创业提供场所、公共服务和资金支持，以创业带动就业。鼓励高校加强与金融部门、小额担保贷款管理部门合作，探索设立校内大学生创业小额担保贷款指导服务站，提升贷款审批效率。（省教育厅、工业和信息化委、财政厅、省政府金融办负责）

建立创新创业导师团队，在各专业管理部门设立专项培训课程，定期由行业导师授课，指导大学生熟知国家技术政策及导向。（省教育厅、科技厅负责）

加快建设河南省大学生创业实践示范基地，充分发挥大学科技园、科技企业孵化器、高校创业实践示范基地等孵化载体作用，为大学生创业者提供创业空间、创业培训、营销代理、工商注册、法律服务、创业交流、融资对接等服务，解决大学生创业初期资金和经验不足等难题。（省教育厅、科技厅、人力资源社会保障厅负责）

在校大学生（研究生）到各类孵化载体休学创办小微企业，可

向学校申请保留学籍 2 年,并可根据创业绩效给予一定学分奖励。(省教育厅负责)

五、健全科技人员创业激励机制

鼓励高校、科研院所科研人员创办科技型中小企业,对省属高校和科研院所科技人员创办科技型中小企业的,省财政给予一次性创业补助。(省科技厅、财政厅负责)

省属高校和科研院所职务发明成果转让收益中用于奖励科研负责人、骨干技术人员等重要贡献人员和团队的比例不低于50%。科技成果转移转化所得收入全部留归单位,纳入单位预算,实行统一管理,处置收入不上缴国库。(省科技厅、财政厅负责)

允许省属高校和科研院所等事业单位科技人员在不影响本职工作和单位权益的条件下到企业兼职或在职创办企业进行成果转化。(省科技厅、教育厅、人力资源社会保障厅负责)

高新技术企业和科技型中小企业科研人员通过科技成果转化取得股权奖励收入时,原则上在 5 年内分期缴纳个人所得税。个人以股权、不动产、技术发明成果等非货币性资产进行投资的实际收益,可分期纳税。(省科技厅、财政厅、国税局、地税局负责)

六、提升科技型中小企业创新能力

实施科技"小巨人"培育计划,遴选一批创新能力强、成长速度快、发展潜力大的科技"小巨人(培育)"企业进行重点扶持,帮助其发展成为年营业收入超亿元的科技"小巨人"企业。实施省科技型中小企业培育专项,引导科技"小巨人(培育)"企业开展创新活动,提升创新能力。(省科技厅、财政厅负责)

加强全省科技型中小企业培育和备案工作,鼓励其建立企业实验室、企业技术中心、工程(技术)研究中心等研发机构。鼓励和引导科技型中小企业加强技术改造与升级,支持其采用新技术、新工艺、新设备,调整优化产业和产品结构。(省科技厅、发展改

革委、工业和信息化委负责)

加大对小微企业技术创新产品和服务的政府采购力度,鼓励小微企业组成联合体共同参加政府采购与首台(套)示范项目。(省财政厅、发展改革委、科技厅、工业和信息化委负责)

七、完善创新创业公共服务平台

支持小微企业公共服务平台和服务机构建设,鼓励科技企业孵化器与省级以上各类协同创新中心对接合作,建设专业技术服务平台。优化国家实验室、重点实验室、工程实验室、工程(技术)研究中心布局,按功能定位分类整合,构建开放、共享、互动的创新网络,建立向企业特别是小微企业有效开放的机制。加大国家重大科研基础设施、大型科研仪器和专利基础信息资源等向社会开放力度。(省科技厅、发展改革委、教育厅、工业和信息化委、知识产权局负责)

以国家技术转移郑州中心、国家知识产权专利审查河南中心、河南技术产权交易所等国家级科技服务机构为依托,加快建立覆盖全省、服务企业的技术转移网络。(省科技厅、财政厅、知识产权局负责)

加强电子商务基础建设,为创新创业搭建高效便利的服务平台,提高小微企业市场竞争力。(省商务厅、工业和信息化委负责)

优化创新创业项目资源库。建立创新创业信息发布机制,广泛征集创新创业项目,使项目与创业者有效对接,促进项目成功转化。(省科技厅、教育厅、工业和信息化委、人力资源社会保障厅负责)

八、加强财政资金引导

发挥省科技创新创业投资引导基金作用,引导社会资本投入,通过股权投资的方式,推动科技成果转化和种子期、初创期小微企业发展。鼓励有条件的省辖市、国家高新技术产业开发区通过设立创业投资引导基金和创业券等多种方式支持创新创业。(省财政厅、科技厅和各省辖市、县〔市、区〕政府负责)

通过科技型企业培育、自主创新产品、科技金融结合等专项,采取以奖代补、后补助、风险补偿等方式,发挥财政资金的杠杆作用,激励小微企业加大研发投入,引导金融资本支持创新创业。(省科技厅、财政厅负责)

加快技术转移转化,对经技术转移机构促成在我省转化的项目,省财政科技资金按成交额的一定比例给予技术承接单位转化补助,并给予技术转移机构转化奖励。(省科技厅、财政厅负责)

九、构建创业投融资体系

围绕创新创业企业不同发展阶段的融资需求,积极引导社会力量,构建多层次的创业投融资服务体系。鼓励优秀企业家、创业导师等对创业团队和种子期、初创期的小微企业提供天使投资。省财政对向小微企业提供创业投资和贷款的金融机构给予风险补偿。(省发展改革委、省政府金融办、省科技厅、工业和信息化委、财政厅、人行郑州中心支行、河南银监局、证监局、保监局负责)

加大对小微企业改制和上市辅导等工作环节的支持力度,积极引导和鼓励创业企业在中小板、创业板、新三板、区域股权交易市场等多层次资本市场上市、挂牌融资。对小微企业发行中小企业集合债券、中小企业私募债等债务融资工具成功实现融资的,省财政给予一定比例的发行费补贴。(省政府金融办、省科技厅、教育厅、工业和信息化委、财政厅、河南证监局负责)

鼓励金融机构设立科技支行,大力发展金融服务。鼓励开展互联网股权众筹融资、债券市场融资、知识产权质押、科技融资担保等多种金融服务。(省政府金融办、省财政厅、人行郑州中心支行、河南银监局、证监局负责)

十、丰富创新创业活动

开展"创新创业引领中原"活动,支持科技企业孵化器、大学科技园、众创空间、小企业创业基地、高校、大企业等举办各种创业大赛、投资路演、创业沙龙、创业讲堂、创业训练营等活动,营造人人支持创业、人人推动创新的创业文化氛围。(省科技厅、教育厅、工业和信息化委、人力资源社会保障厅负责)

做好河南省科技创业雏鹰大赛举办工作,为投资机构与创新创业者搭建对接平台。对新创办小微企业的获奖创业团队,省财政给予一次性创业资助。(省科技厅、教育厅、财政厅负责)

完善孵化器从业人员培训体系,加强创业导师队伍建设,建立创业导师辅导机制,开展创业导师服务绩效考评,并给予奖补。(省科技厅、财政厅负责)

发展创业服务业,引进、培育一批高水平、专业化创业服务企业。加强职业技能和创业培训。完善政府购买培训成果机制,积极开展高校毕业生、登记失业人员、退役军人、就业困难人员和农村转移劳动力就业技能培训及企业岗位技能提升培训,加强失业人员职业指导培训。(省人力资源社会保障厅、教育厅、科技厅、财政厅负责)

十一、强化组织领导和政策落实

加强省、省辖市、县(市、区)联动,明确责任,统筹协调,整合集成创业创新资源。完善区域创新创业考核督促机制,引导和督促各省辖市、高新技术产业开发区、经济技术开发区、产业聚集区加强创新创业基础能力建设。(省科技厅和各省辖市、县〔市、区〕政府负责)

省科技部门要加强与其他相关部门的工作协调,研究完善推进大众创新创业的政策措施。(省科技厅负责)各地、各部门要高度重视推进大众创新创业工作,尽快制定出台本地、本部门支持措施,进一步加大简政放权力度,优化市场竞争环境,加大国家鼓励创新创业的政策落实力度。(各省辖市、县〔市、区〕政府和各有关省直部门负责)

河南省人民政府

2015 年 5 月 15 日

6. 河南省人民政府办公厅关于印发《河南省科技企业孵化器发展三年行动计划》的通知

豫政办〔2014〕179 号

各市、县人民政府,省人民政府各部门:

《河南省科技企业孵化器发展三年行动计划》已经省政府同意,现印发给你们,请认真贯彻执行。

河南省人民政府办公厅

2014 年 12 月 22 日

河南省科技企业孵化器发展三年行动计划

(2015—2017 年)

科技企业孵化器(以下简称"孵化器")是指以促进科技成果转化、培养高新技术企业和企业家为宗旨,通过开展创业培训、辅导、咨询,提供研发、试制、经营的场地和共享设施以及技术、金融等相关服务,降低科技型中小企业创业风险和创业成本,提高企业成活率和成长性的科技创业服务载体。孵化器是创新创业人才培养基地,是我省创新体系的重要内容。孵化器包括高新技术创业服务中心、科技园、大学科技园、软件园、留学人员创业园及国际企业孵化器等,分为综合型和专业型。

一、总体思路与发展原则

（一）总体思路。以科学发展观为指导，坚持实施创新驱动发展战略，坚持市场主导、政府引导、分类指导、质量并举原则，以培育战略性新兴产业源头企业、激发创新创业活力、培养创新创业领军人才为目标，以提高各类孵化器的孵化水平和服务能力为核心，加快建设覆盖全省的创新创业孵化体系，着力营造创新创业服务环境，打造良好孵化生态系统，促进科技型中小企业发展，为全省高新技术产业和战略性新兴产业发展提供支撑。

（二）发展原则。

——市场主导原则。坚持市场在资源配置中的决定性作用，在孵化器建设和运营中引入市场机制，遵循市场发展规律，鼓励各类投资主体参与孵化器建设与发展。

——政府引导原则。坚持孵化服务社会公益目标，发挥政府规划引导、科技政策和公共财政支持的核心作用，集成创新创业要素，推进孵化器发展。

——分类指导原则。充分发挥各地产业和区域发展优势，确立孵化器发展方向、目标，建立覆盖全省、高效运行的孵化服务网络，建设国内领先、区域特色和专业明晰的多层次孵化体系，打造创业苗圃、孵化器、加速器为一体的创业孵化链条。

——质量并举原则。在整体规模不断扩大的基础上，持续提高孵化能力和服务水平，积极拓展服务领域，提升服务质量，提高孵化效率，增强孵化器在人才凝聚、产业培育等方面的支撑能力。

二、发展目标与整体布局

（一）发展目标。

——加快孵化器发展。到 2017 年，实现全省 18 个省辖市、10 个省直管县（市）和所有高新区全覆盖，力争每个城乡一体化示范区和一星级以上的产业集聚区至少建设一家省级及以上孵化器。

新认定(组建)省级孵化器60家以上,省级及以上孵化器数量达到120家,新增孵化场地面积1000万平方米,达到1500万平方米以上。

——加速创新创业服务能力提升。到2017年,开展孵化器从业人员培训600人次,孵化器从业人员累计参加专项培训的比重达到70%,提升孵化器服务能力;完善研发试验服务平台,建设各类专业创新创业服务平台60个以上,为1200家在孵企业提供专业化技术服务。

——大力培育科技企业。到2017年,新增在孵企业2000家;培育高新技术企业及后备企业300家,备案科技型中小企业4000家。

——推进科技协同创新。到2017年,实现高校协同创新中心与孵化器全面合作,建设协同创新服务平台10个以上。

(二)整体布局。打造良好孵化生态系统,实现所有省辖市、省直管县(市)和高新区全覆盖,力争每个城乡一体化示范区和一星级以上的产业集聚区至少建设一家省级及其以上孵化器。鼓励各类金融机构建设新型孵化器,推进与高校协同创新,建设大学科技园和科技创新型孵化器。推动不同层次、不同类型孵化器协调发展。

——国家级孵化器。国家级孵化器以发展战略性新兴产业为重点,加快创新苗圃和企业加速器建设,形成完整的"苗圃+孵化+加速"的孵化服务链条。

——省级孵化器。鼓励省级孵化器专业化发展,结合区域产业发展优势,积极与省内外高校、研究院所合作建设专业孵化服务平台,支撑产业发展。

——大学科技园。鼓励省内有条件的高校在省级及以上高新区、产业集聚区创办、合办大学科技园,原则上省内主要理工类大学均要建设大学科技园。积极引进国内外高校在我省创办、合办大学科技园,引进创新资源,加快创业孵化。

——创新型孵化器。鼓励金融机构、企业等各类投资主体积极探索建设多种运营机制、多种发展模式的专业孵化器,探索建设网络虚拟孵化器、微型孵化器、农业科技孵化器、创新工场等类型的创新型孵化器,辐射更多科技创新创业者。推动孵化器与高校协同创新中心深度合作,建设科技创新型孵化器。

三、重点工作

(一)加快载体建设步伐。通过整体推进、合理布局、科学规划,引导全省孵化器建设与发展。一是以高新区、省定产业集聚区和城乡一体化示范区为重点,积极建设创业中心、大学科技园、留学生创业园、专利孵化中心等各类孵化器。二是鼓励各省辖市、省直管县(市)加快孵化器建设,组织认定市、县级孵化器,在全省形成多层次、多运作模式的创新孵化体系。三是围绕新能源、新材料、高端装备制造、信息技术、节能环保、生物医药等产业,规划建立一批专业孵化器,为培育和发展战略性新兴产业提供源泉。四是鼓励依托创投机构创办、主办孵化器,充分发挥投融资优势,以天使投资为核心,打造"早期投资 + 全方位孵化服务"新模式,构建创新创业生态环境,推进孵化器多模式发展。

(二)鼓励与高校合作做好科技创新型孵化器建设工作。一是鼓励孵化器与依托高校建设的协同创新中心对接合作,集聚技术、人才、项目、资金等各类创新资源要素,加快技术研发和成果转化步伐,推动协同创新中心与企业、产业、实体经济深度融合。二是支持高校加快科技创新型孵化基地或大学科技园建设。全省有条件的高校原则上都要规划建设孵化器,尽快启动孵化器大楼规划建设工作,完善配套设施和服务功能,建成一批高校孵化基地和大学科技园。以经济社会发展需求为导向,将高校建设成为技术、产品、企业、产业孵化基地,让产业技术研究院、协同创新中心、各类企业、风险投资机构有效结合,为市场持续培育提供高新技术产品。

(三)积极引进先进孵化器、大学科技园。组织开展与先进地区和投资机构对接活动,做好我省高新区与国家大学科技园对接工作,通过引进技术、资金、高端管理人才等方式共建孵化器;积极引进国内外孵化器运营机构在我省投资建设或领办孵化器,全面提升我省孵化器创新服务能力和对外开放水平。

(四)鼓励创新创业综合社区建设。围绕区域主导产业,建设包括科技创业专业孵化器、加速器、人才公寓和综合配套服务设施等在内的创新创业综合社区。重点发展以办公室为载体的软件和信息服务业、以实验室为载体的研发产业和以工作室为载体的文化创意产业,积极发展优势特色产业,集聚各类创新要素、创新资源,完善配套服务功能,努力使其成为培育新的经济增长极、吸引高层次人才的重要载体。

(五)提升创新创业服务能力。通过建立专业技术支撑平台、投融资体系、人才培训服务体系,逐步完善孵化服务功能。建设一批公共技术服务平台,持续提升孵化器专业技术服务能力;加强孵化器人才队伍建设,完善从业人员培训体系,推进孵化器从业人员培训工作;建设省级创业导师库,强化对在孵企业的创业辅导。

(六)组织开展创新创业大赛。与中国创新创业大赛相衔接,组织开展"河南省科技创业雏鹰大赛",以大赛为平台,发掘优秀创业企业和创业团队,引导创业投资机构和金融机构进行支持,鼓励大学生、青年科技人才创新创业,促进初创期科技型中小企业创新发展。

(七)完善孵化器金融投资功能。鼓励各级政府、省级及以上高新区、产业集聚区设立创业投资引导基金,重点支持孵化器内科技创业企业。鼓励孵化器及其管理人员持股孵化,鼓励孵化器与创业投资机构合作,加快孵化器内种子资金建设,建立孵化体系内的天使投资网络,建立全省孵化体系内资金和项目共享机制,加大与银行、担保等金融机构的合作力度,积极创新面向科技创业企业的金融产品。

(八)加强品牌建设和宣传工作。建设运行河南省科技企业孵化器信息化平台,鼓励各孵化器做好自身网站建设工作,完善孵化成效展示平台,扩大孵化器的社会影响。推动创新创业品牌建设,统一"CTP科技企业孵化器"标识,发挥孵化器品牌的影响、辐射和对创业企业的集聚作用。

四、保障措施

(一)加强领导。各级政府、高新区、产业集聚区、城乡一体化示范区要把发展孵化器作为创新驱动发展战略的重要内容,组织制定孵化器发展总体规划,制定出台政策措施,减免相关税费。强化考核评价,对全省孵化器进行动态管理,对通过考核的国家级孵化器、年度考核优秀的省级孵化器给予表彰和奖励。

(二)保障建设用地。各地要根据土地利用总体规划,统筹安排使用建设用地计划指标和增减挂钩指标,运用国家有关支持政策,有序合理保障孵化器用地需求。将符合国家产业政策的孵化器重大建设项目优先列为省重点建设项目进行支持。鼓励和支持多元化主体投资建设孵化器,在符合土地利用总体规划和城市规划的前提下,以出让方式取得土地使用权用于孵化器建设,孵化器在不改变孵化服务用途的前提下,可按规定分割转让。

(三)加强财政支持。对新认定的国家级孵化器、省级及以上大学科技园,省财政给予一次性300万元奖补;对新认定的省级孵化器,给予一次性100万元奖补。对已认定的省级及以上孵化器、大学科技园,经年度考核合格,按照其上年度服务数量、效果等的量化考核结果,每年给予一定的运行成本补贴。对省政府确定的新建、引进重大科技公共服务平台项目,可采取"一事一议"的方式给予重点支持。

（四）推进人才队伍建设。深化孵化器人事制度、分配制度改革,培养和引进一批具有先进孵化理念、专业知识和管理水平的优秀孵化服务团队和"千人计划"创业人才。科技部门对引进"千人计划"创业人才的科技项目优先支持,省财政对引进"千人计划"创业人才的孵化器进行奖补。保障并完善孵化器人才的工作条件,在子女入学、住房购置等方面放宽户籍限制条件,予以妥善安置和照顾。鼓励孵化器建设专家公寓,为引进的人才提供优良居住条件和工作环境。

三　中国双创大事记（2014—2016）

2014 年

2014 年 9 月 10 日，第八届夏季达沃斯论坛，李克强总理首提"大众创业、万众创新"

主题为"推动创新，创造价值"的第八届夏季达沃斯论坛在天津举行。国务院总理李克强在《紧紧依靠改革创新　增强经济发展新动力》的致辞中指出，只要大力破除对个体和企业创新的种种束缚，形成"人人创新""万众创新"的新形态，中国发展就能再上新水平。要打破一切体制机制的障碍，让每个有创业愿望的人都拥有自主创业的空间，让创新创造的血液在全社会自由流动，让自主发展的精神在全体人民中蔚然成风。借改革创新的"东风"，在 960 万平方公里土地上掀起一个"大众创业""草根创业"的新浪潮，中国人民勤劳智慧的自然禀赋就会充分发挥，中国经济持续发展的"发动机"就会更新换代升级。

2014 年 12 月，年度中央经济工作会议，习近平总书记提出"创新驱动"

2014 年 12 月 9—11 日，2014 年度中央经济工作会议召开。中共中央总书记、国家主席习近平在本次会议上强调，随着要素质量不断提高，经济增长将更多依靠人力资本质量和技术进步，必须让创新成为驱动发展新引擎。如何发现和培育新的增长点？一是市场要活，二是创新要实，三是政策要宽。创新要实，就是要推动全面创新，更多靠产业化的创新来培育和形成新的增长点。

2015 年

2015 年 2 月，习近平总书记主持中央政治局会议讨论"大众创业、万众创新"

2015 年 2 月 12 日，中央政治局会议讨论国务院拟提请第十二届全国人民代表大会第三次会议审议的《政府工作报告》稿，中共中央总书记习近平在会议上指出，完成今年经济社会发展主要预期目标和任务，关键是稳和进相互促进，要着眼于实现经济中高速增长和迈向中高端水平，坚持稳政策稳预期、促改革调结构，激励"大众创业、万众创新"，增加公共产品、公共服务，推动经济发展调速不减势、量增质更优。

2015 年 3 月 5 日，"大众创业、万众创新"首次写入《政府工作报告》

国务院总理李克强在此次《政府工作报告》中正式提出，要"把亿万人民的聪明才智调动起来，就一定能够迎来万众创新的新浪潮"。打造大众创业、万众创新和增加公共产品、公共服务"双引擎"，推动发展调速不减势、量增质更优，实现中国经济提质增效升级。由此，"大众创业、万众创新"的新浪潮开始引发公众关注，成为新常态下经济发展的"双引擎"之一，也成为 2015 年热点事件之一。

2015 年 3 月 11 日，国办发布《关于发展众创空间推进大众创新创业的指导意见》

国务院办公厅发布《关于发展众创空间推进大众创新创业的指导意见》，其中提出，发挥多层次资本市场作用，为创新型企业提供综合金融服务；开展互联网股权众筹融资试点，增强众筹对大众创新创业的服务能力。

2015 年 5 月 7 日，李克强总理来到中国科学院和北京中关村创业大街调研

国务院总理李克强在此次调研中强调，推动大众创业、万众创新是充分激发亿万群众智慧和创造力的重大改革举措，是实现国家强盛、人民富裕的重要途径，要坚决消除各种束缚和桎梏，让创业创新成为时代潮流，汇聚起经济社会发展的强大新动能。

2015 年 6 月 4 日，国务院常务会议确定大力推进大众创业、万众创新的政策措施

会议认为，推进大众创业、万众创新，要坚持改革推动，以市场活力和社会创造力的释放促进生产力水平上新台阶、开辟就业新空间、拓展发展新天地。一要鼓励地方设立创业基金，对众创空间等的办公用房、网络等给予优惠；二要创新投贷联动、股权众筹等融资方式，推动特殊股权结构类创业企业在境内上市，鼓励发展相互保险；三要取消妨碍人才自由流动的户籍、学历等限制，营造创业创新便利条件；四要盘活闲置厂房、物流设施等，为创业者提供低成本办公场所，发展创业孵化和营销、财务等第三方服务；五要用简政放权、放管结合、优化服务更好发挥政府作用，以激发市场活力、推动"双创"。

2015 年 6 月 16 日，国务院印发《关于大力推进大众创业、万众创新若干政策措施的意见》

该文件被称为推动"大众创业、万众创新"的系统性、普惠性政策文件。

2015 年 7 月 27 日，国务院总理李克强出席国家科技战略座谈会谈"双创"

实施创新驱动发展战略，要坚持把科技创新摆在国家发展全局的核心位置，既发挥好科技创新的引领作用和科技人员的骨干中坚作用，又最大限度地激发群众的无穷智慧和力量，形成"大众创业、万众创新"的新局面。

2015 年 8 月 20 日，国办同意建立推进大众创业、万众创新部际联席会议制度

为贯彻落实《国务院关于大力推进大众创业、万众创新若干政策措施的意见》有关精神，共同推进大众创业、万众创新蓬勃发展，国务院同意建立由发展改革委牵头的推进"大众创业、万众创新"部际联席会议制度。

联席会议工作职责包括：在国务院领导下，统筹协调推进大众创业、万众创新相关工作，研究和协调《意见》实施过程中遇到的重大问题，加强对《意见》实施工作的指导、监督和评估；加强有关地方、部门和企业之间在推进大众创业、万众创新方面的信息沟通和相互协作，及时向国务院报告有关工作进展情况，研究提出政策措施建议；完成国务院交办的其他事项。

联席会议由发展改革委、科技部、人力资源社会保障部、财政

部、工业和信息化部、教育部、公安部、国土资源部、住房城乡建设部、农业部、商务部、人民银行、国资委、税务总局、工商总局、统计局、知识产权局、法制办、银监会、证监会、保监会、外专局、外汇局、中国科协等部门和单位组成，由发展改革委主任担任召集人，联席会议办公室设在发展改革委，承担联席会议日常工作。

2015 年 10 月 19 日，首届全国大众创业、万众创新活动周在北京举行

为推动实施创新驱动发展战略、展示"双创"成果、提供平台促进创业创新要素聚集对接，在全社会营造良好氛围，经国务院批准，从 2015 年开始举办"全国大众创业、万众创新活动周"。

国务院总理李克强出席首届"全国大众创业、万众创新活动周"，并考察主题展区。李克强发表即席讲话，指出，当前我国发展进入新常态，正处在发展方式和新旧动能转换的关键期，要以大众创业、万众创新这一结构性改革激发全社会创造力，打造发展新引擎。"大众创业、万众创新"首要在"创"，核心在"众"。在今天的互联网时代，无论"草根"还是精英，都可以投身创业创新，一展长才。

2015 年 10 月 26—29 日，十八届五中全会强调"让创新在全社会蔚然成风"

中国共产党第十八届中央委员会第五次全体会议于 2015 年

10 月 26 日至 29 日在北京举行。中央委员会总书记习近平在本次会议上强调,坚持创新发展,必须把创新摆在国家发展全局的核心位置,不断推进理论创新、制度创新、科技创新、文化创新等各方面创新,让创新贯穿党和国家一切工作。

2015 年 12 月 12 日,首届中国创客领袖大会在河南郑州召开

为落实习近平总书记"让创新贯穿党和国家一切工作,让创新在全社全蔚然成风"和李克强总理"大众创业、万众创新"号召,由三届全国人大代表、"双 12 中国创客日"发起人姜明创办的天明集团发起主办,郑州市政府、河南省科技厅、民建河南省委、省工商联支持的"2015 首届中国创客领袖大会暨双 12 中国创客日揭幕仪式"在郑州召开。

2015 年 12 月 18 日至 21 日,中央经济工作会议明确提出"创新驱动发展"战略

2015 年 12 月 18 日至 21 日,2015 年中央经济工作会议明确提出坚持深入实施创新驱动发展战略,推进大众创业、万众创新,依靠改革创新加快新动能成长和传统动能改造提升。

2016 年

2016 年 3 月 2 日,《实施〈中华人民共和国促进科技成果转化法〉若干规定》印发

2016 年 3 月 2 日,国务院印发《实施〈中华人民共和国促进科技成果转化法〉若干规定》提出了更为明确的操作措施,强调要打

通科技与经济结合的通道,促进大众创业、万众创新,鼓励研究开发机构、高等院校、企业等创新主体及科技人员转移转化科技成果,推进经济提质增效升级。

2016 年 3 月 5 日,李克强总理《政府工作报告》再次聚焦"双创"

《政府工作报告》中,国务院总理李克强在 2016 年重点工作部署当中,明确提出在"十三五"主要目标和重大举措中,创新是引领发展的第一动力,必须摆在国家发展全局的核心位置,深入实施创新驱动发展战略,持续推动"大众创业、万众创新"。

他强调,发挥"大众创业、万众创新"和"互联网 +"集众智汇众力的乘数效应。打造众创、众包、众扶、众筹平台,构建大中小企业、高校、科研机构、创客多方协同的新型创业创新机制。

2016 年 3 月 9 日,第十二届全国人大四次会议河南代表团审议会议,全国人大代表姜明等提议将 12 月 12 日设立为"中国创客日"。

2016 年 5 月 8 日,国办发布《关于建设大众创业、万众创新示范基地的实施意见》

国务院办公厅发布的此次《意见》是为贯彻落实《国务院关于大力推进大众创业、万众创新若干政策措施的意见》和《政府工作报告》,国家发展改革委会同教育部、科技部等 8 个部门共同研究起草,并在国务院常务会议审议通过。《意见》的目标是到 2018 年底建设一批高水平、有特色的"双创"示范基地,培育一批有市场活力的"双创"支撑平台,突破一批制约"双创"发展的政策瓶颈,在全国推广一批"双创"模式和典型经验。

《意见》系统部署"双创"示范基地建设工作,确定了首批共28 个"双创"示范基地,包括北京市海淀区、河南省郑州航空港经济综合实验区等 17 个区域示范基地、清华大学等 4 个高校和科研院所示范基地、海尔集团公司等 7 个企业示范基地。

2016 年 5 月 20 日,《2015 年中国大众创业、万众创新发展报告》在京发布

《2015 年中国大众创业、万众创新发展报告》由国务院总理李克强作序,国家发展改革委组织编写、人民出版社出版。

李克强在序言中指出,"大众创业、万众创新"是时代的选择,是发展的动力之源,也是富民之道、公平之计、强国之策,它符合全心全意为人民服务这一党的宗旨,符合激发市场活力的客观要求。我国人力资源十分丰富,是世界上任何国家都不能比的。只要更好发挥我国人力资源优势,用"双创"激发人民群众的创造力,我国经济发展前景不可限量。

2016 年 8 月 25 日,国务院新闻办举办"双创"发展形势新闻发布会

国家发改委副主任林念修在会上表示,今年以来,随着各项政策措施的落地生根,"双创"环境不断优化,氛围不断向好,创客群体不断壮大,其对稳增长、调结构、促就业的作用日益显现。

2016 年 9 月 4 日,二十国集团领导人第十一次峰会在杭州举行

以"构建创新、活力、联动、包容的世界经济"为主题的二十国

集团领导人第十一次峰会在浙江杭州举行。在这次峰会的主题词中，"创新"二字被摆在首位，在峰会上，"加强政策协调、创新增长方式"是重点议题之一，中国和与会各方一起聚焦世界经济面临的最突出、最重要、最紧迫的挑战，为国际合作指明方向。

2016 年 10 月 12 日，2016 年全国大众创业、万众创新活动周在深圳开幕

本次活动周以"发展新经济、培育新动能"为主题，10 月 12 日至 18 日在深圳开幕。李克强说，"双创"是实施创新驱动发展战略的重要抓手，是推进供给侧结构性改革的重要体现，是培育新动能的有力支撑。创业与创新结合，会使发展动力更加强劲。尤其在当今"互联网＋"蓬勃发展的时代，万众创新可以把千千万万"个脑"联结成创造力强大的"群脑"，在智慧碰撞中催生创意奇妙、能更好满足多样化需求的供给，这正是中国发展巨大潜力所在。

四 天明双创研究院

姜 明

天 明 集 团 创 始 人　三 届 全 国 人 大 代 表

中国创客领袖大会主席　"双12中国创客日"发起人

天明集团

天明双创

天明双创研究院

4

双创服务生态的
打造中国领先的

3

让创业更容易
助创客更成功

2

时代共赢发展
实现创业创新

1

新商业模式
研究双创时代

五　天明"双创"已落地和拟推进工作

2015年12月12日，为落实习近平总书记"让创新在全社会蔚然成风"，李克强总理"大众创业、万众创新"的号召，由三届全国人大代表、"双12中国创客日"发起人姜明创办的天明集团主办，郑州市政府、河南省科技厅、民建河南省委、河南省工商联支持的"2015首届中国创客领袖大会暨双12中国创客日揭幕仪式"在中国郑州召开！

扫一扫请观看
首届大会回顾视频

已落地工作

中国创客宣言　　中国创客诗　　致中国创客信

中国创客歌　　中国创客微电影　　《中国创客》创刊号

《中国双创》　　天明双创研究院　　天明UFO众创空间

拟推进工作

中国创客城　　　创建创客博物馆　设立企业及创客领袖展厅

《中国创客大全》　世界　中国创客失败案例　成功范例

中国创客电视剧　　编写创客剧本　筹拍中国创客电视剧

六　《中国创客宣言》

创客明哥

河南省政协副主席兼工商联主席梁静
2015年12月12日中国创客领袖大会现场领读中国创客宣言

扫一扫　请观看视频

（一）

华夏盛世　乙未羊年
拥抱时代　志存高远
珍惜机遇　布新图变
执着进取　行稳致远
拟立宣言　矢志共勉
我们是中国创客

（二）

倡导契约精神
谨遵法治规范
恪守仁义礼信
保持人格独立
担当社会责任
我们是中国创客

（三）

崇尚造物精神
不惧挫折磨难
拼搏创新专注
永葆创业激情
追求价值贡献
我们是中国创客

（四）

致敬伟大的双创时代
创客改变世界
创新改变未来
创业改变命运
心怀梦想　振兴中华
我们是中国创客

七　《中国创客诗》

创客明哥

河南省政协原副主席 豫商联合会会长陈义初
2015年12月12日中国创客领袖大会现场领读中国创客诗

（一）

一幕小岗村的传奇还在燎原

一则春天的故事还未讲完

用奇迹为时代立传

大众创业 万众创新的召唤

续写中国三十年天翻地变

中国创客 不忘初心 创新实践

（二）

如烟花绚烂的瞬间

在心中留存悠远

那股想要改变世界的信念

一定会实现

既然选择 就要闯出一片蓝天

中国创客 追逐梦想 拼搏实现

（三）

被放大的光鲜　被忽略的辛酸
即使满身劳累　疲惫不堪
也会微笑着站在世界之巅
人生有限　不容遗憾
有时　孤独是义无反顾的心甘情愿
中国创客　坚守执着　不怕磨难

（四）

看得见未来　才能用心灵谱写诗篇
头顶着天　把蔚蓝装在心间
仰望星空　求索追寻　燃起希望的火焰
最美的风景　惊喜无限
光荣与梦想　就在前面
中国创客　胸怀广阔　心容远见

（五）

再高的山　也要一步步登攀
再崎岖的坎　也会越走越平坦
不停息地逐梦　是绳锯木断
无止境地坚守　是水滴石穿
务必　把梦想用双手实现
中国创客　路在脚下　笃定实干

（六）

时代赋予我们驰骋空间
前辈传承创客精神信念
在中国第一个创客日的盛宴
让我们为自己加油　为梦想点赞
未来路上精彩不断
让我们携手同祝　中国创客　创业梦圆

八 《中国创客歌》

♩ = 126

词 创客明哥
曲 胡晋

1=♭A 4/4

1 7 2 1 1 - | 0 5 5 3 4 3 | 3 2· 2 - | 2 - 0 0 | 1 7 2 1 1 -
双手劈开　　　这崇山峻　岭　　　脚下踏平
改变世界　　　永远在路上　　　相信未来

1 0 5 3 4 5 | 5 5· 5 3 6 5 | 5 - 0 0 | 3 3 - 2 | 4 4 3 3 3 0 3 3
那沟壑前　行　咦耶　　　风雨和雷　电　那是
就拥有希　望　咦耶　　　一切都不可阻挡　拼尽

6 5 6 3 2 | 2 1· 1 - | 2 2 3 2 2 0 | 4· 5 5 6 | 5 - - - | 5 0 0 0 5
征途上的风　景　　拨开云雾　迈向黎明　　　啊
全身力　量　　向着梦想　勇敢去闯

‖: 4 - 3 - | 6 5 5 5 0 2 3 | 2 1 1 2· | 2 5 0 5 | 4 - 3 -
中国　创　客　让　梦想闪耀　光芒　啊中国
中国　创　客　让　理想放飞　远航　啊中国

6 5 5 5 0 5 5 | 6 1 - 5 6 | 2 - - - | 1 1 7 1 1 0 | 3 3 2 3 3 0 3
创　客　撑起民族　脊　梁　　肩负使命　实干担当　让
创　客　开启时代　篇　章　　传承文明　铸就辉煌　让

1.
4 3 4 5 | 5 0 0 6 1 2 | 2 1 5 5 - | 5 - 5 0 5 :‖
世界惊　叹　龙腾在东　方　　啊手　同行在
我们携

2.
5 0 0 6 1 2
同行在

2 1 1 1 - | 1 - - - ‖: 5 0 0 6 1 2 | 2 1 1 1 - | 1 - - -
路　上　　　　　　手　同行在路　上
D.C

6 - 5 - | 6 - - - | 1 - - 0 | 1 - - - | 1 - - - | 1 0 0 0 0 ‖
同　行　在　路　　　上

尾声 致中国创客的一封信

中国创客朋友：

您好！

我是"92 派中的 15 派"创客姜明！

创，始也，新造；客，济济者。创客（Maker），坚守创新，笃定创业，乐于分享，追求卓越。

创客，是创新的主力军，是时代精神的践行者，是社会进步的推动者。

在改革创新浪潮中，习近平总书记鼓励青年创客应做"走在时代前列的奋进者，勇立潮头的开拓者"；他寄语青年：青年兴则国家兴，青年强则国家强。李克强总理强调"创客充分展示了大众创业、万众创新的活力，这种活力和创造将成为中国经济未来增长的不熄引擎"。

一百多年前，梁启超在《少年中国说》中发出"少年富则国富，少年强则国强"的呐喊。如今"大众创业、万众创新"时代，更需要拥有青春激情的创客，可谓"创客强则民族强，创客强则国家强"。千千万万创客，播下创新创业的种子，假以时日，必将长成参天大树，形成燎原之势，引领世界潮流，推动中国强盛；实现中国梦和中华民族的伟大复兴，为民众创造更幸福更健康的生活！

创客，是创业的生力军，是改革开放的实干者，是"中国梦"的建造者。

创客是一种境界，不管是企业"大佬"还是草根创业者，都是值得尊敬的"双创"英雄！

创客是一种信仰，无论山多高路多远，咬定青山不放松。没有比脚更长的路，没有比人更高的山！

创客是一种精神，乔布斯那句"活着就是为了改变世界"让很多创客热血沸腾。"明天太遥远，今天就行动"，马云用他的实际行动告诉创业者，实干要从此刻开始！胡葆森24年"根植中原、造福百姓"的企业信念与坚守，让创业成为一种情怀！

"世之奇伟、瑰怪、非常之观，常在于险远，而人之所罕至焉，故非有志者不能至也。"创客的创业创新精神自古皆有，"双创"时代，每位创客都可以从中汲取力量的精神基因！

2015年12月12日举办的首届中国创客领袖大会暨双12中国创客日，恰顺应时代，为创客而生！

志合者，不以山海为远。中国创客领袖大会和双12中国创客日的成立正是为了激励我们万千创业者，勠力同心，相互温暖，把握当下，开创"双创"的崭新未来！

长风破浪正当时，直挂云帆济沧海。这是创新创业的时代，也是创客的时代！中国创客，不仅要做创想派，更要做实干家！实干兴邦，我们要像习近平总书记说的，成为抓铁有痕、踏石留印的实干创客。"处处是创造之地，时时是创造之时，人人是创造之人"，将著名教育家陶行知先生憧憬的"创造之理想国"，在"双创"时代变为现实！

我们中国创客愿以家国情怀的胸襟，世界格局的眼光，创新思维的大脑，敢于担当的肩膀，与时代同行，在创新创业中传承创客精神，演绎创客精彩，实现创客梦想，开启"创富""创贵""创美"的幸福之路！

中国创客领袖大会主席

创客明哥

姜明，出生于河南省信阳市固始县蒋集镇。**三届全国人大代表**，天明集团创始人兼董事长，首届中国创客领袖大会主席，**双12中国创客日发起人**，元明资本创始合伙人。

中国政法大学法学博士，中欧国际工商学院工商管理硕士，清华大学五道口金融学院硕士，清华大学五道口金融学院在读博士，清华大学五道口金融学院全球创业项目领袖导师，中国政法大学兼职教授，**公安部特邀监督员**。

民建中央委员，全国青联常委，第八届河南省政协常委。**全球青年豫商领袖成长论坛主席**，世界姜姓宗亲联谊总会会长，《中国企业家》常务理事，中国金融博物馆书院常务理事，中华思源工程扶贫基金会理事，北京河南企业商会会长。

河南省民营经济维权发展促进会会长，第九届河南省工商联副主席，河南省豫商联合会副会长，正和岛河南岛邻机构执行主席，嵩山会常任理事，河南省人民检察院人民监督员。

姜明认为，**一个人来到世上，就应该做一点对这个世界和人类有益的事情**。要常怀感恩之心，多做**雪中送炭、扶贫济困**的事情。这是姜明的人生观，也是姜明的做人准则。

1993年，姜明辞去公职，一次创业，创办天明；2015年，姜明二次创业，助力"双创"，打造中国领先的"双创"服务生态，在河南郑州发起"首届中国创客领袖大会暨双12中国创客日揭幕仪式"，被称为"**92派中的15派创客明哥**"。

先后荣获"中国全面建设小康社会先进个人""优秀中国特色社会主义事业建设者""**世界优秀青年企业家大奖**""中国十大杰出青年提名奖""河南省改革开放30年民企30人""首届河南经济年度人物""**河南十大慈善人物**""**感动河南十大爱心人物**""河南省劳动模范""首届十大风云豫商""**河南十大杰出青年**"等荣誉。

后　一

赵德润
国务院参事室新闻顾问
中央文史研究馆馆员
《光明日报》原总编辑

2014 年 9 月，李克强总理在夏季达沃斯论坛首次提出"大众创业、万众创新"。当中国经济发展进入新常态，处在发展方式和新旧动能转换的关键期，大众创业、万众创新这一结构性改革激发了全社会的创造力，成为经济发展的新引擎。

数据显示，从"双创"提出以来，中国创业创新热潮不断发酵，2015 年我国每分钟诞生 8 家公司，中国创业企业的数量以及增速稳居世界第一，远超排名第二的英国。中国政府网权威统计数据显示，2015 年，全国新登记企业达 443.9 万户，比 2014 年增长 21.6%，注册资本 29 万亿元，增长 52.2%，均创历年新登记数量和注册资本总额新高。

"双创"在保持经济增长中起了重要支撑作用，有力促进了结构调整，推动发展从过度依赖自然资源转向更多依靠人力资源，促进经济中高速增长、迈向中高端水平。

"双创"精神是一种奋发向上的坚守,是一种登高望远的情怀,它与以改革创新为特征的时代精神一脉相承,推动着中国经济社会新变革。双创精神正在塑造当代中国人的新品格。

李克强总理在 2016 年《政府工作报告》中阐述"工匠精神"时指出,其核心就是鼓励企业追求科技创新,技术进步,使"工匠精神"成为亿万人民创业创新的价值追求。

无论是"双创"还是"工匠精神",其重点是"众"和"创",就是要激发亿万人民的热情和活力。基于这种精神的弘扬,未来全社会制度机制和创业创新环境将更加成熟,"中国制造"在世界的影响力将进一步提升,从而为全面实现小康社会和实现中华民族伟大复兴提供不竭动力!

从来时势造英雄。在新一轮改革大潮里,三届全国人大代表、天明集团创始人姜明,这位具有远见卓识和开拓创新精神的民营企业家,毅然从零开始,二次创业,助力"双创",于 2015 年 12 月 12 日在古老的中原郑州主办首届中国创客领袖大会,发起"双 12 中国创客日",致力于让创业更容易,助创客更成功,打造中国领先的"双创"服务生态,将"双创"作为其毕生奋斗的目标和事业,扶持更多的年轻创客投入"双创"大潮。创客领袖的精神风范,为所有创业者树立了榜样。

带着使命感前行的姜明,把服务和助力"双创"当作自己的人生方向。他为我们提供的"双创"精神食粮远不止此:他还投拍中国创客微电影,助建中国创客城,成立天明双创研究院并编著出版了这本《中国双创》。

翻阅书稿,使我深受感动,天明 24 年来的发展历历在目。本书以现代企业家的眼界和胸怀,倾其 24 年的创业心得体会,为年轻创客创业提供了可资借鉴的经验。本书收录中央领导同志关于"双创"的指示精神和国务院"双创"政策,更为创业者学习实践提供了方向性指导。本书作为时代的记录,很值得珍藏纪念!

我愿意将这本书推荐给每一位在路上或者准备踏上征程的创业者,让"双创"激发千千万万创业者的热情和活力!

2016 年 11 月 14 日

后 二

刘 爽

凤凰网 CEO 凤凰卫视 COO

　　"创业"在近两年变成一个流行词,也好像成了一种全新的生活方式,越来越多的人投身于这支庞大的创业大军。严格来说,这一次的创业浪潮始于"互联网+"的出现,其带来了传统行业变革的无限可能,更是开启了创业创新的新模式,大大蓬勃了这股创业风潮。

　　2015年3月全国"两会"上,李克强总理在《政府工作报告》中明确表态,要把"大众创业、万众创新"打造成推动中国经济继续前行的"双引擎"之一。国家从政策层面肯定了"双创"的重大意义,这无疑也给资本和创业者注入了一针强心剂,使得中国"双创"的步伐大大加快。

　　近年来,世界经济依旧处于新旧"熊彼特周期"的转折点上,推动上一轮长波周期的技术创新日渐式微,也削弱了其生产基础,穿透性技术的研发依旧处于"黎明前的黑暗",这一系列问题导致了全球生产力的发展停滞不前。一直保持高速增长的中国经济也进入"三期叠加",具体说就是步入了换挡期、阵痛期、消化期,经济社会面临深度转型。

现代经济增长理论认为,一个地区的繁荣来自民众对创新的普遍参与,这样看来,在目前经济大环境下,"双创"所带来的重要推动意义不言而喻。万众创新显然能助力转型期中国经济发展,大众创业则为无数普通个体带来更多可能。

右一:凤凰网总裁、一点资讯 CEO　李亚
左二:凤凰网 COO　金玲
左一:《中国房地产报》总经理　单大伟

改革开放的巨大杠杆撬动中国市场经济版图的快速扩张,同时也带来了知识经济社会的建立完善,广大创业者则一直是这30年来推动中国经济发展升级的中坚力量。2015 年 12 月 12 日,首届中国创客领袖大会在河南郑州举行,大会首次提出并回顾"中国创客 30 年",将中国创客分为"84 派、92 派、99 派、15 派",邀请四代创客齐聚现场,追忆自己的创业征程,探讨中国创业的未来方向。

首届中国创客领袖大会的主席是我的老朋友姜明,他是天明集团创始人兼董事长、"双 12 中国创客日"发起人,也是三届全国人大代表、全球青年豫商领袖成长论坛主席。

姜明是地地道道的河南人,而河南正是商人这一群体的滥觞地,被称为"华商始祖"的中国第一位商人王亥就是河南商丘人。从商的技能就像遗传的基因一样存在于千百个从河南走出的企业家骨血之中,而千年的积蕴,也让"豫商"们拥有了高于一般商人的眼界。

我和姜明兄之前有过深度合作,早在 2013 年,天明集团就和凤凰网、优博集团成立了凤凰天博公司,进军房地产互联网行业,取得了不错的成绩。作为老朋友亦是商业伙伴,我熟知姜明常把"感恩世界、回报社会"的人生观挂在嘴边,并时刻将其作为准则督促自己。

姜明自称"92 派中的 15 派",被人称为"创客明哥"。他在去年宣布重新创业,不过这一次重新"下海",姜明的重点不仅仅是放在做企业上,他除了倡议发起并主办首届中国创客领袖大会,创立"双 12 中国创客日",还着手成立天明双创研究院、落地中国创客创新创业园……这一次他想做的是更广阔维度上的"创客"——专为创客服务的"创客",年轻创客的"创业导师"。

"创客明哥"再度创业,要打造完善的创业全生态链,旨在为更多草根创业者营造更为肥沃的创业土壤,也是为了河南省、为了当前中国经济转型发展做出自己的努力。正是基于这样的初衷和姜明常人难及的热忱,才有了当下中国商业创意和精英聚首的中国创客领袖大会,才有了现在这本浓缩了中国创客 30 年故事的《中国双创》。

拥有能够随时重启的决心是一个优秀"创客"的必备素养,但对姜明为首的"15 派"资深创客来说,更重要的是承担起一个成熟企业家对国家、社会的责任。姜明在这点上一直做得非常好:自1993 年辞职下海、创办天明集团,在他创业的 24 年里,始终数十年如一日地持续参与慈善公益事业,牢记企业社会责任、企业公民责任,把"奉献爱心、回馈社会、慈善公益、扶贫济困"作为天明的核心价值观,累计捐赠善款逾1.42亿元。此外,他还多次为河南省的经济和社会建设做出自己的贡献,并获得相关部门的高度认可。

姜明是一个充满热情、热爱挑战的老牌创客,同时也是一个成熟合格的当代企业家。他不仅自己是一名创客,还培养两个儿子成为创客。管理学大师德鲁克在20世纪80年代就说过,成熟的市场经济就是企业家经济。一个国家只有拥有一大批成功的企业家,这个国家才有希望。这也是"双创"浪潮中最重要的一点,大众创业是自我价值的实现,同时也是助力中国经济快速突围转型困局的杠杆。

史上最有影响力的运动都要有所谓的道德动机,"双创"作为中国新经济发展史上的一个极其重要的"全民运动",其最终目的定然不仅仅局限于创富之上,而一个通过创业成就事业的企业家,其视野情怀更不应仅囿于金钱利益。正如本书《中国双创》中,将

创业的目的划分为"创富、创贵、创美"三个层次一样,创业者追求的是成为财富精神双丰收、于国于家都有所裨益的新时代企业家,而不仅仅是金钱富有、思想贫瘠的"土豪"。

在《中国双创》中,我们可以清楚看到:从"84 派"的柳传志、王石,"92 派"的冯仑、陈东升,到"99 派"的马云、李彦宏这些当下中国的互联网"领袖",再到如今商海弄潮的"15 派"创业大军,中国创客的脚步是"一代"接"一代"持续不断的,他们的身影遍布中国经济复苏这 30 余年每个阶段,他们是这个时代的缩影,也是时代的书写者。

本书不仅浓缩了姜明 24 年创业的心路历程,也从多个维度记录了不同阶段"中国创客"代表的时代故事,我建议创业者们都来读一读这本《中国双创》,从更深层次去解读中国四代创客的成长史,探寻"双创"的内在含义——正如姜明身体力行所告诉我们的那样:最高层次的创业不是一个人的事情,而是整个国家和整个社会的事情。

2016 年 10 月 25 日

后 三

秦 朔

秦朔朋友圈创始人

《第一财经日报》原总编辑

姜明兄是我的老大哥，天命之年依然创业，扶持中国创客，嘱我写点《中国双创》的感想。我想了几点，很不成熟，权作抛砖引玉吧。

一

2014 年 9 月 10 日，李克强总理在夏季达沃斯会议上提出，中国经济每一回破茧成蝶，靠的都是创新；试想，13 亿人口中多达八九亿的劳动者都动起来，投入创业创新和创造，这是多么大的力量啊！关键是要进一步解放思想，进一步解放和发展社会生产力，打破一切体制机制的障碍，让每个有创业愿望的人都拥有自主创业的空间，让创新创造的血液在全社会自由流动，让自主发展的精神在全体人民中蔚然成风（"三让"），在 960 万平方公里土地上掀起一个"大众创业""草根创业"的新浪潮。

这是"双创"的源头，半年后，"双创"写入 2015 年《政府工作报告》。

2015 年 6 月 4 日的国务院常务会议决定,鼓励地方设立创业基金,对众创空间等办公用房、网络等给予优惠;对小微企业、孵化机构等给予税收支持;创新投贷联动、股权众筹等融资方式;取消妨碍人才自由流动、自由组合的户籍、学历等限制,为创业创新创造条件;大力发展营销、财务等第三方服务,加强知识产权保护,打造信息、技术等共享平台。

我也在这样的大背景下辞职,离开工作了 25 年的传统媒体,开始了在移动互联网上的内容创业。

二

"双创"对于中国经济的意义是,告别做大资产负债表、靠债务驱动的传统发展模式,做大做强人力资本,通过发挥每个人的积极性创造性,创造鲜活的、有效的新供给,适应新需求,引领新需求。在这个过程中,经济资源将更多向新兴力量配置、向创造者配置、向未来配置。只要资源配置处于不断优化之中,就一定能走出除旧布新的时间隧道,迎来新的海阔天空。

有人或有疑问,靠小微和个体户这样的新市场主体能有大未来吗? 国家选一批大项目、搞一些大投资,增长不是更快吗? 历史证明,自上而下的"指令式""选秀式"产业政策效果并不好。今天政府苦恼的很多产能过剩、缺乏市场竞争力问题,都源于以前直接去配置资源。相反,不用政府投资,而是向市场求出路的小微企业,往往长得更自然和灵活,也能更好地服务民众的日常生活。

虽然小微企业规模很小,但所需资源也很少,创办速度快,单个人的产出和中大型企业比并不少。据统计,拉丁美洲 5 人以下微型企业的员工占非农业劳动力的一半,在非洲更占三分之二。在欧洲,2000多万家中小企业提供了约1.2亿个就业机会,其中约90%是微型企业。

更重要的是,小微可以长大。全球很多知名企业当初都是小微出身,比如今天全球最大直销公司安利就是1959年由两个直销员创办的,硅谷的众多知名企业当初都是几个人在车库创业。特别是在今天,在知识经济和信息技术支持下,只要有创新,就有很大机会快速甚至飞速成长。腾讯创业之初不过5个人,阿里巴巴也就"十八罗汉",当初都是不折不扣的小企业。

特别需要指出的是小微背后的精神,如紧贴客户,艰苦奋斗,开源节流,团结一心,等等,这些精神对中国经济,特别是对激活陈陈相因、官僚化的旧经济来说太重要了。

三

2014年那个时候,中国的市场主体(个体工商户和企业)有6000多万家,短短两年多过去,根据国家工商总局的数据,截至今年(2016年)第三季度,全国各类市场主体已经达到8371.6万户。我估计再有两年,中国会有上亿市场主体,相当于十三四个中国人成立一个市场主体,这会超越国外活跃经济体的水平(平均20个人成立一家公司)。

数据还显示,截至今年9月底,中国的个体私营经济从业人员实有2.97亿人,比2015年底增加了1666.2万人。中国每年新增就业的95%以上都是个体私营企业解决的。可以说,"双创"也是关系到民生的重大问题。

今年前三个季度,中国新登记市场主体有 1211.9 万户,平均每天新登记超过 4 万户,其中的新设企业 401 万户,平均每天新登记企业 1.46 万户(去年全国平均每天新登记企业 1.2 万户)。这些新设企业中的 81.1% 是第三产业的企业,教育、文化体育和娱乐业、科学研究和技术服务业、信息传输软件和信息技术服务业企业快速增长,这完全符合中国经济向服务型经济转型的方向。

当然,企业总是生生死死,每天新增 1.4 万多户企业的同时,也关门四五千家企业。创业是辛酸艰苦的,但正是这种艰苦,锻炼了人,丰富了经验,有的可以东山再起,有的可以充电学习,有的发现不那么合适就去打工,有的可以通过纳入微信、淘宝等生态圈提高创业命中率,没有白付的学费,即使付的学费,总体上也不是来自银行,不会成为坏账,给国家增添负担。

四

从我自己的创业体会看,我觉得创业也是一种人生的实现方式。

创业是说服自己,不是为了向别人证明什么。

创业是探索未知,不是在已经习惯的舒适圈延续过去。

恰恰是在有了上顿缺下顿、忙过今天想明天、孤独无助等等的困难里,倒逼自己,想新的主意,试新的路子,创造价值,人就是这样走到未知世界的。走多远不知道,但知道自己走出了过去,人生在新的时空中开始运动。

在这个过程中,用李克强总理的话,"中国人民勤劳智慧的'自然禀赋'就会充分发挥,中国经济持续发展的'发动机'就会更新换代升级"。

所以,我感恩"双创",庆幸生活在一个"双创"年代,也自豪自己迈出了"双创"的一步。

2016 年 11 月 4 日

感恩领导

感恩师长

感恩前辈

感恩朋友

领导关怀 ♥ 鞭策鼓励

| A｜B | 安 东 | 安建军 | 巴春玉 | 巴振东 | 暴 冰 | 包瑞玲 | 白丹丹 | 白刚林 | 白红超 |
| | 白红战 | 白建国 | 柏启传 | 柏 森 | 白效峰 | 毕志强 | 卜基田 | | |

C	蔡晨宇	蔡国华	蔡华波	蔡 红	蔡建东	蔡 宁	蔡伟素	蔡 玉	曹存正
	曹更生	曹国营	曹国英	曹红波	曹建明	曹 蕾	曹卫洲	曹新生	曹月坤
	曹志海	常东建	常法武	常继红	常 洁	常 进	常 虹	常荣军	常运东
	常 远	车迎新	陈长宝	陈 翀	陈东升	陈 锋	陈福正	陈贵生	陈国帧
	陈海勤	陈海明	陈 宏	陈宏伟	陈惠湘	陈建生	陈界衡	陈锦添	陈 军
	陈奎元	陈全生	陈森浩	陈生强	陈祥义	陈 涛	陈天增	陈 为	陈 伟
	陈文德	陈文龙	陈锡添	陈先保	陈 翔	陈向阳	陈晓彤	陈向平	陈兴合
	陈延虎	陈义敏	陈益民	陈勇斌	陈 泽	陈肇雄	陈治胜	陈志实	程慧秋
	程 京	程日盛	程伟功	程喜真	程新华	成进璞	迟美林	崔绍营	崔同跃
	崔晓峰	崔泽军	丁耀平						

D	代毅君	戴海波	邓 凯	邓世敏	邓亚萍	邓永俭	董金泉	董军贤	董 雷
	董益春	董益国	丁春春	丁福浩	丁胜全	丁 巍	窦颖梅	杜爱祥	杜 波
	杜国楹	杜汉武	杜起文	杜中兵	段君海	段小改	段伊博		

E｜F	尔肯江	樊福太	樊 晖	范春华	范付中	范立新	范卫民	范西荣	范晓音
	范秀莲	范耀庚	范勇宏	范丽娜	方 波	方风雷	方咏梅	费安玲	冯汴生
	冯军伏	冯琪雅	冯永华	冯志斌	冯明利	付立志	付绍玉	付晓英	傅振邦

G	高保群	高国富	高凌芝	高祀仁	高树森	高喜东	高希均	高西庆	高 翔
	高兴文	高 勇	高云龙	高 峰	高俊宏	高 艳	耿开昌	巩国顺	谷兴亚
	顾海红	辜胜阻	关爱和	桂明献	郭 斌	郭长江	郭丛拔	郭忠祥	郭凡生
	郭庚茂	郭广昌	郭国三	郭 浩	郭洪昌	郭鸿勋	郭俊民	郭 轲	郭田勇
	郭 鹏	郭 锐	郭瑞民	郭现生	郭彦超	郭迎光	郭元军	胡海燕	

H	哈继铭	韩光聚	韩宏亮	韩宏伟	韩 恺	韩 俊	韩世君	韩松山	韩光磊
	郝明金	郝 伟	郝云昌	贺恒扬	贺 菊	何东成	何小锋	和学民	何学忠
	何炎军	贺海飞	何晔晖	洪克良	洪利民	侯 红	侯建芳	侯利娜	侯宗贤
	胡保钢	胡德平	胡继军	胡建伟	胡 杰	胡敬新	胡克勤	胡 荃	胡 伟
	胡 炜	胡卫升	胡卫东	胡五岳	胡 湘	胡新峰	胡雅萌	华 政	花伟程
	花亚伟	黄 斌	黄布毅	黄道功	黄福堂	黄 刚	黄光海	黄海波	黄红云
	黄 俊	黄孟复	黄怒波	黄 卿	黄然非	黄松涛	黄树贤	黄 涛	黄 玮
	黄祥利	黄新华	黄晓宇	黄燕茹	黄曰珉	黄振宇	黄志刚	霍 宏	霍金花

師长教诲 启迪人生

J	计承江	靳德永	靳　峰	姬宏俊	姬永强	靳克文	靳　磊	靳绥东	贾春旺
	贾金成	贾廷安	建　志	焦国栋	焦锦淼	焦平增	焦书晖	焦豫汝	江　敏
	江天帆	江　文	姜　华	姜建初	姜克生	姜岚昕	姜　敏	姜　庆	姜淑琴
	姜　天	姜显成	蒋笃运	蒋会成	蒋胜芳	蒋为民	蒋志安	金安平	金　玲
	荆　皓	经美涛	靳　瑞						

K	柯细兴	孔繁士	孔令晨	孔维国	寇武江	赖小民	郎　宽	雷　敏	李艾伦
L	李爱平	李伯潭	李恩东	李长杰	李　崇	李大康	李道民	李德才	李第明
	李东生	李逢生	李伏安	李公乐	李国庆	李国喜	李尕果	李　晗	李家原
	李建宏	李建民	李靖宇	李　军	李　克	李克让	李　磊	李林军	李满圈
	李　民	李敏玉	李　明	李柳身	李佩霞	李普涛	李　强	李沁春	李庆贵
	李庆瑞	李清林	李少杰	李慎明	李世杰	李　水	李书磊	李　韬	李万升
	李文德	李文佳	李小豹	李小加	李小鹏	李晓东	李晓林	李湘豫	李新峰
	李新华	李新建	李新增	李新中	李兴智	李玄一	李学斌	李雪生	李　研
	李亦菲	李元真	李跃旗	李运强	李　哲	李志斌	李智虎	李中录	李自民
	李双凤	李志广	连维良	梁爱萍	梁宝俊	梁贵福	梁留科	梁林梅	梁铁生
	梁晓涛	梁　越	梁智勇	廖杰远	廖　理	廖晓军	林景顺	林海音	林涵碧
	林龙安	林　中	刘爱娟	刘保仓	刘长宽	刘长乐	刘春良	刘大全	刘冠华
	刘国栋	刘国连	刘国勤	刘海峰	刘海富	刘海玲	刘海奎	刘海涛	刘汉俊
	刘　辉	刘　吉	刘继标	刘　剑	刘建国	刘建军	刘京京	刘　凯	刘乐飞
	刘丽红	刘林亚	刘　敏	刘明光	刘　平	刘其文	刘庆峰	刘荣华	刘　睿
	刘少宇	刘世华	刘树华	刘　涛	刘　伟	刘　巍	刘卫星	刘文良	刘文新
	刘新超	刘须峰	刘耀军	刘永治	刘跃进	刘占伟	刘镇武	刘正威	刘志坚
	刘志军	刘治中	刘钟声	柳自强	娄　焱	楼志豪	楼永良	龙永图	卢德华
	卢士海	卢雍政	卢展工	卢志刚	陆肖马	陆　磊	陆正心	鲁鸿贵	罗　辉
	罗京辉	罗　岭	罗钊明	骆照顺	吕　冰	吕国平	吕培榕	吕益民	吕俊成
	马宝军	来　瑜	雷　雨	刘　娇	刘　威				

M	马　斌	马福启	马　刚	马国强	马　健	马　乐	马　力	马立行	马利军
	马林青	马培华	马　迁	马新华	马遇生	马正跃	马　智	毛超峰	毛　杰
	毛万春	毛振华	孟令峰	孟　暖	孟庆勇	莫　斌	穆丽萍	穆为民	

| N | 倪会忠 | 倪　健 | 倪建达 | 倪召兴 | 聂鹏飞 | 宁伯伟 | 牛兰英 | 牛弩韬 | 潘开名 |
| P | 裴春亮 | 裴志扬 | 彭剑锋 | 彭雪峰 | 彭宇兴 | 彭作刚 | | | |

| Q | 齐新安 | 钱国玉 | 钱颖一 | 乔　健 | 乔秋生 | 秦保强 | 秦　君 | 秦天夏 | 庆遂增 |

感恩敬谢

当下中国，"大众创业、万众创新"浪潮迸发出波澜壮阔的景象。与这一气象产生的原因相类似，《中国双创》一书能够出版，也是天时地利人和的结果。在此，掩卷沉思，抚今追昔，必须要感恩这个伟大的时代、伟大的国度和成千上万注定载入史册的创业者们。

感恩这个伟大的时代！全球化进程和第三次工业革命交相辉映，汹涌澎湃。以互联网等新媒体和大数据、云计算为核心的信息技术革命正在深刻地影响和改变着这个时代。从国家到企业，从个体到家庭，创业创新的精神正在全社会孕育和生长。

感恩这个伟大的国度！古老而年轻的中国，凭借五千年悠久历史文明底蕴和全球第二大经济体的发展态势，正在焕发出全新的改革动力和创新活力。从国家决策层的高度共识到"大众创业、万众创新"系列政策的配套出台，一个鼓励创新、扶持创业的优质"双创"生态正在成型。

感恩成千上万伟大的创业者们！他们用创新的勇气和智慧为中国经济的发展注入生机。华夏大地，处处洋溢着"双创"的"芬芳"；中原福地，更是涌现出一大批创新创业的"领袖"和先锋。

更要感恩为了《中国双创》一书出版而付出智慧和心力的领导、师长、朋友、家人。在此我们特别在文尾列出千人致谢名单，以表达我们最真挚的感恩。从首届中国创客领袖大会召开到《中国创客》创刊再到《中国双创》图书出版，在服务中国"双创"的路上，

感恩

一生荣幸

一世珍藏

一生铭记

一世感恩

你们的关心和支持,令我们感动,更给我们力量,也更加坚定了我们全心助力中国"双创",让创业更容易,助创客更成功,打造中国领先的"双创"服务生态的信心和责任。

"双创"时代,期待与更多创客在"创新创业"中传承"创客"精神,演绎"创富"精彩,实现"创贵"和"创美"的梦想!

未来,"双创"好风正劲,我们的事业刚刚起航,尚需努力!

2016 年 11 月

本书在编著过程中选编了一些专家学者、企业家、创业领袖和网友等人士的观点和言论,也选用参考了部分网络资料和照片,在此一并致谢!若有涉及知识产权问题,请相关著作权人与我们联系,我们将按国家相关法律规定支付稿酬。

联系电话:0371 - 8999 7200

订购电话:0371 - 8999 7202　188 6036 1314